V&R unipress

Beiträge zu Grundfragen des Rechts

Band 37

Herausgegeben von
Stephan Meder

Janina Schaffert

Der familienrechtliche Ausgleichsanspruch

Die Geschichte einer Fehlkonstruktion

V&R unipress

MIX
Papier aus verantwortungsvollen Quellen
FSC® C083411
FSC www.fsc.org

Bibliografische Information der Deutschen Nationalbibliothek
Die Deutsche Nationalbibliothek verzeichnet diese Publikation in der Deutschen Nationalbibliografie; detaillierte bibliografische Daten sind im Internet über https://dnb.de abrufbar.

Gedruckt mit Unterstützung des Förderungsfonds Wissenschaft der VG Wort.

Druck und Bindung: CPI books GmbH, Birkstraße 10, D-25917 Leck
Printed in the EU.

Vandenhoeck & Ruprecht Verlage | www.vandenhoeck-ruprecht-verlage.com

ISSN 2198-5405
ISBN 978-3-8471-1257-0

Inhalt

Vorwort

Diese Arbeit wurde im Sommersemester 2020 von der Juristischen Fakultät der Gottfried Wilhelm Leibniz Universität Hannover als Dissertation angenommen. Rechtsprechung und Literatur wurden bis Anfang Mai 2019 berücksichtigt.

Zunächst möchte ich mich ganz herzlich bei meinem Doktorvater Herrn Prof. Dr. Stephan Meder bedanken, der mich nicht nur als Erster dazu ermutigte, diese Dissertation zu schreiben, sondern mich auch stets gefördert und unterstützt hat. Ich bin ihm für die wertvollen Hinweise, die Gewährung der notwendigen Freiheit zur eigenständigen Entwicklung der Arbeit und die zügige Erstellung des Erstgutachtens sehr dankbar. Auch möchte ich mich bei Herrn Hon.-Prof. Dr. Alexander Schwonberg für die Vermittlung des Familienrechts während des Schwerpunktes und die Erstellung des Zweitgutachtens bedanken.

Ferner gilt mein Dank der VG Wort für die großzügige Übernahme des Druckkostenzuschusses.

Des Weiteren möchte ich dem Lehrstuhlteam für die tolle Zusammenarbeit danken. Beim Verfassen der Arbeit war auch der konstruktive Austausch im Rahmen des Dissertationskolloquiums mit Frau Dr. Ann-Kathrin Böckmann, Dr. Sabrina Morthorst und Herrn Bastian Winter-Peter hilfreich.

Von Herzen danke ich meinen Eltern Elvira und Ralph-Uwe Schaffert, die mich während meiner juristischen Ausbildung permanent unterstützt und ermuntert haben. Ohne sie wäre diese Arbeit nicht möglich gewesen.

Besonders bedanken möchte ich mich bei Herrn Felix Hinkelmann, mit dem ich unentwegt über meine Thesen diskutieren konnte und der mir unbedingten Rückhalt gab. Sein fortwährender Zuspruch hat maßgeblich zum Gelingen der Arbeit beigetragen.

Hildesheim, Januar 2021 Janina Schaffert

Einleitung

Innerhalb einer intakten Familie werden die Leistungen zum Unterhalt des Kindes nicht streng aufgeteilt, sondern von beiden Elternteilen zusammen erbracht.[1] Leben die Eltern aber getrennt, wohnt das Kind regelmäßig nur bei einem Elternteil, sodass eine Aufteilung dieser Unterhaltspflichten dergestalt vorgenommen wird, dass ein Elternteil das Kind pflegt und erzieht und der andere Elternteil das Kind finanziell in Form einer monatlichen Geldrente unterstützt.[2] Was passiert jedoch, wenn diese finanziellen Leistungen wegfallen? Der Elternteil, bei dem das Kind lebt, sieht sich dann gezwungen, den Betrag in Höhe der dem anderen Elternteil obliegenden Geldrente zu zahlen. Die so hinsichtlich des verpflichteten Elternteils entstehenden Kindesunterhaltsrückstände kann der betreuende Elternteil für das Kind gegenüber dem Verpflichteten geltend machen.

Das Familienrecht sieht in den §§ 1601 ff. BGB[3] für den Anspruch auf Kindesunterhalt besondere Vorschriften vor, weil es sich bei diesem Anspruch um eine elementare Rechtsfolge der Verwandtschaft handelt.[4] Er dient der Sicherstellung des Lebensbedarfs, vgl. §§ 1610 Abs. 2. Kinder, die außerstande sind, sich selbst zu unterhalten, sind auf diese Form der Existenzsicherung angewiesen, vgl. § 1602 Abs. 1. Die Unterhaltsleistungen erfolgen gemäß § 1612 Abs. 1 S. 1 grundsätzlich in Form einer Geldrente. Aber auch die Pflege und Erziehung des Kindes gehören zur diesen Leistungen, vgl. § 1606 Abs. 3 S. 2. Leistet nun ein unterhaltspflichtiger Elternteil die monatlichen Zahlungen nicht, trägt der an-

1 Die folgenden Ausführungen beziehen sich auf jedes Geschlecht. Die Verwendung des Begriffs »Elternteil« soll dies verdeutlichen.

2 Zu dem Kindesunterhalt detailliert siehe Kap. 1 I. Bei der Darstellung wird grundsätzlich von dem Residenzmodell als Betreuungsform ausgegangen. Auf die in den letzten Jahren vermehrt gewählte Betreuungsform des Wechselmodells wird später noch näher eingegagen. Zu den Betreuungsformen siehe Kap. 2 I. 1.

3 Die im Verlauf dieser Arbeit genannten Paragraphen sind solche des Bürgerlichen Gesetzbuchs, sofern sie nicht anders gekennzeichnet sind.

4 BeckOGK/BGB/*Maurer*, Beck'scher Online-Großkommentar, 2019, § 1601, Rn. 2.

dere Elternteil die gesamte Unterhaltslast allein. Weil er hierzu nicht verpflichtet ist, kann er diese Zahlungen vom Verpflichteten zurückverlangen. Die Möglichkeit, bei Ausbleiben der Geldrente diese als Vertreter oder Verfahrensstandschafter für das Kind zu fordern, ist grundsätzlich in §§ 1629 Abs. 2 S. 2, Abs. 3 eröffnet. Problematisch wird die Geltendmachung des rückständigen Kindesunterhalts aber, wenn die Voraussetzungen der §§ 1629 Abs. 2 S. 1, Abs. 3 nicht mehr gegeben sind, weil sich das Kind nicht mehr in der Obhut des anspruchstellenden Elternteils befindet oder inzwischen volljährig geworden ist.

Für solche Fälle hat der BGH im Jahr 1959 den familienrechtlichen Ausgleichsanspruch geschaffen.[5] Diese Rechtsfigur soll einen Ausgleich der geleisteten, aber nicht geschuldeten Zahlungen ermöglichen, wenn eine Geltendmachung rückständigen Kindesunterhalts als Vertreter oder Verfahrensstandschafter des Kindes nicht mehr in Betracht kommt.

In den letzten Jahren haben die Möglichkeiten, Unterhaltszahlungen auszugleichen, zunehmend öffentliches Interesse gefunden. Die Aktualität des (teilweisen) nicht geleisteten Barunterhalts und der daraus resultierenden Folgen ist unverkennbar.[6] Der familienrechtliche Ausgleichsanspruch wird daher zunehmend gebraucht, um den Barunterhaltspflichtigen in Regress zu nehmen.[7] Der Stellenwert dieses Rechtsinstituts zeigt sich zudem in der Ausweitung seines Anwendungsbereichs auf einen weiteren Fall: In jüngster Zeit wird dieser Anspruch auch für die isolierte Geltendmachung des Kindergeldausgleichs herangezogen.[8] Nicht nur die vermehrte Anzahl von Urteilen, in denen der familienrechtliche Ausgleichsanspruch relevant ist, sondern auch die Erweiterung des

5 BGH, Urteil vom 9.12.1959 – IV ZR 178/59, FamRZ 1960, 194 (195).

6 So hat das Bundesministerium für Familie, Senioren, Frauen und Jugend (BMFSJ) festgestellt, dass 700.000 Kinder keine beziehungsweise nicht ausreichende Unterhaltszahlungen erhielten und damit bezugsberechtigt nach dem UVG waren, vgl. Bericht der Bundesregierung über die Wirkungen der Reform des Unterhaltsvorschussgesetzes, abrufbar unter: https://www.bmfsfj.de/blob/127808/30e83e5ad2a87405b48a7eb6d95b2b58/bericht-uvg-data.pdf, zuletzt abgerufen am: 21.2.2019, S.10. Siehe zu den (teilweise) Nichtleistungen des Kindesunterhalts auch BMFSFJ, Wenn aus Liebe rote Zahlen werden, abrufbar unter: https://www.bmfsfj.de/blob-/100940/9f71853c9e223e9c7dda9096ccf33702/wenn-aus-liebe-rote-zahlen-werden-data.pdf, zuletzt abgerufen am: 12.02.2019, S. 15f.

7 Exemplarisch seien folgende Beispiele genannt: OLG Karlsruhe, Beschluss vom 7.1.2019–20 UF 146/18, juris, Rn. 1; OLG Hamburg, Beschluss vom 30.10.2018–12 UF 231/13, NZFam 2019, 37 (37); OLG Koblenz, Beschluss vom 27. Juli 2018 – 13 WF 541/18 –, juris, Rn. 9; BGH, Beschluss vom 7.2.2018 – XII ZB 338/17, NJW-RR 2018, 579 (581); OLG Düsseldorf, MDR 2018, 529 (530); OLG Oldenburg, Beschluss vom 07. Juni 2017 – 4 UF 198/16 –, juris, Rn. 27; BGH, Beschluss vom 11.1.2017 – XII ZB 565/15, FamRZ 2017, 437 (441); BGH, Beschluss vom 20.4.2016 – XII ZB 45/15, FamRZ 2016, 1053 (1054); BGH, Beschluss vom 19.6.2013 – XII ZB 39/11, FamRZ 2013, 1378 (1378); BGH, Urteil vom 17.1.2007 – XII ZR 166/04, FamRZ 2007, 542 (543); BGH, Urteil vom 26.10.2005 – XII ZR 34/03, NJW 2006, 57 (59).

8 Vgl. BGH, Beschluss vom 20.4.2016 – XII ZB 45/15, FamRZ 2016, 1053 (1054); BGH, Beschluss vom 11.1.2017 – XII ZB 565/15, FamRZ 2017, 437 (441).

Anwendungsbereichs zeigen die zunehmende Bedeutung dieses vom BGH entwickelten Anspruchs.

Bereits vor 20 Jahren wurde der familienrechtliche Ausgleichsanspruch grundsätzlich in Frage gestellt.[9] Die Kritiken vermochten allerdings nicht immer zu überzeugen: Vor allem in Bezug auf die Untersuchungen der Leitentscheidung sind sie kaum mehr als bloße Inhaltsangaben.[10] Auch die Analysen der Voraussetzungen des familienrechtliche Ausgleichsanspruchs lassen eine vertiefte Auseinandersetzung mit den einzelnen Tatbestandsmerkmalen vermissen und erschöpfen sich weitgehend in ihrer Beschreibung.[11] Überdies konnte seinerzeit die Anwendbarkeit des Anspruchs auf den Kindergeldausgleich noch nicht überprüft werden, weil dieser Ausgleich erst seit Kurzem mit Hilfe des familienrechtlichen Ausgleichsanspruchs vorgenommen wird. Seit den ersten Untersuchungen ist der familienrechtliche Ausgleichsanspruch noch weiter in den Fokus der Wissenschaft gerückt. Während der überwiegende Teil in dem vom BGH geschaffenen Rechtsinstitut einen praktikablen Regressanspruch des einen Elternteils gegen den nicht zahlenden Elternteil sieht,[12] wird weiterhin vereinzelt Kritik an der Konstruktion geübt.[13]

---

9 Vgl. die Dissertationen von *Thomas Wittko*, Der familienrechtliche Ausgleichsanspruch, 1993; *Dieter Fritz*, Unterhaltsrechtliche Ausgleichsverhältnisse zwischen Eltern im Anwendungsbereich des familienrechtlichen Ausgleichsanspruchs, 1998; *Stephan Brodhun*, Der familienrechtliche Ausgleichsanspruch, 2000.

10 Sich überwiegend auf die wörtliche Wiedergabe des Urteils beschränkend: *Wittko*, S. 12f.; *Fritz*, S. 35f.; *Brodhun*, S. 23–26.

11 Größtenteils deskriptiv *Fritz*, S. 39–41; *Brodhun*, S. 26–28, der sich weder mit den Meinungen in der Literatur noch mit der Rechtsprechung der Oberlandesgerichte auseinandersetzt. Etwas umfangreicher *Wittko*, S. 17–24, der aber den Anwendungsbereich des familienrechtlichen Ausgleichsanspruchs verkennt, indem er diesen trotz der Möglichkeit der Geltendmachung rückständigen Kindesunterhalts anwendet, *ders.*, S. 79, 121.

12 Vgl. insbesondere *Isabell Götz*, Der familienrechtliche Ausgleichsanspruch – Ein häufig vernachlässigter »Notnagel«, FF 2013, 225 (225), in dem der Anspruch als praktisch relevant dargestellt wird; ebenso *Nicolai Funk*, Anm. zu OLG Jena, Beschluss vom 23.4.2009 – 4 W 117/09, jurisPR-FamR 22/2009, Anm. 3; *Claudia Campbell*, Familienrechtlicher Ausgleichsanspruch beim Kindesunterhalt, NJW-Spezial 2013, 196 (196); *Gisela Wohlgemuth*, Unterhalt und familienrechtlicher Ausgleichsanspruch beim Wechsel des Kindes zum barunterhaltspflichtigen Elternteil, FamRZ 2009, 1873 (1875); *Tanja Langheim*, Der familienrechtliche Ausgleichsanspruch, FamRZ 2013, 1529 (1535); *Dagny Liceni-Kierstein*, Der Anspruch auf familienrechtlichen Ausgleich – eine Rückgriffsmöglichkeit für ausgebliebene Barunterhaltszahlungen, FamRB 2016, 197 (203), die den Ausgleichsanspruch als interessengerecht bezeichnet, wenngleich nicht alle Fragen diesbezüglich geklärt seien. *Wittko*, S. 87, bezeichnet den Anspruch als »in seiner einfachen Strukturierung« unproblematisch und verkennt damit jegliche Streitstände und Durchsetzungsproblematiken.

13 Als »*methodisch verfehlt*« hat Heinz Holzhauer den familienrechtlichen Ausgleichsanspruch bezeichnet, *ders.*, Der Unterhaltsregreß, in: D. Bickel, W. Hadding, V. Jahnke, G. Lüke (Hrsg.), Recht und Rechtserkenntnis, Festschrift für Ernst Wolf zum 70. Geburtstag, 1985, S. 223 (234); den Anspruch als »überschießend« bezeichnend *Susanne Zwirlein*, Der familienrechtliche Ausgleichsanspruch – eine überschießende Rechtsschöpfung, FamRZ 2015, 896 (901); *An-*

Aufgrund dieses uneinheitlichen Meinungsbildes soll der familienrechtliche Ausgleichsanspruch einer detaillierten Analyse unterzogen werden. Ziel ist es zunächst, die Entstehung des Ausgleichsanspruchs eingehend zu erörtern. Zudem soll die aktuelle Ausgestaltung dieses Rechtsinstituts, vor allem dessen Voraussetzungen und Rechtsfolgen, dargelegt werden. Auch wird überprüft, ob die Ausweitung seines Anwendungsbereichs notwendig war. Intention ist es überdies, die Hindernisse bei der Durchsetzbarkeit und deren Lösungsmöglichkeiten, insbesondere in Hinblick auf die Konkurrenz zum Kindesunterhalt und bezüglich der verfahrensrechtlichen Möglichkeiten, zu erläutern. Darüber hinaus soll überprüft werden, ob die Herleitung des Ausgleichsanspruchs durch die Anwendung anderer Vorschriften erreicht werden kann.

Um die Entstehung des familienrechtlichen Ausgleichsanspruchs kritisch hinterfragen zu können, muss im ersten Kapitel der Kindesunterhalt als solcher kurz umrissen und dann das zugrunde liegende Problem bei der Geltendmachung rückständigen Kindesunterhalts skizziert werden. Im Anschluss wird der Ursprung des neuen Rechtsinsituts erörtert. Dabei sollen zunächst die Argumente der unveröffentlichten Urteile der Vorinstanzen und der Revisionsbegründung und -erwiderung ausgewertet werden. Daran anknüpfend kann das Grundsatzurteil des BGH eingehend analysiert werden. Schließlich wird ein Ausblick auf die im weiteren Verlauf der Arbeit zu erörternden Themen gegeben.

Im zweiten Kapitel erfolgt sodann die Darstellung der Umsetzung und Streitstände des familienrechtlichen Ausgleichsanspruchs, die mit einer Erläuterung der aktuellen Anwendungsbereiche des Anspruchs beginnt. Nachfolgend werden die Voraussetzungen des familienrechtlichen Ausgleichsanspruchs und deren Entwicklungen herausgearbeitet. Ebenso werden die Rechtsfolgen des Anspruchs, insbesondere bezüglich des Umfangs und der Höhe des Ausgleichs, untersucht. Mit dieser Beleuchtung des Rechtsinstituts in seiner derzeitigen Ausprägung kann auch eine Abgrenzung zu anderen sogenannten »familienrechtlichen Ausgleichsansprüchen« erfolgen.

Daran schließt sich eine umfassende Auseinandersetzung mit den Hindernissen bei der Durchsetzung des zuvor dargestellten Anspruchs an. Diese umfasst zum einen die Erörterung der Konkurrenzproblematik in Bezug auf den Unterhaltsanspruch des Kindes. Zum anderen werden die verfahrensrechtlichen Aspekte des familienrechtlichen Ausgleichsanspruch beleuchtet. Sie sind gerade bei einem laufenden Unterhaltsprozess bedeutsam für die Bewertung der Tauglichkeit des familienrechtlichen Ausgleichsanspruchs, weil die prozessualen Handlungsmöglichkeiten des ausgleichsberechtigten Elternteils begrenzt sind und der diesbezügliche Meinungsstand uneinheitlich ist.

---

dreas Roth, Der familienrechtliche Ausgleichsanspruch, FamRZ 1994, 793 (799f.), erachtet den Anspruch für unnötig.

Des Weiteren sollen die Möglichkeiten der Begründung eines solchen Regressanspruchs für geleisteten, aber nicht (primär) geschuldeten Kindesunterhalt (analog) § 1607 Abs. 2 aufgezeigt werden. Gegenstand des vierten Kapitels sind daher die Voraussetzungen und Rechtsfolgen der Ersatzhaftung nach § 1607 Abs. 2, woran anschließend die Anwendbarkeit spezieller Vorschriften auf die dargestellte Ersatzhaftung erörtert wird.

Im fünften Kapitel wird die Herleitung des Ausgleichsanspruchs aus dieser Ersatzhaftung dargelegt. Die Prüfung, ob die Fallgestaltungen des familienrechtlichen Ausgleichsanspruchs bei direkter Anwendung des § 1607 Abs. 2 gelöst werden können, zeigt die Unterschiede der beiden Konstruktionen auf. Im Folgenden wird die diesbezüglich bestehende Möglichkeit einer Analogie des § 1607 Abs. 2 untersucht. Um eine planwidrige Regelungslücke zu bejahen, wird eine Auslegung des § 1607 Abs. 2 vorgenommen, wobei der Akzent vor allem auf der Entstehungsgeschichte der Norm liegt. Die Darstellung der historischen Entwicklung der Ersatzhaftung ist für das Verständnis, ob eine Analogie geboten ist, wesentlich, weil die zugrunde liegende Problematik auch schon zeitlich weit vor dem Grundsatzurteil diskutiert wurde.[14] Allein die Divergenzen zwischen den Motiven und den Protokollen als maßgebliche Quellen der Entstehungsgeschichte des BGB lassen auf eine Kontroverse bezüglich der Ersatzhaftung schließen.[15] Eine weitergehende Analyse der Rechtspraxis im 19. Jahrhundert verdeutlicht, dass eine Regressmöglichkeit bereits vor der Entstehung des BGB und noch weit vor der Rechtsprechung zum familienrechtlichen Ausgleichsanspruch bestand.[16] Anhand dieser Untersuchung lässt sich der Konnex zwischen der in § 1607 Abs. 2 normierten Ersatzhaftung und dem familienrechtlichen Ausgleichsanspruch rekonstruieren. Diese Ergebnisse sind ausschlaggebend für den hier vertretenen Lösungsansatz. Der sich daran anschließende Vergleich der Interessenlagen zeigt zudem, dass eine analoge Anwendung des § 1607 Abs. 2 auf die Fallkonstellationen des familienrechtlichen Ausgleichsanspruchs – trotz der zuvor aufgezeigten Unterschiede – angebracht ist.

Zur Vervollständigung der bisherigen Ergebnisse widmet sich das sechste Kapitel der Begründung des familienrechtlichen Ausgleichsanspruchs als solchen und der Ersatzhaftung entsprechend § 1607 Abs. 2 aus anderen in Betracht

14 Siehe hierzu: Die gesamten Materialien zum Bürgerlichen Gesetzbuch für das Deutsche Reich, *Benno Mugdan* (Hrsg.), Band IV, Familienrecht, 1979, Motive S. 369 und Protokolle, S. 953; *Gottlieb Planck*, in: W. Schubert (Hrsg.), Die Vorlagen der Redaktoren für die erste Kommission zur Ausarbeitung des Entwurfs eines Bürgerlichen Gesetzbuches – Familienrecht: Teil 2: Beendigung der Ehe, Recht der Abkömmlinge, Vormundschaftsrecht, 1983, S. 320; *Heinrich Dernburg*, Pandekten, Bd. 2, 1. Aufl., 1886, § 31, S. 88.

15 Zu dem Vergleich der Motive und Protokolle siehe Kap. 5 II. 1. d. (3).

16 Vgl. zu der vorherigen Rechtspraxis Kap. 5 II. 1. d. (5).

kommenden Normen, um mit der Darstellung ein umfassendes Bild der Möglichkeiten einer Herleitung des Ausgleichsanspruchs geben zu können.

Die Arbeit wird erhebliche Mängel an der Konstruktion des familienrechtlichen Ausgleichsanspruchs in Bezug auf die Entstehung, die heutige Ausgestaltung und seine Durchsetzbarkeit zeigen. Es wird herausgearbeitet, dass ein Ausgleich für geleisteten, aber nicht primär geschuldeten Kindesunterhalt mit der analogen Anwendung des § 1607 Abs. 2 erreicht werden kann. Infolgedessen wird im siebten Kapitel unter Berücksichtigung der einzelnen Erwägungen und Ergebnisse eine rechtliche Würdigung der beschriebenen Lösungsmöglichkeiten vorgenommen. Dort wird die Kritik am familienrechtlichen Ausgleichsanspruch in den wesentlichen Punkten zusammengefasst. Weiterhin werden die Vor- und Nachteile der hier vertretenen Lösungsansätze erläutert.

1. Kapitel: Der rückständige Kindesunterhalt – Möglichkeiten und Probleme bei der Geltendmachung

I. Der Kindesunterhalt

Eltern sind ihren Kindern gegenüber grundsätzlich unterhaltspflichtig. Dies ergibt sich aus § 1601, wonach Verwandte in gerader Linie einander zum Unterhalt verpflichtet sind. Kinder stammen unmittelbar von ihren Eltern ab, sodass sie gemäß § 1589 S. 1 in gerader Linie mit diesen verwandt sind[17] und einen eigenen Unterhaltsanspruch gegen ihre Eltern haben.[18] Bei nicht verheirateten Eltern ergeben sich Besonderheiten, die in §§ 1615 a ff. geregelt sind.

Die Unterhaltspflicht ist in Art. 6 Abs. 2 GG verankert.[19] Sie ist Resultat der »durch die Einheit des Blutes und die Bande der Familie hervorgerufenen natürlichen *und* sittlichen«[20] Bindung. Diese familiäre Solidarität hebt auch die Bundesregierung in einer Stellungnahme zum 5. Bericht zur Lage der älteren Generation in der Bundesrepublik Deutschland hervor: »Die Familie [...] bietet verlässliche wechselseitige Unterstützung«[21] und hat ihren normativen Niederschlag in § 1618 a gefunden. Ebenso ist die Gewährung des Unterhalts Ausdruck dieser familiären Unterstützung, die in Anspruch genommen werden kann, sofern die Voraussetzungen der §§ 1601 ff. gegeben sind.[22]

Eine Legaldefinition des Unterhalts findet sich im BGB nicht. Unterhalt im Sinne des BGB meint alles, was zum unmittelbar menschlichen Bedarf gehört.[23]

---

17 jurisPK-BGB/*Nickel/Di Cato*, juris PraxisKommentar Band 4, 8. Auflage, 2017, § 1589, Rn. 12 f. Auf die Besonderheiten, die sich hinsichtlich der Abstammung, insbesondere bei der Vaterschaft, ergeben, wird nicht näher eingegangen. Im Folgenden ist davon auszugehen, dass die verwandtschaftlichen Verhältnisse unstrittig feststehen.

18 *Nina Dethloff*, Familienrecht: Ein Studienbuch, 32. Auflage, 2018, § 11, Rn. 4.

19 BVerfG, Beschluss vom 9.4.2003–1 BvL 1/01, NJW 2003, 2733 (2734).

20 *Mugdan*, Die gesamten Materialien zum Bürgerlichen Gesetzbuch für das Deutsche Reich, Bd. IV, Mot. S. 359.

21 BT-Drs. 16/2190, S. 14.

22 Zu den Voraussetzungen neben der Verwandtschaft siehe Kap. 2 II. 1. a.-d.

23 Staudinger/BGB/*Klinkhammer*, Kommentar zum Bürgerlichen Gesetzbuch, Buch 4: Familienrecht, §§ 1601–1615n (Unterhaltspflicht), Neubearbeitung 2018, Vor §§ 1601–1615o, Rn. 1;

Es wird hierbei darauf abgestellt, was der Mensch benötigt, um ein menschenwürdiges Leben zu führen.[24] Der Unterhalt umfasst also den gesamten Lebensbedarf, vgl. § 1610 Abs. 2.[25]

1. Art des Unterhalts

Nach § 1612 Abs. 2 S. 1, welcher die Art der Unterhaltsgewährung festlegt, wird der Unterhalt in Form einer Geldrente geleistet.[26] Daher könnte man davon ausgehen, dass der Unterhaltspflicht nur durch Zahlungen eines gewissen Betrags nachgekommen werden kann.[27] § 1606 Abs. 3 S. 2 zeigt jedoch, dass sie auch durch die Betreuung eines Kindes erfüllt werden kann. Mit dem Gleichberechtigungsgesetz, welches am 01.07.1958 in Kraft trat, stellte der Gesetzgeber fest, dass die Unterhaltspflicht auch durch Pflege und Erziehung des Kindes erfüllt wird. Dies ergibt sich daraus, dass der damalige § 1606 Abs. 2 S. 2 auf § 1360 a. F. verwies, welcher in Satz 2 festlegte, dass die Mutter ihren Beitrag zum Kindesunterhalt regelmäßig durch die Führung des Haushalts leistet.[28] Nach § 1606 Abs. 3 S. 2 stehen heute beide Formen, Pflege und Erziehung sowie Zahlung einer Geldrente gleichwertig nebeneinander.[29]

Im Folgenden sollen die verschiedenen Arten der Unterhaltsgewährung dargestellt werden. Dieser kurze Überblick dient dem besseren Verständnis in Bezug auf die spätere detaillierte Auseinandersetzung mit dem Unterhaltsregress. Ein solcher wird teilweise nicht für alle Unterhaltsarten gewährt.[30] Außerdem werden die Bezeichnungen nicht immer konvergent gebraucht, sodass eine Begriffsbestimmung unerlässlich ist.

MüKo/BGB/*Born*, Münchener Kommentar, BGB, Band 9, 7. Auflage, 2017, Vorbemerkung zur Unterhaltspflicht, Rn. 1.

24 MüKo/BGB/*Born*, Vorbemerkung zur Unterhaltspflicht, Rn. 14.

25 BGH, Urteil vom 30.8.2006 – XII ZR 138/04, FamRZ 2006, 1597 (1598); *Karlheinz Muscheler*, Familienrecht, 4. Auflage, 2017, § 39, Rn. 678.

26 *Muscheler*, § 39, Rn. 686; Johannsen/Henrich/*Graba/Maier*, Familienrecht. Scheidung, Unterhalt, Verfahren, 6. Auflage, 2015, § 1612, Rn. 1; BeckOK/BGB/*Reinken*, Beck'scher Online-Kommentar, BGB, 49. Edition, Stand: 1.2.2019, 2019, § 1612, Rn. 2.

27 Vgl. BeckOGK/BGB/*Ebert*, § 1612, Rn. 12; MüKo/BGB/*Born*, § 1612, Rn. 18.

28 BGBl. 1957, Teil I, Nr. 26, abrufbar unter: https://www.bgbl.de/xaver/bgbl/start.xav?start=//*%5B@attr_id=%27bgbl157i0609.pdf%27%5D#__bgbl__%2F%2F*%5B%40attr_id%3D%27bgbl157i0609.pdf%27%5D__1550737046758, zuletzt abgerufen am: 21.2.2019, S. 609.

29 BGH, Urteil vom 2.7. 1980 – IVb ZR 519/80, FamRZ 1980, 994 (994); jurisPK-BGB/*Viefhues*, § 1606, Rn. 9; Weinreich/Klein/*Eder*, Familienrecht, Kommentar, 6. Auflage, 2019, § 1606, Rn. 2; Kleffmann/Klein/*Eder*, Unterhaltsrecht, Kommentar, 2. Auflage, 2014, § 1606, Rn. 17.

30 Der BGH wendet den familienrechtlichen Ausgleichsanspruch nur bei geleistetem Barunterhalt an, siehe hierzu Kap. 2 IV. 1. Mit dem hier aufgezeigten Lösungsansatz kann bei Leistungen in Form der übrigen Unterhaltsarten Ersatz verlangt werden, siehe hierzu Kap. 7 II. 2.

a. Barunterhalt

Wie § 1612 Abs. 1 S. 1 schon beschreibt, kann Unterhalt in Form einer Geldrente gezahlt werden.[31] Diese Art der Unterhaltsgewährung wird Barunterhalt genannt.[32] Die Verpflichtung zur monatlichen Zahlung ist eine schuldrechtliche, deren Ausgestaltung sich - unter Beachtung etwaiger familienrechtlicher Besonderheiten - nach den Regelungen des allgemeinen Schuldrechts richtet.[33] So bleibt der Erfüllungsort der Wohnsitz des Schuldners, vgl. § 269 Abs. 1.[34] Auch wenn man die Pflicht zur Barzahlung annimmt,[35] können vielfach getätigte Überweisungen Erfüllungswirkung haben, sofern der Unterhaltsgläubiger diese annimmt, vgl. § 364 Abs. 1.[36] Die Höhe der Unterhaltsverpflichtung richtet sich nach der Leistungsfähigkeit des Unterhaltsschuldners.[37] Bei Teilleistungen findet § 366 Anwendung, sodass der Schuldner bei der Leistung bestimmen kann, welche Schuld getilgt wird.[38] Insbesondere die teilweise oder vollkommene Nichtleistung dieser Unterhaltsart ist für die Frage nach der Ausfallhaftung und daran anschließend dem etwaigen Regress bedeutsam.

b. Naturalunterhalt

Der Naturalunterhalt umfasst nicht nur die Pflege und Erziehung des Kindes, sondern beinhaltet auch Sachleistungen, also die notwendigen Anschaffungen, wie etwa Lebensmittel und Kleidung.[39] Es erfolgt demnach keine Zahlung in Form einer Geldrente, die Zahlungen werden vielmehr zur Beschaffung der benötigten Naturalien aufgewandt. Der Naturalunterhalt umfasst also alles, was das

31 *Thomas Rauscher*, Familienrecht, 2. Auflage, 2008, 5. Teil, Rn. 872.

32 MüKo/BGB/*Born*, Vorbemerkung zur Unterhaltspflicht, Rn. 21.

33 BeckOGK/BGB/*Ebert*, § 1612, Rn. 17.

34 BGH, Urteil vom 25. 1. 2989 - IVb ZR 29/88, NJW 1989, 1356 (1356).

35 So OLG Hamm, Urteil vom 13. 11. 1987–10 UF 266/87, FamRZ 1988, 499 (500); unklar Palandt/*Brudermüller*, Bürgerliches Gesetzbuch mit Nebengesetzen, 78. Auflage, 2019, § 1612, Rn. 2, der grundsätzlich eine Überweisung an den Gläubiger fordert, später aber die Barzahlung als Schuldinhalt deklariert.

36 OLG Hamm, Urteil vom 13. 11. 1987–10 UF 266/87, FamRZ 1988, 499 (500); BeckOGK/BGB/*Ebert*, § 1612, Rn. 18.

37 Zum Maß des Unterhalts siehe Kap. 1 I. 2.

38 Soergel/*Seibl*, Bürgerliches Gesetzbuch mit Einführungsgesetz und Nebengesetz, Band 19/1: Familienrecht 3, 13. Auflage, 2012, § 1612, Rn. 5.

39 Wendl/Dose/*Klinkhammer*, Das Unterhaltsrecht in der familienrichterlichen Praxis, 9. Auflage, 2015, § 2, Rn. 18; Johannsen/Henrich/*Graba/Maier* Vor §§ 1601–1615n, Rn. 7; *Johannes Münder/Rüdiger Ernst/Wolfgang Behlert*, Familienrecht. Eine sozialwissenschaftlich orientierte Darstellung, 7. Auflage, 2013, § 7, Rn. 18.

Kind benötigt.[40] Die Pflege sollte grundsätzlich von dem Naturalunterhaltspflichtigen selbst vorgenommen werden, wobei Hilfe von Dritten durchaus legitim ist.[41] Ein erwähnenswerter Rest an eigener Pflegeleistung ist jedoch unerlässlich, um die Erfüllung der Naturalunterhaltspflicht annehmen zu können.[42]

c. Betreuungsunterhalt

Abgrenzungsschwierigkeiten ergeben sich bei dem Begriff »Betreuungsunterhalt«, weil auch der Naturalunterhalt die Pflege und Erziehung des Kindes umfasst.[43] Dennoch sind die Begriffe streng voneinander abzugrenzen.[44] Betreuung meint die Pflege und Erziehung im Sinne des § 1606 Abs. 3 S. 2.[45] Der Betreuungsunterhalt wird durch persönliche Fürsorge geleistet und ist mit dem Barunterhalt gleichwertig, vgl. § 1606 Abs. 3 S. 2.[46] Wie auch beim Naturalunterhalt kann die Pflege teilweise von Dritten übernommen werden.[47] Voraussetzung für die Gleichwertigkeit des Betreuungsunterhalts gegenüber dem Barunterhalt ist, dass der Betreuende die Hauptverantwortung für das Kind hat. Nur so kann von

---

40 Wendl/Dose/*Klinkhammer*, § 2, Rn. 18; *Wolfram Viefhues*, Das Unterhaltsbestimmungsrecht des § 1612 BGB – Die leider oft unbeachtete Möglichkeit zur Abwehr von Kindesunterhaltsansprüchen, FuR 2018, 222 (223).

41 BGH, Urteil vom 8.4.1981 – IVb ZR 587/80, NJW 1981, 1559 (1559).

42 OLG Brandenburg, Urteil vom 29.4.2003–10 UF 195/02, FamRZ 2004, 396 (396); OLG Hamm, Urteil vom 6.9.1989–5 UF 94/89, FamRZ 1990, 307 (307).

43 So scheint auch der BGH die Begriffe nicht immer klar voneinander abzugrenzen, sondern teilweise sogar synonym zu verwenden, vgl. BGH, Urteil vom 2.7.1980 – IVb ZR 519/80, NJW 1980, 2306 (2306), wo Pflege und Erziehung als Naturalunterhalt bezeichnet werden; ebenso BGH, Urteil vom 22.1.1985 – VI ZR 71/83, NJW 1985, 1460 (1461); BGH, Urteil vom 15.10.1985 – VI ZR 55/84, VersR 1986, 264 (266), an dieser Stelle wird der Naturalunterhalt als Aufwand der Betreuung benannt; BGH, Urteil vom 30.8.2006 – XII ZR 138/04, NJW 2006, 3421 (3422), hier wird von Betreuungsunterhalt gesprochen. Differenzierend BGH, Beschluss vom 16.4.2015 – IX ZB 41/14, NZI 2015, 561 (562). Vgl. auch Gerhardt/v. Heintschel-Heinegg/Klein/*Fuchs*, Handbuch des Fachanwalts Familienrecht, 11. Auflage, 2018, Kap. 6, Rn. 321, der die Ausdrücke ebenfalls gleichsetzt. Zum Begriff der Betreuung siehe insbesondere *Hans-Ulrich Graba*, Betreuungsunterhalt aufgrund des erweiterten Unterhaltsbegriffs, NJW 2016, 833–838, der aber in abstracto ebenso unscharf bleibt, vgl. *Ders.*, NJW 2016, 833 (384).

44 So auch Wendl/Dose/*Klinkhammer*, § 2, Rn. 19; MüKo/BGB/*Born*, §1612, Rn. 2; *Stefanie Carmen Frey*, Unterhalt im Kindesinteresse. Auf das Kindesinteresse ausgerichtete Unterhaltsansprüche unter Einbeziehung der Reformüberlegungen des Gesetzgebers im Jahre 2007 mit abschließendem eigenen Reformvorschlag, 2008, S. 4.

45 Wendl/Dose/*Klinkhammer*, § 2, Rn. 19; Staudinger/BGB/*Klinkhammer*, § 1606, Rn. 13.

46 BVerfG, Urteil vom 24.7.1963–1BvL 11/61, NJW 1963, 1723 (1724); BGH, Urteil vom 2.7.1980 – IVb ZR 519/80, FamRZ 1980, 994 (994); *Wolfgang Stammberger*, Schriftlicher Bericht des Rechtsausschusses über den von der Bundesregierung eingebrachten Entwurf eines Gesetzes über die rechtliche Stellung der unehelichen Kinder – zur Drucksache V/4179 – , abrufbar unter: http://dipbt.bundestag.de/doc/btd/05/041/0504179zu.pdf, zuletzt abgerufen am 2.2.2019, S. 3.

47 *Hans-Ulrich Graba*, Kindesbetreuung und Kindesunterhalt, FamRZ 1990, 454 (454).

einem Äquivalent zum Barunterhalt gesprochen werden.[48] Bei gleichen Anteilen der Betreuungsleistungen beider Elternteile handelt es sich bei der Betreuungsform um das sogenannte Wechselmodell, auf das später noch genauer einzugehen ist.[49]

Eine Gleichwertigkeit von Betreuungs- und Barunterhalt scheidet jedoch unter bestimmten Voraussetzungen aus. So muss sich der betreuende Elternteil, der ein erheblich höheres Einkommen hat als der barunterhaltspflichtige Elternteil, ebenfalls am Barunterhalt beteiligen, weil sich sonst ein »erhebliches finanzielles Ungleichgewicht«[50] entwickeln könnte.[51] Anknüpfungspunkt hierfür ist § 1603 Abs. 2 S. 3, der eine gesteigerte Unterhaltspflicht des Barunterhaltspflichtigen ablehnt, sofern ein anderer Verwandter unterhaltspflichtig ist. Wann ein solches Ungleichgewicht anzunehmen ist, wird unterschiedlich beurteilt. Zum Teil wird das relevante Ungleichgewicht bei einem doppelt so hohen Einkommen des Betreuenden,[52] zum Teil bei einem dreifach so hohen Einkommen[53] bejaht. Eine starre Grenze sollte hier vermieden und im Einzelfall beurteilt werden, ob der betreuende und besserverdienende Elternteil den anderen Elternteil teilweise oder ganz zu entlasten hat.[54]

Der Naturalunterhalt hingegen beschreibt denjenigen Unterhalt, den die Eltern auf Grundlage ihres Privilegs gemäß § 1612 Abs. 1 S. 2 leisten können.[55] Dabei pflegen und erziehen sie und stellen die notwendigen Güter bereit. Der

48 BGH, Beschluss vom 5.11.2014 – XII ZB 599/13, FamRZ 2015, 236 (237); Jauernig/*Budzikiewicz*, BGB Kommentar, 17. Auflage, 2018, Anm. zu §§ 1606–1608, Rn. 7. So nahm der BGH bei einer Betreuung des Kindes während der gesamten Sommerferien die volle Barunterhaltspflicht an, weil auch hier noch die Hauptverantwortung beim anderen Elternteil liege, vgl. BGH, Urteil vom 8.2.1984 – IVb ZR 52/82, FamRZ 1984, 470 (473).

49 Vgl. Kap. 2 II. 1. c.

50 BGH, Beschluss vom 10.7.2013 – XII ZB 297/12, FamRZ 2013, 1558 (1561).

51 BGH, Urteil vom 4.5.2011 – XII ZR 70/09, NJW 2011, 1874 (1877); BGH, Beschluss vom 10.7.2013 – XII ZB 297/12, FamRZ 2013, 1558 (1561); OLG Brandenburg, Beschluss vom 12.6.2012– 10 UF 344/11, BeckRS 2012, 13153 (13153); BeckOK/BGB/*Reinken*, § 1606, Rn. 41.

52 OLG Bamberg, Beschluss vom 27.7.1994–2 UF 31/94, FamRZ 1995, 566 (567); OLG Hamm, Urteil vom 10.3.2009 – II-3 UF 118/08, FamRZ 2009, 1919 (1919f.).

53 OLG Hamm, Leitlinie 12.3, abrufbar unter: http://www.olg-hamm.nrw.de/infos/Hammer_Leitlinie/HLL_2019.pdf, zuletzt abgerufen am: 14.2.2019 ; BGH, Beschluss vom 10.7.2013 – XII ZB 297/12, FamRZ 2013, 1558 (1561); OLG Schleswig, Beschluss vom 23.12.2013–15 UF 100/13, FamRZ 2014, 1643 (1644); OLG Dresden, Beschluss vom 4.12.2015–20 UF 875/15, FamRZ 2016, 1172 (1174); Büte/Poppen/Menne/*Botur*, Unterhaltsrecht, Kommentar, Ehegatten-, Kindes- und Verwandtenunterhalt, Prozessrecht und einschlägige Nebenbestimmungen, 3. Auflage, 2015, § 1603, Rn. 99; *Mathias Volker*, (Keine) Haftung des betreuenden Elternteils nach § 1603 Abs. 2 Satz 3 BGB?, FuR 2015, 136 (139).

54 So auch BGH, Beschluss vom 10.7.2013 – XII ZB 297/12, FamRZ 2013, 1558 (1560). Das Problem der zusätzlichen Barunterhaltspflicht des betreuenden Elternteils ist für den familienrechtlichen Ausgleichsanspruch nicht relevant, sodass auf nähere Angaben zu den Einzelheiten der Voraussetzungen verzichtet wird.

55 BeckOGK/BGB/*Ebert*, § 1612, Rn. 37.

Naturalunterhalt beinhaltet demnach auch die Betreuung, geht aber durch den Erwerb benötigter Naturalien über den Betreuungsunterhalt hinaus.[56]

Somit kann der Unterhaltsanspruch auf zwei Wegen erfüllt werden: zum einen durch Gewährung von Naturalunterhalt und zum anderen durch Leistung des Barunterhalts in Verbindung mit Betreuung.[57] Bei Volljährigkeit des Kindes schulden beide Elternteile entsprechend ihres Einkommens anteilig Barunterhalt.[58]

2. Maß des Unterhalts

Die Höhe des zu gewährenden Unterhalts bestimmt sich nach der Lebensstellung des bedürftigen Kindes, vgl. § 1610 Abs. 1.[59] Da das Kind aber wirtschaftlich nicht unabhängig ist und somit keine eigene Lebensstellung entwickeln kann, leitet sich dessen Lebensstellung von der Lebensstellung der Eltern ab.[60] Demnach richtet sich das Maß des Unterhalts nach den Einkommens- und Vermögensverhältnissen der Eltern.[61] Sofern die Eltern getrennt leben und die Unterhaltslast derart aufgeteilt haben, dass ein Elternteil die Kinder betreut und der andere Elternteil Barunterhalt leistet, sind die Einkommensverhältnisse des Bartunterhaltspflichtigen maßgeblich.[62] Bei der Bemessung des Barunterhalts ist die Düsseldorfer Tabelle[63] als Richtlinie zu beachten.[64]

56 BGH, Beschluss vom 16.4.2015 – IX ZB 41/14, NZI 2015, 561 (562); *Scholz*, Anm. zu BGH, Urteil vom 25.5.1994 – XII ZR 78/93, FamRZ 1994,1314 (1315).

57 Johannsen/Henrich/*Graba/Maier*, Vor §§ 1601–1615n, Rn. 7; Heiß/Born/*Kohlenberg*, Unterhaltsrecht. Ein Handbuch für die Praxis, 55. Auflage, Stand: 1.1.2019, 2018, 1. Teil, 12. Kap., Rn. 3.

58 MüKo/BGB/*Born*, § 1610, Rn. 37f.

59 *Dethloff*, § 11, Rn. 11.

60 BGH, Urteil vom 23.4.1980 – IVb ZR 527/80, FamRZ 1980, 665 (669); BGH, Urteil vom 20.11. 1996 – XII ZR 76/95, NJW 1997, 735 (736); BGH, Urteil vom 23.10.2002 – XII ZR 266/99, DNotZ 2003, 285 (288); Koch/*Schürmann*, Handbuch des Unterhaltsrechts, 13. Auflage, 2017, § 4, Rn. 52; Büte/Poppen/Menne/*Botur*, § 1610, Rn. 4.

61 BGH, Urteil vom 2.3.1994 – XII ZR 215/92, NJW 1994, 1530; BGH, Urteil vom 13.10.1999 – XII ZR 16/98, FamRZ 2000, 358 (358). Siehe zum Bedarf auch Kap. 2 II. 1. c.

62 BGH, Urteil vom 23.2.1983 – I ZR 362/81, FamRZ 1983, 473 (474); BGH, Urteil vom 13.10.1999 – XII ZR 16/98, FamRZ 2000, 358 (358).

63 Um nicht in jedem konkreten Einzelfall den genauen Bedarf des Kindes errechnen zu müssen, kann durch die Heranziehung der Düsseldorfer Tabelle die Unterhaltshöhe anhand des Alters des Kindes, des Einkommens des Unterhaltspflichtigen und weiteren Faktoren grundsätzlich für alle Fälle einheitlich bestimmt werden, vgl. hierzu MüKo/BGB/*Born*, § 1610, Rn. 79; Johannsen/Henrich/*Graba/Maier*, § 1610, Rn. 22f., 26.

64 Gerhardt/v. Heintschel-Heinegg/Klein/*Fuchs*, Kap. 6, Rn. 334; Büte/Poppen/Menne/*Botur*, § 1610, Rn. 11; *Dethloff*, § 11, Rn. 14; *Hans-Ulrich Graba*, Die Bedeutung der Trennung für den Unterhalt, NZFam 2018, 1112 (1118).

3. Aufteilung der Unterhaltslast

Beide Elternteile haben aber in der Regel nicht beide Formen des Unterhalts zu leisten, sondern haften als Teilschuldner anteilig nach ihren Erwerbs- und Vermögensverhältnissen, vgl. § 1606 Abs. 3 S. 1.[65] Solange die Eltern zusammenleben, ist eine klare Aufteilung nicht notwendig. Erst wenn sich die Eltern trennen, bedarf es der Klärung, wer in welcher Form seinen Anteil der Unterhaltspflicht gegenüber dem Kind erfüllt. Den Eltern steht grundsätzlich - sowohl während des Zusammenlebens als auch danach - ein Bestimmungsrecht gemäß § 1612 Abs. 2 S. 1 zu, das ihnen erlaubt, die Art der Unterhaltsgewährung festzulegen.[66] Dieses Recht gegenüber Minderjährigen ist Teil der elterlichen Sorge, vgl. § 1631 Abs. 1.[67] Es gilt aber auch gegenüber volljährigen Kindern.[68] Bei der Ausübung ist allerdings gemäß § 1612 Abs. 2 S. 1 auf die Belange des Kindes Rücksicht zu nehmen. Sofern die Eltern das gemeinsame Sorgerecht innehaben, üben sie das Recht auch zusammen aus,[69] denn es handelt sich hierbei nicht um eine Angelegenheit des täglichen Lebens im Sinne des § 1687 Abs. 1 S. 3.[70] Ansonsten hat derjenige Elternteil, bei dem das Kind lebt, als Inhaber des Sorgerechts die Befugnis, das Bestimmungsrecht des § 1612 Abs. 2 S. 1 auszuüben.[71] Der andere Elternteil kann folglich in einem solchen Fall dieses Recht nicht ausüben.[72]

---

65 MüKo/BGB/*Born*, § 1606, Rn. 7; Koch/*Wellenhofer*, § 6, Rn. 8; *Graba*, FamRZ 1990, 454 (458); *Jürgen Soyka*, Verteilung der Haftung unter mehreren Unterhaltspflichtigen, Zuständigkeitsprobleme bei Inanspruchnahme mehrerer Kinder auf Elternunterhalt und Verwirkung von Unterhaltsansprüchen, FPR 2003, 631 (631); a. A. *Günther Beitzke*, Die Neugestaltung der elterlichen Unterhaltspflicht, in: H. Lehmann, H. Nipperdey (Hrsg.), Recht und Wirtschaft. Festschrift für Justus Wilhelm Hedemann zu seinem 80. Geburtstag, 1958, S. 1 (22).

66 *Beitzke*, in: FS Hedemann, S. 1 (18); *Viefhues*, FuR 2018, 222 (222); *Stephan Buchholz*, Zum Unterhaltsbestimmungsrecht der Eltern gegenüber volljährigen Kindern nach § 1612 Abs. 2 BGB, FamRZ 1995, 705 (705); *Jürgen Pachtenfels*, Die »besonderen Gründe« gegen das elterliche Bestimmungsrecht, MDR 1993, 1029 (1029); *Graba*, FamRZ 1990, 454 (458); *Martin Lipp*, Das elterliche Unterhaltsbestimmungsrecht (§ 1612 Abs. 2 S. 1 BGB) bei getrennt und geschiedenen Eltern, ZBlJR 1984, 309 (309); *Peter Finger*, § 1612 Abs. 2 BGB – Fremdbestimmung durch die Eltern und Selbstbestimmung des Kindes, ZBlJR 1984, 454 (456).

67 Wendl/Dose/*Klinkhammer*, § 2, Rn. 38; *W. Schrade*, FamRZ 1957, 342 (348).

68 BGH, Urteil vom 3.12.1980 – IVb ZR 537/80, FamRZ 1981, 143 (143).

69 BGH, Urteil vom 26.10.1983 – IVb ZR 14/82, FamRZ 1984, 37 (38); Büte/Poppen/Menne/*Poppen*, § 1612, Rn. 7.

70 Wendl/Dose/*Klinkhammer*, § 2, Rn. 18.

71 Wendl/Dose/*Klinkhammer*, § 2, Rn. 39.

72 Daher nicht nachvollziehbar, *Wittko* (S. 78f.), der offenbar davon ausgeht, der Anspruchsgegner des Unterhaltsanspruchs könne bestimmen, seine Unterhaltspflicht nicht mittels Barzahlungen, sondern durch Naturalleistungen zu erfüllen und demnach die Bindungswirkung einer solchen Bestimmung problematisiert. Im Fall des alleinigen Sorgerechts des Anspruchsstellers kann der andere Elternteil eine solche Bestimmung gerade nicht treffen. Lediglich bei gemeinsamer Sorge hätte der andere Elternteil die Möglichkeit, gemeinsam mit dem Anspruchssteller eine solche Bestimmung zu treffen.

II. Die Geltendmachung des rückständigen Kindesunterhalts

Der betreuende Elternteil erfüllt seine Pflicht in der Regel durch Pflege und Erziehung, er leistet also Betreuungsunterhalt. Der andere Elternteil ist dann barunterhaltspflichtig.[73] Das Kind ist mangels Geschäftsfähigkeit nicht befugt, die Zahlungen entgegenzunehmen, weshalb der betreuende Elternteil als Vertreter des Kindes, vgl. § 1629 Abs. 2 S. 2, die Zahlungen entgegennimmt. Zahlt der Barunterhaltspflichtige nicht, wird der rückständige Kindesunterhalt unter Beachtung des § 1613 Abs. 1 geltend gemacht.[74] Das Kind selbst kann diesen Anspruch mangels Prozessfähigkeit nicht geltend machen, vgl. § 51 Abs. 1 ZPO i. V. m. §§ 106 ff. BGB. Der betreuende Elternteil tritt in diesem Fall als Vertreter oder Verfahrensstandschafter auf, vgl. § 1629 Abs. 2 S. 2 und Abs. 3, um gegen den säumigen Elternteil den Unterhaltsanspruch titulieren zu lassen und aus dem Titel vollstrecken zu können.[75]

1. Problemstellung

Schwierig wird es, wenn dem betreuenden Elternteil die Möglichkeit der gerichtlichen Geltendmachung nicht (mehr) offensteht. Fallen die Voraussetzungen für die Vertretung oder Verfahrensstandschaft weg, kann der betreuende Elternteil die Unterhaltsrückstände nicht mehr geltend machen.[76] Um die Unterhaltszahlungen, zu denen der Barunterhaltspflichtige verpflichtet war, von diesem dennoch zurückfordern zu können, hat der BGH den familienrechtlichen Ausgleichsanspruch geschaffen.

Ein solcher Regress ist notwendig. Denn der betreuende Elternteil erfüllt seine Unterhaltpflicht, sieht sich aber auch gezwungen, die Unterhaltsverpflichtung des anderen Elternteils in der Höhe zu übernehmen, in welcher der Barunterhaltspflichtige nicht leistet.[77] Einen Ausgleich für diese Leistung würde der

---

73 BeckOGK/BGB/*Gerlach*, § 1606, Rn. 9; Johanssen/Henrich/*Graba/Maier*, § 1606, Rn. 6.

74 Auf staatliche Leistungen, die sich bei Nichtleistung des Barunterhaltspflichtigen ergeben könnten, wie z. B. in Form des Unterhaltszuschusses nach § 1 Abs. 1 UVG, soll im Folgenden mit Ausnahme des Kindergeldes nicht eingegangen werden.

75 Vgl. BGH, Urteil vom 29.11.1990 – IX ZR 94/90, MDR 1991, 526 (527). Dies stellt eine Ausnahme zu dem Grundsatz der Gesamtvertretung dar, um einen Ausschluss der Vertretungsmacht nach § 1629 Abs. 2 S. 1 i. V. m. § 1795 Abs. 1 Nr. 1 und 3 zu verhindern, vgl. MüKo/BGB/*Huber*, § 1629, Rn. 73; *Wilfried Schlüter*, BGB – Familienrecht, 14. Auflage, 2012, § 25, Rn. 377.

76 Zu den Hauptanwendungsfällen siehe Kap. 2 I. 1.

77 Ob auch eine Konstellation denkbar wäre, bei welcher der Barunterhaltspflichtige einen Ausgleichsanspruch gegen den anderen Elternteil hätte, wird später eingehend erörtert. Siehe zum Ausgleich von Betreuungsleistungen mit Hilfe des familienrechtlichen Ausgleichsanspruchs Kap. 2 IV. 1., zu dem Regress mittels § 1607 Abs. 2 siehe Kap. 4 II. Etwaige Sozial-

zahlende, obwohl hierzu nicht verpflichtete Elternteil durch die Geltendmachung des rückständigen Kindesunterhalts erlangen.[78] Fehlen die Voraussetzungen hierfür, muss ein solcher Regress für den geleisteten, aber gesetzlich nicht geschuldeten Unterhalt auf andere Weise geltend gemacht werden können.

2. Die Lösung des BGH – Entstehung eines neuen Anspruchs

Bei dem familienrechtlichen Ausgleichsanspruch handelt es sich nicht um geschriebenes Recht, sondern um ein Rechtsinstitut, welches vom BGH in seinem Grundsatzurteil vom 9.12.1959[79] entwickelt wurde. Im Folgenden sollen der Sachverhalt und die Urteile des LG Ulm, des OLG Stuttgart und des BGH dargestellt werden. Darüber hinaus werden die Revisionsbegründung und -erwiderung Einsicht in die Argumentation der Anwälte geben.

a. Tatbestand

In dem vorliegenden Fall verklagte die Mutter den Vater auf Unterhalt in Höhe von 4690 DM, den sie ihren beiden Kindern in den Jahren 1948–1955 und 1958 gezahlt hatte. Die Ehe wurde am 29.11.1932 geschlossen und am 14.1.1949 geschieden. Aus der Ehe gingen zwei Kinder hervor, die bei der Mutter in der sowjetischen Besatzungszone wohnten. Der Vater kam nach kurzer Kriegsgefangenschaft 1946 nach Göppingen und heiratete dort erneut. Beide Parteien erlangten spätestens 1956 von der jeweiligen Anschrift der anderen Partei Kenntnis. Die Klägerin reichte am 22.11.1958 die Klage auf Ersatz von Aufwendungen ein, die sie mit 30 DM pro Monat und pro Kind bezifferte. Der Beklagte machte die Einrede der Verjährung geltend.[80]

Das Landgericht Ulm musste als erste Instanz und das OLG Stuttgart als zweite Instanz entscheiden, ob der Klägerin ein Ausgleichsanspruch zustand. Zum einen musste eine entsprechende Anspruchsgrundlage gefunden werden, zum anderen stellte sich die Frage, ob und inwieweit der Anspruch verjährt war. Darüber hinaus musste über die Höhe des Anspruchs entschieden werden.

---

leistungen, z.B. ein Unterhaltsvorschuss nach dem UVG, werden bei den Fallkonstellationen nicht berücksichtigt.

78 Der Bedarf des Kindes selbst wurde bereits durch die Leistungen des betreuenden Elternteils gedeckt. Daher ist es angemessen, dem Leistenden die Ausgleichsforderung zuzusprechen. Zu der Problematik, ob der Unterhaltsanspruch des Kindes dennoch fortbesteht und wie eine etwaige Konkurrenz der Ansprüche zu lösen ist, siehe Kap. 3 I.

79 BGH, Urteil vom 9.12.1959 – IV ZR 178/59, FamRZ 1960, 194 (194).

80 BGH, Urteil vom 9.12.1959 – IV ZR 178/59, FamRZ 1960, 194 (194f.).

b. Das Urteil des Landgerichts Ulm

Das zuständige Landgericht Ulm verurteilte, nachdem es über die Einkommen der Parteien ab dem Jahre 1948 Beweis erhoben hatte, den Beklagten zur Zahlung von 4320 DM. Der Anspruch ergebe sich aus der Geschäftsführung ohne Auftrag.[81]

Das Landgericht Ulm sah eine Unterhaltspflicht des Beklagten als gegeben an. Die Bedürftigkeit der Söhne wurde vom Beklagten nicht bestritten. Auch die Leistungsfähigkeit des Beklagten, insbesondere in Hinblick auf die gesteigerte Unterhaltspflicht gegenüber minderjährigen, unverheirateten Kindern, wurde festgestellt.[82]

Die Klägerin hätte dadurch, dass sie die Kinder nicht nur betreute, sondern auch die finanzielle Verantwortung übernahm, nicht nur ihren eigenen Teil der Unterhaltsverpflichtung übernommen, sondern auch den Teil des Beklagten.[83] Das Landgericht Ulm vertrat die Ansicht, dass die Klägerin damit bewusst ein Geschäft des Beklagten übernommen habe und diese Geschäftsbesorgung in dessen Interesse stand. Diesbezüglich merkte das Gericht an, dass, sofern man auch ein Interesse der Mutter an den finanziellen Leistungen an ihre Kinder bejahen würde, dies der Annahme einer Geschäftsführung ohne Auftrag nicht entgegenstehen würde.[84] Auch ein eventuell existierender entgegenstehender Wille des Beklagten würde gemäß § 679 nicht schaden. Davon, dass die Klägerin nicht die Absicht hatte, Ersatz zu verlangen, sei nicht auszugehen.[85]

Das Landgericht Ulm sah diesen Anspruch auch nicht als verjährt an und begründete dies damit, dass es sich um mehrere Ansprüche handeln würde, die nach den monatlichen Bedürfnissen von Fall zu Fall entstehen würden. Dies hätte zur Folge, dass die Ansprüche nicht der Regelverjährung, sondern gemäß § 195 a. F. der dreißigjährigen Verjährungsfrist unterlägen.[86] Dementsprechend vertrat das Landgericht Ulm die Auffassung, die von der Klägerin geltend gemachten Ansprüche seien begründet. Das Landgericht erwähnte in diesem Zusammenhang die Möglichkeit, dass sich dieser Anspruch auch aus § 1607 Abs. 2, § 812 oder § 826 ergeben könnte, ging auf diese Anspruchsgrundlagen aber nicht näher ein.[87]

81 LG Ulm, Urteil vom 23. 1. 1959–2 O 113/58, S. 6.
82 LG Ulm, Urteil vom 23. 1. 1959–2 O 113/58, S. 6f.
83 LG Ulm, Urteil vom 23. 1. 1959–2 O 113/58, S. 7.
84 LG Ulm, Urteil vom 23. 1. 1959–2 O 113/58, S. 7.
85 LG Ulm, Urteil vom 23. 1. 1959–2 O 113/58, S. 7. Die Voraussetzungen der berechtigten Geschäftsführung ohne Auftrag in Bezug auf eine solche Fallkonstellation werden später eingehend beleuchtet, vgl. Kap. 6 I. 1.
86 LG Ulm, Urteil vom 23. 1. 1959–2 O 113/58, S. 7f.
87 LG Ulm, Urteil vom 23. 1. 1959–2 O 113/58, S. 8.

c. Das Urteil des Oberlandesgerichts Stuttgart

Der 4. Zivilsenat des Oberlandesgerichts Stuttgart wies die Berufung des Beklagten zurück und verurteilte ihn zu einer Zahlung in Höhe von 4660 DM.

Ebenso wie das Landgericht Ulm sah der 4. Zivilsenat des OLG Stuttgart in den Geldzahlungen eine Geschäftsführung ohne Auftrag, sodass der Klägerin ein Anspruch auf Aufwendungsersatz gemäß §§ 677, 683, 670 zustehe.[88] Neben dem Aufwendungsersatz aus Geschäftsführung ohne Auftrag bestehe nach der Ansicht des OLG Stuttgart auch der Anspruch aus § 1607 Abs. 2 S. 2.[89] Gemäß § 1607 Abs. 2 S. 2 gehe der Unterhaltsanspruch auf denjenigen über, der den Unterhalt gezahlt habe, weil die Rechtsverfolgung gegen den Unterhaltspflichtigen erschwert oder unmöglich gewesen sei.[90] Da dieser Anspruch aber der vierjährigen Verjährungsfrist nach § 197 a. F. unterliege, käme er im vorliegenden Fall nicht zum Tragen.[91] Neben diesem speziellen Anspruch könne dennoch ein Ersatzanspruch aus Geschäftsführung ohne Auftrag geltend gemacht werden, weil § 1607 Abs. 2 S. 2 den zahlenden Verwandten besser stellen wolle und damit keine abschließende Regelung darstelle.[92]

Das OLG Stuttgart musste klären, ob der Aufwendungsersatzanspruch verjährt war, wie es der Beklagte vorgetragen hatte.[93] Problematisch war die Frage, ob die Zahlungen der Klägerin an die Kinder als »regelmäßig wiederkehrende Leistungen« anzusehen seien, denn dann würde die vierjährige Verjährungsfrist des § 197 a. F. greifen, sodass die Ansprüche für die Jahre 1948–1953 verjährt wären.

Das OLG Stuttgart vertrat die Ansicht, dass die Ansprüche der Klägerin nicht verjährt waren mit der Begründung, es handele sich bei den Unterhaltszahlungen der Klägerin an die Kinder nicht um wiederkehrende Leistungen im Sinne des § 197 a. F.[94] Die Zahlungen stellten vielmehr eine Geschäftsführung ohne Auftrag dar, zu der die Klägerin gerade nicht monatlich verpflichtet gewesen sei. Vielmehr entstehe mit jeder Zahlung ein neuer Anspruch, weil eine neue Geschäftsführung vorliege. Damit unterschieden sich die Zahlungen der Klägerin von den wiederkehrenden Leistungen im Sinne des § 197 a.F., denn letztere beruhten auf

88 OLG Stuttgart, Urteil vom 15. 5. 1959–4 U 29/59, S. 6.
89 OLG Stuttgart, Urteil vom 15. 5. 1959–4 U 29/59, S. 7.
90 Zu den einzelnen Voraussetzungen siehe die Erläuterungen in Kap. 4 I.
91 OLG Stuttgart, Urteil vom 15. 5. 1959–4 U 29/59, S. 7.
92 OLG Stuttgart, Urteil vom 15. 5. 1959–4 U 29/59, S. 7. Die Ersatzpflicht des § 1607 Abs. 2 S. 1 und der daraus resultierende Forderungsübergang nach Satz 2 werden in Kap. 4 detailliert erörtert. Angemerkt sei aber bereits an dieser Stelle, dass das OLG Stuttgart mit den Protokollen der Zweiten Kommission ebenso wie mit der bisherigen Praxis konform geht, vgl. Kap. 5 II. 1. d. (2) und (5), und daher besonders beachtenswert ist.
93 OLG Stuttgart, Urteil vom 15. 5. 1959 – 4 U 29/59, S. 3.
94 OLG Stuttgart, Urteil vom 15. 5. 1959 – 4 U 29/59, S. 8.

einem einzigen Rechtsverhältnis. Ob und wann die Geschäftsführerin, also die Klägerin, das Geschäft (erneut) ausführe, liege allein in ihrem Ermessen. Da keine Verpflichtung bestehe, könne sie die Zahlungen auch unterlassen. Demnach könne die Geschäftsführung nicht unter § 197 a. F. subsumiert werden. Somit unterliege der Anspruch aus Geschäftsführung ohne Auftrag der dreißigjährigen Verjährungsfrist. Das OLG Stuttgart nahm insoweit auf seine Entscheidung vom 21. 3. 1955[95] Bezug.

Im Übrigen vertrat das OLG die Ansicht, dass im Fall des Verjährungseintritts des geltend gemachten Ersatzanspruchs dem Beklagten die Berufung auf die Einrede der Verjährung gleichfalls nach dem Grundsatz von Treu und Glauben gemäß § 242 verwehrt wäre.[96] Daher könne sich der Vater als Beklagter jetzt nicht auf die Verjährung berufen.[97]

d. Die Revisionsbegründung

Mit der zugelassenen Revision begehrte der Beklagte weiterhin, das Urteil aufzuheben beziehungsweise dahin zu korrigieren, nicht mehr als 390 DM zahlen zu müssen.[98]

Der Beklagte begründete dies damit, dass die Ansicht des OLG Stuttgart, der Anspruch verjähre nach 30 Jahren, unzutreffend sei. Auch der Erstattungsanspruch aus Geschäftsführung ohne Auftrag könne der vierjährigen Verjährungsfrist des § 197 a. F. unterliegen, wie bereits das Reichsgericht entschieden habe.[99] Der Beklagte vertrat die Ansicht, dass auch die Geschäftsführung ohne

95 OLG Stuttgart, Beschluss vom 21. 3. 1955 – 4 W 12/55, NJW 1955, 1593 (1593).

96 Das OLG Stuttgart leitet hier aus § 204 a. F. (jetzt: § 207 Abs. 1 S. 1) den Rechtsgedanken ab, dass üblicherweise im Rahmen familienrechtlicher Verhältnisse fällige Ansprüche zunächst nicht geltend zu machen seien, ohne eine Verjährung fürchten zu müssen. Unmittelbar sei die Norm nicht anwendbar, weil sie vom Wortlaut her nur die Ansprüche während einer bestehenden Ehe zurückstelle, hier die Ehe aber schon geschieden wurde. Allerdings sei der Rechtsgedanke des § 204 a. F. auch dann anzuwenden, wenn die familiären Verhältnisse durch die Geltendmachung von Ansprüchen gefährdet würden. Dies nahm der Senat in dem vorliegenden Fall an. Die Söhne der Klägerin hätten den Kontakt zum Vater gesucht und eine gewisse Bindung zueinander aufgebaut. Hätte die Klägerin die Aufwendungsersatzansprüche zu dieser Zeit geltend gemacht, hätte dies dem Verhältnis zwischen Vater und Söhnen geschadet.

97 OLG Stuttgart, Urteil vom 15. 5. 1959 – 4 U 29/59, S. 10.

98 Revisionsbegründung, S. 1.

99 Revisionsbegründung, S. 2. In diesem Urteil hatte das RG festgestellt, dass die Verjährungsfrist des § 197 BGB (a. F.) auch für andere wiederkehrende Leistungen gelte, sodass auch »abgeleitete Unterhaltsansprüche« darunter fallen würden. Das RG hatte angenommen, dass es sich bei solchen Leistungen um Geschäftsführung ohne Auftrag handele, welche aber als regelmäßig wiederkehrende Leistungen im Sinne des § 197 (a. F.) zu qualifizieren seien, vgl. RG, Urteil vom 22. 12. 1942 – VI 95/42, RGZ 170, 252 (253).

Auftrag im Rahmen von wiederkehrenden Leistungen erfolgen könne.[100] Der Wortlaut des § 677 lasse keinen Ausschluss von einer Geschäftsführung mittels wiederkehrender Leistungen zu. Daher seien Art und Inhalt der Geschäftsführung maßgeblich für die Beurteilung.[101] Die Klägerin zahlte den Kindern in den Jahren 1948–1955 regelmäßig Barunterhalt. Dies musste sie tun, weil der Beklagte keinen Barunterhalt leistete. Dass mit jeder der Zahlungen ein neuer, selbstständiger Anspruch begründet wurde, entspreche nicht der »allgemeinen Lebensauffassung«[102]. Die »objektive Natur«[103] der Forderung sei vielmehr entscheidend, wobei diese für eine Unterhaltsleistung spreche.[104] Maßgeblich hierfür sei das zu Grunde liegende Schuldverhältnis.[105]

Des Weiteren handele es sich bei den Zahlungen der Klägerin entgegen der Auffassung des LG Ulm und des OLG Stuttgart nicht um eine Geschäftsführung ohne Auftrag.[106] Der Beklagte meinte, die Eltern würden für den Kindesunterhalt gesamtschuldnerisch haften, sodass die Klägerin gemäß § 426 Abs. 2 den im Innenverhältnis entsprechenden Anteil fordern könne, sobald sie die volle Unterhaltspflicht geleistet habe.[107] Ein solcher Anspruch aus übergegangenem Recht nach § 426 Abs. 2 verjähre gemäß § 197 a. F. nach vier Jahren, weil es sich um einen unterhaltsrechtlichen Anspruch handele.[108] Eine Berufung des Beklagten auf die Verjährung stehe auch nicht in Widerspruch zu dem Grundsatz von Treu und Glauben.[109]

100 Revisionsbegründung, S. 3.
101 Revisionsbegründung, S. 3.
102 Revisionsbegründung, S. 3.
103 Revisionsbegründung, S. 4.
104 Revisionsbegründung, S. 4.
105 Revisionsbegründung, S. 4.
106 Revisionsbegründung, S. 4.
107 Hierzu wurde auf eine Entscheidung des BGH vom 19. 10. 1956 verwiesen, in der der BGH auf das Interesse des Kindes abgestellt und dabei ermittelt hatte, dass das Kind am besten geschützt sei, wenn es von jedem Elternteil den gesamten Unterhalt fordern könne, vgl. BGH, Urteil vom 19. 10. 1956 – VI ZR 201/55, NJW 1957, 177 (178). Ob die Eltern anteilig haften, war zu der damaligen Zeit umstritten. Vor der Einführung des Gleichberechtigungsgrundsatzes haftete der Vater vorrangig vor der Mutter (gem. § 1606 Abs. 2 S. 2 a. F.). Da dies dem Gleichberechtigungsgrundsatz widersprach, galt der Vorrang nun nicht mehr. Umstritten war daher, ob Mutter und Vater anteilig, gesamtschuldnerisch oder entsprechend ihres Leistungsvermögens haften, siehe hierzu eingehend BGH, Urteil vom 19. 10. 1956 – VI ZR 201/55, NJW 1957, 177 (178) m. w. N.
108 Revisionsbegründung, S. 4.
109 Revisionsbegründung, S. 5. Nach dem Wortlaut des § 204 a. F. gelte diese Vorschrift nur während des Bestehens einer Ehe. Die Ehe sei aber 1949 rechtskräftig geschieden worden. Auch nach dem Telos sei keine Anwendung über die Ehe hinaus möglich, weil die Vorschrift lediglich die bestehende Ehe schützen wolle.

e. Die Revisionsbeantwortung

Die Klägerin vertrat in der Revisionsbeantwortung die Ansicht, dass das Ergebnis beider Vorinstanzen, die vierjährige Verjährungsfrist nach § 197 BGB a. F. sei nicht anwendbar, korrekt sei.[110] Weiterhin zweifelte die Klägerin an, dass der Ersatzanspruch immer noch die Rechtsnatur eines Unterhaltsanspruchs innehabe.[111] Dabei argumentierte sie mit den Motiven zum BGB, die eine vierjährige Verjährungsfrist für Ersatzansprüche eines Dritten, welcher Unterhalt geleistet hatte, ablehnen würden.[112]

Für die Frage, ob die Eltern als Gesamt- oder Teilschuldner für den Unterhalt haften, sei zu berücksichtigen, dass bis zum 1. 4. 1953 die vorrangige Haftung des Vaters gegolten habe.[113] Da die Klägerin ab 1949 Ersatz verlangte, sei dies zu berücksichtigen.

Auch die Ausführungen des Beklagten, das OLG Stuttgart habe verkannt, dass § 204 BGB nur während des Bestehens einer Ehe Anwendung finden kann, seien nicht überzeugend.[114] Das OLG Stuttgart habe in seinem Urteil deutlich gemacht, dass die Norm nicht unmittelbar angewandt werden könne. Das Gericht habe daher den Sinn und Zweck der Norm zutreffend herausgearbeitet. Dieser greife in diesem Fall auch noch nach der Ehe, sodass hier mit der Erhebung der Einrede der Verjährung ein Verstoß gegen Treu und Glauben vorliege.

f. Das Grundsatzurteil des Bundesgerichtshofs

Der BGH hob das Urteil des OLG Stuttgart insoweit auf, als der Beklagte zu einer Zahlung von mehr als 1080 DM verpflichtet sei. Da die Klägerin in der Sowjetzone lebte, stellte der BGH zunächst fest, dass deutsches Recht anwendbar sei, weil der Schwerpunkt des Rechtsstreits beim Wohnsitz des Beklagten lag.[115]

110 Revisionsbeantwortung, S. 1 f. Es handele sich bei den Zahlungen der Klägerin an die Kinder weder um regelmäßig wiederkehrende Leistungen noch um Unterhaltsbeiträge. Entgegen der Ansicht des Reichsgerichts könne der Aufwendungsersatzanspruch aus der Geschäftsführung ohne Auftrag seiner Natur nach nicht als regelmäßig wiederkehrende Leistung angesehen werden. Die Klägerin verwies auf ein anderes Urteil des OLG Stuttgart, in welchem festgestellt wurde, dass die »Summe fortlaufender Leistungen nicht notwendig unter den Begriff der regelmäßig wiederkehrenden Leistung im Sinne des § 197 fallen« müssen, vgl. OLG Stuttgart, Beschluss vom 21. 3. 1955 – 4 W 12/55, NJW 1955, 1593 (1594).

111 Revisionsbeantwortung, S. 3.

112 Revisionsbeantwortung, S. 4. Hier wird die Frage bezüglich der Rechtsnatur des Anspruchs aufgeworfen, die auch später – unabhängig davon, welche Anspruchsgrundlage angewendet wird – relevant ist, siehe zu den Auswirkungen der Rechtsnatur des familienrechtlichen Ausgleichsanspruchs Kap. 2 IV. 3. und zu den Konsequenzen hinsichtlich des § 1607 Abs. 2 Kap. 4 III.

113 Revisionsbeantwortung, S. 4.

114 Revisionsbeantwortung, S. 5.

115 BGH, Urteil vom 9. 12. 1959 – IV ZR 178/59, FamRZ 1960, 194 (195).

Sodann führte der BGH aus, dass der Klägerin, sofern sie eine Pflicht des Beklagten erfüllt habe, unstreitig ein Ersatzanspruch zustehe. Dies begründete der BGH mit der im Verhältnis zwischen den Parteien allein dem Beklagten obliegenden Pflicht zur Unterhaltsleistung.[116] Woraus sich dieser Ersatzanspruch herleiten lasse, sei allerdings nicht eindeutig.[117] Der von dem Landgericht angenommene Anspruch aus Geschäftsführung ohne Auftrag sei deshalb fraglich, weil es der Lebenserfahrung nicht gerecht werde, die Willensrichtung der Mutter dahin zu deuten, sie wolle ein Geschäft für den Beklagten besorgen. Dafür spreche, so der BGH, auch die Tatsache, dass die Mutter selbst unterhaltspflichtig sei. In diesem Zusammenhang erwähnte der BGH das Inkrafttreten des Gleichberechtigungsgrundsatzes am 23.5.1949, der besagt, dass Männer und Frauen gleichberechtigt sind, woraus sich unter anderem ergibt, dass der Vater nicht mehr vor der Mutter für Unterhalt haftet.[118]

Der BGH nahm daher an, dass sich der Ersatzanspruch daraus herleitet, dass die Unterhaltsleistungen im Innenverhältnis der Eltern entsprechend ihrem Leistungsvermögen gerecht verteilt werden müssten.[119] Daher bestehe ein familienrechtlicher Ausgleichsanspruch für die Fälle, in denen die Unterhaltsleistungen nicht gerecht verteilt wurden, und zwar unabhängig davon, ob die Eltern den Unterhalt anteilig oder als Gesamtschuldner schulden.[120] Ob neben dem familienrechtlichen Ausgleichsanspruch noch andere Anspruchsgrundlagen greifen, ließ der BGH mit der Begründung offen, für die Verjährung sei die Rechtsnatur des Ersatzanspruchs nicht relevant.[121]

---

116 BGH, Urteil vom 9.12.1959 – IV ZR 178/59, FamRZ 1960, 194 (195).

117 BGH, Urteil vom 9.12.1959 – IV ZR 178/59, FamRZ 1960, 194 (195).

118 Kurz nach Inkrafttreten des Gleichberechtigungsgrundsatzes folgte das Gleichberechtigungsgesetz, welches am 1.7.1958 in Kraft trat. Mit Art. 8 Abs. 2 S. 1 des GleichberG wurde § 71 EheG aufgehoben und durch § 1606 Abs. 3 ersetzt, welcher inhaltlich aber ebenso die fortbestehende Unterhaltspflicht nach rechtskräftiger Scheidung deklarierte, vgl. OLG Braunschweig, Beschluss vom 8.11.1962 – 2 U 30/62, FamRZ 1963, 186 (186). Damit wurde das Familienrecht und somit auch das Unterhaltsrecht erheblich modifiziert. Daher ist es verständlich, dass der BGH die Neuerung, dass die Mutter neben dem Vater gleichsam unterhaltspflichtig ist, hervorhebt. Fraglich ist allerdings, warum der BGH nicht zwischen Natural- und Barunterhalt unterscheidet. Die pauschale Aussage, die Mutter sei ebenfalls unterhaltspflichtig, erscheint angesichts der (heutigen) Voraussetzungen des familienrechtlichen Ausgleichsanspruchs zu ungenau, worauf später genauer eingegangen werden soll, vgl. hierzu Kap. 2 II. 1. Der BGH hat selbst festgestellt, dass die Geldzahlungen allein im Pflichtenkreis des Beklagten standen. Es ist daher nicht ersichtlich, weshalb die Willensrichtung der Klägerin, ein Geschäft des Beklagten zu besorgen, nicht der Lebenserfahrung entsprechen sollte.

119 BGH, Urteil vom 9.12.1959 – IV ZR 178/59, FamRZ 1960, 194 (195); so auch Weinreich/Klein/*Eder*, § 1607, Rn. 63.

120 Damit umging der BGH den Streit bezüglich der teil- oder gesamtschuldnerischen Haftung.

121 BGH, Urteil vom 9.12.1959 – IV ZR 178/59, FamRZ 1960, 194 (195).

Im Folgenden stellte der BGH klar, dass es sich bei den Ersatzleistungen um rückständigen Unterhalt und damit auch um wiederkehrende Leistungen handele, sodass die Verjährung gemäß § 197 a.F. nach vier Jahren eintrete.[122] Die Verpflichtung des Beklagten habe die Zahlung einer Geldrente zum Inhalt, welche durch regelmäßig wiederkehrende Leistungen erfüllt wird. Diese Einordnung gelte ebenso für rückständige Unterhaltsleistungen, welche nicht mehr in Natur, sondern nur noch in Form einer Geldrente geleistet werden könnten. Auch für den Ersatz der von der Klägerin vorgestreckten Leistungen gelte nichts anderes, denn es handele sich bei den Ersatzzahlungen wirtschaftlich gesehen um rückständige Unterhaltsleistungen.[123] Daher gelte für den Ersatzanspruch die vierjährige Verjährungsfrist. Ein weiteres Argument gegen die dreißigjährige Verjährungsfrist sah der BGH darin, dass eine Geltendmachung des Ersatzanspruches als »unsachgemäß und unzweckmäßig«[124] anzusehen sei, wenn der Ersatzberechtigte zu lange mit der Geltendmachung des Anspruchs warte. In dem vorliegenden Urteil deutet der BGH aber an, dass die kurze Verjährungsfrist ausnahmsweise nicht angemessen sein könne.[125] Wie eine solche Ausnahme konkret ausgestaltet sein müsste und wieso in einem solchen Fall eine längere Verjährungsfrist geeigneter wäre, ließ der BGH aber offen. Bezüglich der Höhe des familienrechtlichen Ausgleichsanspruchs stellte der BGH lediglich fest, dass eine sichere Aussage über das Einkommen der Eltern nach längerer Zeit nur schwer möglich sei, was ebenfalls für eine kurze Verjährungsfrist spreche.[126] Auf wessen Einkommen abzustellen ist, wird nicht deutlich. Allerdings zog der BGH zur Berechnung der Höhe des Ersatzanspruchs das Einkommen des Beklagten heran.[127]

Das OLG Stuttgart sah in der Einrede der Verjährung einen Verstoß des Beklagten gegen Treu und Glauben. Dem widersprach der BGH, indem er an dem Wortlaut des § 204 S. 1 a.F. festhielt und somit eine Hemmung der Verjährung nur während einer bestehenden Ehe annahm.[128] Andere Gründe für eine Hemmung sehe das Gesetz in §§ 203, 206, 207 BGB vor, die in diesem Fall aber nicht vorlägen. Darüber hinaus könne die Verjährung nicht gehemmt werden.

Im Ergebnis könne die Klägerin mit ihrer Klage, welche am 22.11.1958 erhoben wurde, noch Ersatz für die von ihr geleisteten Zahlungen in den Jahren 1954 und 1955 verlangen.[129]

---

122 BGH, Urteil vom 9.12.1959 – IV ZR 178/59, FamRZ 1960, 194 (196).
123 BGH, Urteil vom 9.12.1959 – IV ZR 178/59, FamRZ 1960, 194 (196).
124 BGH, Urteil vom 9.12.1959 – IV ZR 178/59, FamRZ 1960, 194 (196).
125 BGH, Urteil vom 9.12.1959 – IV ZR 178/59, FamRZ 1960, 194 (196).
126 BGH, Urteil vom 9.12.1959 – IV ZR 178/59, FamRZ 1960, 194 (196).
127 BGH, Urteil vom 9.12.1959 – IV ZR 178/59, FamRZ 1960, 194 (196f.).
128 BGH, Urteil vom 9.12.1959 – IV ZR 178/59, FamRZ 1960, 194 (196).
129 BGH, Urteil vom 9.12.1959 – IV ZR 178/59, FamRZ 1960, 194 (197).

g. Zwischenergebnis

Der BGH hat in dem vorstehend besprochenen Urteil erstmals den familienrechtlichen Ausgleichsanspruch angewandt. Zu dem Urteil sei Folgendes angemerkt:[130] Der BGH stellte lediglich klar, dass dieses Rechtsinstitut der gerechten Verteilung der Unterhaltslast beider Eltern dient und der Anspruch der regelmäßigen Verjährung unterliegt. Ob sich ein Anspruch auf Erstattung des geleisteten Unterhalts aus anderen Normen ergibt, wurde nicht abschließend geklärt.[131] Auch auf allgemeingültige Voraussetzungen oder Rechtsfolgen des familienrechtlichen Ausgleichsanspruchs ging der BGH nicht ein. Es wurde lediglich hervorgehoben, dass die Klägerin eine allein dem Beklagten obliegende Pflicht erfüllt hat. Ob dies zwingende Voraussetzung für die Geltendmachung des familienrechtlichen Ausgleichsanspruchs ist, wurde nicht ausdrücklich erwähnt. In Hinblick darauf, dass der BGH ebenso von einer im Innerverhältnis gerecht zu verteilenden Pflicht spricht, erscheinen die Ausführungen des BGH zu oberflächlich. Dass die Herleitung aus § 1607 Abs. 2 S. 1, der eine Ersatzhaftung für nachrangige Verwandte normiert, nicht thematisiert wurde, überrascht.[132] Das OLG Stuttgart nahm diesen – wenn auch im vorliegenden Fall verjährten – übergegangenen Anspruch nach § 1607 Abs. 2 S. 2 als Regressmöglichkeit an. Daher hätte sich die Gelegenheit für den BGH, der das Gleichberechtigungsgesetz und damit die nunmehr anteilige Haftung der Eltern erörterte, geboten, nun auch über die entsprechende Anwendung des § 1607 Abs. 2 S. 1 zu entscheiden. Damit wäre die Konstruktion des familienrechtlichen Ausgleichsanspruchs hinfällig geworden.[133]

Somit schuf der BGH zwar in dem vorliegenden Fall einen gerechten Ausgleich, wann und wie der familienrechtliche Ausgleichsanspruch aber in zukünftigen Fällen anzuwenden ist, blieb offen.

---

130 Die nachstehenden Ausführungen weisen bereits auf die Fehlerhaftigkeit dieser Konstruktion hin. Eine umfassende Würdigung und rechtliche Bewertung kann aber erst später – unter Einbringung der heutigen Anwendung und mit Blick auf die historischen Entwicklungen der Ersatzhaftung des § 1607 Abs. 2 – erfolgen. Siehe zu der ausführlichen Kritik an der Entstehung, Kap. 7 I. 1.

131 BGH, Urteil vom 9. 12. 1959 – IV ZR 178/59, FamRZ 1960, 194 (195).

132 Zumal der BGH bei den Ausführungen zum in Frage stehenden Verstoß gegen Treu und Glauben hinsichtlich der Verjährung den Hemmungsgrund »Stillstand der Rechtspflege« beziehungsweise der höheren Gewalt erwägt, vgl. BGH, Urteil vom 9. 12. 1959 – IV ZR 178/59, FamRZ 1960, 194 (196). Dies sind Gründe, die eine unmögliche Rechtsverfolgung im Sinne des § 1607 Abs. 2 S. 1 annehmen lassen, vgl. Kap. 4 I. 2. Warum der BGH das Vorliegen solcher Gründe zumindest in Erwägung zieht und dennoch nicht auf die Voraussetzungen des § 1607 Abs. 2 S. 1 eingeht, erschließt sich nicht.

133 Siehe hierzu *Holzhauer*, in: FS Wolf, S. 223 (231). Zu den Voraussetzungen und der Rechtsfolge der Ersatzhaftung siehe Kap. 4 I. und II. Die Möglichkeit der analogen Anwendung wird im Kap. 5 thematisiert. Zur Begründung siehe zusammenfassend Kap. 7 II. 2.

3. Probleme hinsichtlich des neuen Anspruchs

Hat der bisherige Obhutsinhaber den Barunterhalt vorgestreckt und möchte er diesen Betrag über den familienrechtlichen Ausgleichsanspruch erstattet bekommen, ergeben sich einige Probleme. Diese betreffen nicht nur die verfahrensrechtliche Seite, sondern auch die materiellrechtlichen Voraussetzungen. Die folgende Darstellung soll einen Überblick über die möglichen Probleme geben. Dabei werden die kritischen Punkte lediglich aufgezeigt, um die Schwierigkeit dieser Thematik zu verdeutlichen. Inwiefern diese Probleme gelöst werden können und wie die Rechtsprechung mit diesen Punkten umgeht, wird später ausführlich erläutert.[134]

a. Materiell-rechtliche Probleme

Es handelt sich um einen von der Rechtsprechung entwickelten Anspruch. Es wurde bereits erörtert, dass der BGH in seinem Grundsatzurteil weder umfassende Voraussetzungen noch die genaue Rechtsfolge festgelegt hat. Diese Punkte haben sich in 60 Jahren Rechtsprechung entwickelt. Daher gibt es inhaltlich Uneinigkeiten hinsichtlich des familienrechtlichen Ausgleichsanspruchs.

Bei der Anwendung des familienrechtlichen Ausgleichsanspruchs fragt sich, unter welchen Voraussetzungen ein solcher gewährt wird. Diesbezüglich könnte die Vermutung des § 1360 b widerlegt werden müssen, denn der Anspruchsberechtigte leistet mehr, als er nach dem Unterhaltsrecht verpflichtet ist.[135] Da es sich im wirtschaftlichen Sinn um rückständigen Kindesunterhalt handelt[136], könnte § 1613 zu beachten sein.[137]

Darüber hinaus ist die Höhe des Anspruchs problematisch. Grundsätzlich wird die Höhe des Kindesunterhalts nach dem Einkommen des Barunterhaltspflichtigen bestimmt.[138] Ob der Erstattungsanspruch auch in dieser Form bestimmt wird, ist umstritten.[139] Außerdem könnte gefragt werden, ob der Anspruch nur Ersatz für den geleisteten Barunterhalt beinhaltet oder ob auch für den anderen Teil des Unterhalts, die Betreuung, Ersatz geltend gemacht werden kann.[140]

Ein weiteres Problem ergibt sich dadurch, dass mit dem Ausgleichsanspruch wirtschaftlich gesehen der rückständige Kindesunterhalt ersetzt werden soll. Da

---

134 Vgl. hierzu Kap. 2 und 3.
135 Zu den Voraussetzungen siehe Kap. 2 II.
136 Vgl. Kap. 2 IV. 2. und 3.
137 Siehe Kap. 2 III.
138 Erman/*Hammermann*, Erman BGB, Kommentar, 15. Auflage, 2017 §1610, Rn. 19.
139 Zu dieser Problematik siehe Kap. 2 IV. 2.
140 Vgl. hierzu Kap. 2 IV. 1.

das Kind aber auch einen Anspruch auf den Kindesunterhalt hat und der Barunterhaltspflichtige nicht doppelt in Anspruch genommen werden kann, stellt sich die Frage, in welcher Konkurrenz der Unterhaltsanspruch des Kindes zu dem familienrechtlichen Ausgleichsanspruch steht.[141]

Der BGH hat den familienrechtlichen Ausgleichsanspruch geschaffen, damit die Verteilung der Unterhaltspflichten zwischen den Eltern gerecht ist. Aber ob eine solche von der Rechtsprechung geschaffene Rechtsfigur überhaupt notwendig ist, scheint zweifelhaft. Eine entsprechende Verteilung könnte auch mit Normen aus dem Familienrecht oder dem allgemeinen Schuldrecht erreicht werden. Insbesondere die bereits vom OLG Stuttgart erwähnte Ersatzhaftung nach § 1607 Abs. 2 könnte einen angemessenen Ausgleich bieten.[142] Auch könnte die berechtigte Geschäftsführung ohne Auftrag oder das Bereicherungsrecht Anwendung finden.[143]

b. Verfahrensrechtliche Probleme

Der familienrechtliche Ausgleichsanspruch kann dann greifen, wenn der Kindesunterhalt deshalb nicht mehr realisiert werden kann, weil der bisher betreuende Elternteil seine Vertretungsbefugnis nach § 1629 Abs. 2 S. 2, Abs. 3 verloren hat. Die Vertretungsbefugnis besteht, solange sich das Kind in der Obhut dieses Elternteils befindet, vgl. § 1629 Abs. 2 S. 2.[144] Die Befugnis zur Geltendmachung des Kindesunterhaltsanspruchs als Verfahrensstandschafter besteht gemäß § 1629 Abs. 3 so lange, wie sich das Kind in der Obhut des Elternteils befindet.[145] Zu beachten ist, dass auch der Alleinsorgeberechtigte als Verfahrensstandschafter agieren kann.[146] Mit Obhutswechsel oder mit Eintritt der Volljährigkeit – in zweiten Falle kann sich das Kind selbst vertreten, vgl. § 51 ZPO i. V. m. §§ 2, 106f. – endet daher die Vertretungsbefugnis.[147] Die Befugnis zur Verfahrensstandschaft endet schon mit der rechtskräftigen Scheidung, wobei während eines laufenden Unterhaltsprozesses die Befugnis noch bis zum Ende

141 Zu den verschiedenen Lösungsansätzen siehe Kap. 3 I.

142 Siehe zu dieser Lösungsmöglichkeit insbesondere Kap. 5.

143 Zu der Herleitung des Regresses aus schuldrechtlichen Normen neben dem familienrechtlichen Ausgleichsanspruch siehe Kap. 6 I.

144 Prütting/Wegen/Weinreich/*Ziegler*, Bürgerliches Gesetzbuch, Kommentar, 13. Auflage, 2018, § 1629, Rn. 15; *Gernhuber/Coester-Waltjen*, Familienrecht, 6. Auflage, 2010, § 58, Rn. 35; Wendl/Dose/*Schmitz*, § 10, Rn. 44.

145 Vgl. *Hans-Joachim Wolf/Claudia Lecking*, Geltendmachung von Kindesunterhalt durch einen Elternteil gegen den anderen in gesetzlicher Prozessstandschaft, MDR 2010, 1299 (1300).

146 Vgl. jurisPK-BGB/*Hamdan*, § 1629, Rn. 91, 97.

147 Büte/Poppen/Menne/*Menne*, § 1606, Rn. 19.

des Verfahrens bestehen bleibt.[148] Sie endet aber vollständig mit Erreichen der Volljährigkeit des Kindes, vgl. § 1629 Abs. 3 S. 1.[149] Der Elternteil kann den Kindesunterhalt in einem solchen Falle nicht mehr geltend machen. Dies ist vor allem im laufenden Kindesunterhaltsverfahren kritisch. Der von ihm zuvor gestellte Antrag wird mit Obhutswechsel, auch in Hinblick auf den rückständigen Unterhalt, unzulässig.[150] Zu fragen ist daher, ob der bisher Betreuende den bereits gestellten Antrag zurücknehmen oder für erledigt erklären kann. Eine weitere Möglichkeit wäre auch, den Antrag dergestalt zu ändern, dass nicht mehr der Kindesunterhalt, sondern der Ausgleichsanspruch Antragsinhalt ist. Dafür müsste die Änderung unter Umständen sachdienlich sein. Ob ein Beteiligtenwechsel immer sinnvoll ist, könnte ebenfalls zweifelhaft sein. Darüber hinaus könnte auch die Bestellung eines Ergänzungspflegers gemäß § 1909 ein möglicher Lösungsweg sein.[151]

Des Weiteren kann ein Ersatzanspruch nicht nur im laufenden Verfahren geltend gemacht werden, sondern auch, wenn bereits ein Unterhaltstitel besteht. Wie sich das Bestehen eines Titels auf den familienrechtlichen Ausgleichsanspruch auswirkt, muss ebenfalls untersucht werden.[152]

Ebenso bedarf es einer Betrachtung der Möglichkeiten des Barunterhaltspflichtigen. Inwiefern kann dieser die Vollstreckung abwehren und gegebenenfalls den Titel abändern?[153]

III. Zusammenfassung

Leben die Eltern getrennt, muss der Kindesunterhalt – gleich welches Betreuungsmodell gewählt wird – aufgeteilt werden. Leistet ein Elternteil den geschuldeten Unterhalt nicht, muss der andere Elternteil ihn für das Kind geltend machen. Damit der Bedarf des Kindes in dieser Zwischenzeit dennoch gedeckt wird, leistet dieser Elternteil auch den nicht von ihm geschuldeten Unterhalt. Ändern sich aber die Umstände, sodass eine Geltendmachung für das Kind als Vertreter oder Verfahrensstandschafter nicht mehr möglich ist, stellt sich die Frage, wie der Elternteil die vorgestreckten Leistungen ersetzt bekommt. Der

148 *Hans-Joachim Wolf/Claudia Lecking*, Auswirkungen der Beendigung der gesetzlichen Prozessstandschaft auf die Zwangsvollstreckung, MDR 2011, 1 (2); Schulz/Hauß/*Schmid*, Familienrecht, Handkommentar, 3. Auflage, 2018, § 1629, Rn. 5.

149 Prütting/Wegen/Weinreich/*Ziegler*, § 1629, Rn. 21.

150 Vgl. OLG Rostock, Beschluss vom 14.1.2012–10 UF 146/11, FamRZ 2012, 890 (890).

151 Zu den verfahrensrechtlichen Möglichkeiten während des laufenden Unterhaltsverfahrens siehe Kap. 3 II. 2.

152 Vgl. hierzu Kap. 3 II. 3.

153 Siehe zu diesen Aspekten Kap. 3 III.

BGH hat hierfür als Lösung den familienrechtlichen Ausgleichsanspruch entwickelt, um eine gerechte Verteilung im Innenverhältnis der Eltern zu ermöglichen. Klare Voraussetzungen oder Rechtsfolgen wurden in diesem Urteil jedoch nicht festgelegt.

2. Kapitel: Der familienrechtliche Ausgleichsanspruch – Umsetzung und Streitstände

Die offenen Fragen hinsichtlich der Anwendung des familienrechtlichen Ausgleichsanspruchs wurden erst im Laufe der darauffolgenden Jahrzehnte nach der Grundsatzentscheidung des BGH von der Rechtsprechung entwickelt. Teilweise unterscheiden sich hierbei die Ansichten der Oberlandesgerichte, sodass sich sowohl materiell-rechtliche als auch verfahrensrechtliche Probleme ergeben.

Dennoch ist der familienrechtliche Ausgleichsanspruch heute ein allgemein anerkanntes Rechtsinstitut, mit dessen Hilfe ein Elternteil unter bestimmten Voraussetzungen einen finanziellen Aufwand vom anderen Elternteil ersetzt bekommt.[154] Es handelt sich nicht um einen Unterhaltsanspruch, obwohl es zumeist um rückständigen Unterhalt geht, sondern um einen Erstattungsanspruch.[155]

Auch das Bundesverfassungsgericht hat den familienrechtlichen Ausgleichsanspruch erwähnt.[156] Würde das Kind den Vater in voller Höhe in Anspruch nehmen, sodass dieser auch den von der Mutter geschuldeten Betrag zahle, stehe ihm ein Ausgleichsanspruch gegen die Mutter zu.[157] Die Ausgestaltung eines solchen Anspruchs sei durch Auslegung und Anwendung der Regelungen des

154 *Martin Schwab*, Unterlassungsansprüche zwischen mehreren Unterhaltsverpflichteten, FamRZ 2010, 689 (690); *Rainer Hoppenz*, Kindesunterhalt als verdeckter familienrechtlicher Ausgleich, FamRZ 1985, 437 (439). *Regina Bömelburg*, Anm. zu OLG Koblenz, Beschluss vom 27.7.2018 – 13 WF 541/18, FamRB 2019, 95 (95). Daher findet sich dieser Anspruch in zahlreichen Urteilen wieder, vgl. BGH, Beschluss vom 7.2.2018 – XII ZB 338/17, NJW-RR 2018, 579 (581); BGH, Beschluss vom 11.1.2017 – XII ZB 565/15, FamRZ 2017, 437 (441); BGH, Beschluss vom 20.4.2016 – XII ZB 45/15, FamRZ 2016, 1053 (1054); BGH, Urteil vom 26.10.2005 – XII ZR 34/03, NJW 2006, 57 (59); BGH, Urteil vom 27.4.1988 – IVb ZR 56/87, NJW 1988, 1974 (1976).

155 BGH, Urteil vom 9.5.1984 – IVb ZR 84/82, FamRZ 1984, 775 (776f.); Wendl/Dose/*Klinkhammer*, § 2, Rn. 768.

156 BVerfG, Beschluss vom 2.7.1969 – 1 BvR 669/64, NJW 1969, 1617 (1619). Die Gleichwertigkeit der Unterhaltsleistungen wird mit der Gleichstellung der Geschlechter nach Art. 3 Abs. 2 GG begründet, BVerfG, Beschluss vom 2.7.1969 – 1 BvR 669/64, NJW 1969, 1617 (1617).

157 BVerfG, Beschluss vom 2.7.1969 – 1 BvR 669/64, NJW 1969, 1617 (1618f.).

BGB vorzunehmen.[158] Das BVerfG sieht in dieser Konstellation eine mit der in § 1709 Abs. 2 a.F. (jetzt: § 1607 Abs. 2) vergleichbare Situation. Aufgrund der vergleichbaren Interessenlage hält der erkennende Senat eine analoge Anwendung für denkbar.[159] Auch könnten die Vorschriften der Geschäftsführung ohne Auftrag und des Bereicherungsrechts Anwendung finden.[160] Ebenso komme eine Geltendmachung des familienrechtlichen Ausgleichsanspruchs in Betracht, zu dem sich im Weiteren aber keine Ausführungen mehr finden.[161] Damit übt das BVerfG keine Kritik an der Konstruktion des familienrechtlichen Ausgleichsanspruchs, zeigt allerdings, dass durchaus noch andere Anspruchsgrundlagen möglich sind und nicht evident ausgeschlossen werden können. Folglich bedarf es einer näheren Betrachtung der Umsetzung und Streitstände des Ausgleichsanspruchs, um eine umfassende rechtliche Würdigung vornehmen zu können.

I. Anwendungsbereiche

Im Laufe der Zeit wurde der Ausgleichsanspruch bei unterschiedlichen Fallgestaltungen herangezogen. Dabei haben sich zwei verschiedene Konstellationen als die Hauptanwendungsfälle des familienrechtlichen Ausgleichanspruchs herausgebildet, wohingegen der Kindergeldausgleich als Sonderfall zu betrachten ist.

1. Hauptanwendungsfälle

Zum einen wird der Ausgleich beim Obhutswechsel des Kindes relevant.[162] Zahlt der Barunterhaltspflichtige nicht, muss der betreuende Elternteil für diesen einspringen und dessen Barunterhalt leisten. Solange sich das Kind noch beim (ursprünglich) betreuenden Elternteil befindet, kann dieser die rückständigen Zahlungen bei gemeinsamer Sorge als Vertreter, vgl. 1629 Abs. 2 S. 2, oder unter

158 BVerfG, Beschluss vom 2.7.1969 – 1 BvR 669/64, NJW 1969, 1617 (1619).

159 BVerfG, Beschluss vom 2.7.1969 – 1 BvR 669/64, NJW 1969, 1617 (1619). Abermals drängt sich die Lösung, einen Regress über § 1607 Abs. 2 (analog) anzunehmen, auf. Ebenso wie das OLG Stuttgart als Berufungsinstanz bei der Entstehung des familienrechtlichen Ausgleichsanspruchs, vgl. Kap. 1 II. 2. c., wird auch hier die Ähnlichkeit der Fallkonstellationen erkannt. Einmal mehr offenbart sich die Unzulänglichkeit des Grundsatzurteils in Hinblick auf eine Auseinandersetzung mit etwaigen in Betracht kommenden Anspruchsgrundlagen.

160 BVerfG, Beschluss vom 2.7.1969 – 1 BvR 669/64, NJW 1969, 1617 (1619).

161 BVerfG, Beschluss vom 2.7.1969 – 1 BvR 669/64, NJW 1969, 1617 (1619).

162 Heiß/Born/*Heiß/Heiß*, 1. Teil, 3. Kap. Rn. 186; Weinreich/Klein/*Eder*, § 1607, Rn. 62; Ehinger/Griesche/Rasch/Schwonberg/Siede/*Schwonberg*, Handbuch Unterhaltsrecht. Ansprüche – Berechnung – Strategien – Verfahren, 8. Auflage, 2018, Rn. 8.100.

den Voraussetzungen des § 1629 Abs. 3 als Verfahrensstandschafter gerichtlich geltend machen.[163] Sofern dem betreuenden Elternteil die alleinige Sorge zusteht, kann der rückständige Kindesunterhalt von dem Betreuenden als Vertreter[164] oder als Verfahrensstandschafter gemäß § 1629 Abs. 3 geltend gemacht werden.[165] Wechselt das Kind in die Obhut des Barunterhaltspflichtigen, endet die Vertretungsmacht des betreuenden Elternteils auch rückwirkend, weil die Voraussetzungen des § 1629 Abs. 2 S. 2 nicht mehr vorliegen.[166] Mit dem Obhutswechsel endet auch die Verfahrensstandschaft.[167]

Ein Obhutswechsel liegt jedoch nicht schon dann vor, wenn sich das Kind für mehrere Wochen bei dem anderen Elternteil aufhält.[168] Vielmehr hat derjenige Elternteil das Kind in Obhut, bei dem dieses seinen tatsächlichen Lebensmittelpunkt hat.[169] Ein Obhutswechsel darf also nicht nur vorübergehender Natur sein.[170] Der Obhutsinhaber trägt die überwiegende Verantwortung für das Kind.[171] Die Vor-aussetzung für die Vertretung beziehungsweise Verfahrensstandschaft fallen somit erst bei dauerhaftem Wechsel der Obhut weg. Um den vom bisherigen Obhutsinhaber geleisteten Betrag jetzt noch geltend machen zu können, wird der familienrechtliche Ausgleichanspruch angewandt.[172] Es handelt sich dabei um einen eigenen, dem vormals betreuenden Elternteil zustehenden Anspruch.[173]

Zum anderen steht dem bisher betreuenden Elternteil ein familienrechtlicher Ausgleichsanspruch zu, wenn das Kind volljährig wird und vor Vollendung der Volljährigkeit der Kindesunterhalt vom Barunterhaltspflichtigen nicht gezahlt worden ist.[174] Mit Volljährigkeit ist das Kind nicht mehr beschränkt geschäftsfähig, vgl. §§ 104, 106 und daher selbst parteifähig, vgl. § 50 ZPO. Auch hier endet die Vertretungsbefugnis der Eltern, ebenso wie die Verfahrensstandschaft.[175] Das

---

163 *Götz*, FF 2013, 225 (226); Johannsen/Henrich/*Jaeger*, § 1629, Rn. 7, 10; jurisPK-BGB/*Hamdan*, § 1629, Rn. 77, 91; BeckOK/BGB/*Veit*, § 1629, Rn. 70, 82.

164 MüKo/BGB/*Huber*, § 1629, Rn. 22; *Franz-Thomas Roßmann*, Auswirkungen eines Obhutswechsels auf Verfahren bzw. Titel zum Kindesunterhalt, jM 2015, 55 (55).

165 Johannsen/Henrich/*Jaeger*, § 1629, Rn. 9.

166 OLG Koblenz, Beschluss vom 21.5.2005 – 7 WF 353/15, FamRZ 2015, 1902 (1902); *Götz*, FF 2013, 225 (227).

167 OLG Hamm, Urteil vom 9.2.1990 – 5 UF 352/89, FamRZ 1990, 890 (890f.); OLG München, Beschluss vom 2.5.1997 – 16 UF 822/97, FamRZ 1997, 1493 (1494).

168 OLG Köln, Beschluss vom 13.12.2004 – 14 WF 175/04, FamRZ 2005, 1852 (1852).

169 BGH, Urteil vom 21.12.2005 – XII ZR 126/03, FamRZ 2006, 1015 (1016).

170 *Wohlgemuth*, FamRZ 2009, 1873.

171 *Götz*, FF 2013, 225 (227).

172 BGH, Urteil vom 25.5.1994 – XII ZR 78/93, FamRZ 1994, 1102 (1103).

173 BGH, Urteil vom 9.5.1984 – IVb ZR 84/82, FamRZ 1984, 775 (777).

174 Heiß/Born/*Heiß/Heiß*, 1. Teil, Kap. 3, Rn. 61a; Weinreich/Klein/*Eder*, § 1607, Rn. 62; Ehinger/Griesche/Rasch/Schwonberg/Siede/*Schwonberg*, Rn. 8.100.

175 Staudinger/BGB/*Peschel-Gutzeit*, Kommentar zum Bürgerlichen Gesetzbuch, Buch 4: Familienrecht, §§ 1626–1633 und RKEG (Elterliche Sorge 1 – Inhalt und Inhaberschaft),

Kind kann demnach selbst entscheiden, ob es seinen Unterhaltsanspruch gegen den Barunterhaltspflichtigen weiter geltend macht.[176] Daher muss auch in diesem Fall dem betreuenden Elternteil die Möglichkeit eröffnet werden, einen Ausgleich für den vorgestreckten Barunterhalt zu erlangen.[177] Denn entscheidet sich das Kind gegen eine Geltendmachung seines Anspruchs und würde demnach der Barunterhaltspflichtige nicht in Anspruch genommen werden, wäre es unbillig, wenn der Betreuende seine Baraufwendungen nicht erstattet bekäme.[178]

In diesen Fällen kommt mithin der familienrechtliche Ausgleichsanspruch in Betracht, weil dem betreuenden Elternteil, der den Barunterhalt leisten musste, obwohl er dazu nicht verpflichtet war, die Geltendmachung des Kindesunterhalts verwehrt ist. Der Ausgleichanspruch kann nicht nur bei Unterhaltsansprüchen Minderjährigen gegenüber, sondern auch gegenüber volljährigen Kindern entstehen.[179] Dies gilt auch bei Verzicht des Kindes auf die Unterhaltsrückstände.[180]

Mit Hilfe des familienrechtlichen Ausgleichsanspruchs können auch Sonder- und Mehrbedarf ausgeglichen werden, weil diese Kosten zur Deckung des gesamten Lebensbedarfs und somit zum Unterhalt gehören, vgl. auch § 1610 Abs. 2.[181] Beide Formen des Bedarfs finden sich nicht in der Berechnung des Unterhaltsbedarfs der Düsseldorfer Tabelle wieder, sodass die Möglichkeit des Ausgleiches nicht selbstverständlich ist. Unter Sonderbedarf ist ein erhöhter Bedarf zu verstehen, der nur vorübergehend auftritt und daher nicht bei der Berechnung des Barunterhalts berücksichtigt wird.[182] Der Mehrbedarf wird bei der Berechnung des Unterhalts nach der Düsseldorfer Tabelle ebenfalls nicht berücksichtigt, weil es sich auch hierbei um unüblich hohe Kosten handelt, die über längere Zeit anfallen.[183] Diese Kosten tragen die Eltern gemäß § 1606 Abs. 3

Neubearbeitung 2015, § 1629, Rn. 142; vgl. auch Johannsen/Henrich/*Jaeger*, § 1629, Rn. 12; jurisPK-BGB/*Hamdan*, § 1629, Rn. 108.

176 Wendl/Dose/*Klinkhammer*, § 2, Rn. 778. Zu der Konkurrenzproblematik siehe Kap. 3 I.

177 OLG München, Beschluss vom 28.8.1995 – 12 WF 1002/95, FamRZ 1996, 422 (422).

178 BGH, Urteil vom 26.4.1989 – IVb ZR 42/88, FamRZ 1989, 850 (851).

179 Weinreich/Klein/*Eder*, § 1607, Rn. 62; Kleffmann/Soyka/*Jüdt*, Praxishandbuch Unterhaltsrecht: Systematische Darstellung anhand der aktuellen Rechtsprechung, 3. Auflage, 2017, Kap. 7, Rn. 52; *Wolfram Viefhues*, Anteilige Haftung im Unterhaltsrecht – Anwendungsfälle und (ungelöste) Probleme in der Praxis – Teil 2, FuR 2017, 410 (415).

180 Weinreich/Klein/*Eder*, § 1607, Rn. 62.

181 Erman/*Hammermann*, § 1610, Rn. 47.

182 Staudinger/BGB/*Klinkhammer*, § 1613, Rn. 81–84; *Münder/Ernst/Behlert*, § 7, Rn. 17; *Rauscher*, 5. Teil, Rn. 834b. So können auch die Kosten für eine Klassenfahrt ausgeglichen werden, vgl. OLG Karlsruhe, Beschluss vom 22.7.2003 – 16 WF 74/03, FamRZ 2004, 1659 (1659); ebenso *Dethloff*, § 11, Rn. 26; *Marina Wellenhofer*, Familienrecht, 4. Auflage, 2017, § 35, Rn. 6.

183 BGH, Beschluss vom 10.7.2013 – XII ZB 298/12, FamRZ 2013, 1563 (1563); *Rauscher*, 5. Teil, Rn. 834a. Hierzu zählt beispielsweise das Schulgeld, vgl. OLG Naumburg, Beschluss vom 22.9.2011 – 8 UF 118/11, NJW 2012, 623 (624), ebenso wie die Kranken- und Pflegeversicherung, vgl. Erman/*Hammermann*, §1610, Rn. 49.

S. 1 anteilig, sodass bei Nichtzahlung ein familienrechtlicher Ausgleichsanspruch in Frage kommt, der gerade die gerechte Verteilung der Unterhaltslast bewirken möchte.[184]

Zu beachten ist außerdem, dass die Hauptanwendungsfälle bei jeder Betreuungsform – Residenzmodell, Wechselmodell[185] oder Nestmodell[186] – durch die Änderung der Obhut oder den Eintritt der Volljährigkeit bei rückständigem Kindesunterhalt in Betracht kommen können.[187]

Erwähnenswert ist, dass dem BGH bei der Entwicklung des familienrechtlichen Ausgleichsanspruchs keine der beiden Konstellationen vorlag. Bei dem Fall, über den der BGH entscheiden musste, hatte die Klägerin als der betreuende Elternteil den Unterhalt vorgestreckt, weil sie den Aufenthaltsort des unterhaltspflichtigen Elternteils nicht kannte.[188] Damit stellt sich erneut die Frage, ob der familienrechtliche Ausgleichsanspruch in seiner heutigen Form so vom BGH beabsichtigt war und ob dieses Rechtsinstitut überhaupt erforderlich ist, mithin der Fall nicht über § 1607 Abs. 2 zu lösen war.[189]

2. Sonderfall: Der Kindergeldausgleich

Als besondere Fallgestaltung ist der Ausgleich des Kindergeldes zu betrachten, bei dem nicht nur zivilrechtliche, sondern auch sozial- und öffentlich-rechtliche Normen und Aspekte berücksichtigt werden müssen. Da es sich aufgrund der unterschiedlichen Rechtsgebiete und der verschiedenen Interessenlagen der Beteiligten um einen schwer zugänglichen Ausgleichsmechanismus handelt, ist zunächst die Systematik des Kindergeldes darzustellen, damit im Anschluss der vom BGH vorgenommene Ausgleich erläutert werden kann.[190]

Das Kindergeld ist Teil des Familienleistungsausgleichs[191] und wird als vorweggenommene Steuervergütung, vgl. § 31 S. 3 EStG, von der zuständigen Fa-

184 *Götz*, FF 2013, 225 (228).
185 Siehe hierzu Kap. 2 II. 1. e.
186 Bei diesem selten praktizierten Modell lebt das Kind stets in der gleichen Wohnung, die Eltern jedoch wechseln sich mit dem Aufenthalt in dieser Wohnung ab, vgl. KG Berlin, Beschluss vom 30.4.2018 – 19 UF 71/17, FamRZ 2018, 1324 (1325). Siehe hierzu u.a. *Salzgeber/Bublath*, NZFam 2016, 837 (838). Auf das Nestmodell wird mangels Relevanz nicht näher eingegangen.
187 Da der familienrechtliche Ausgleichsanspruch unter Zugrundelegung des Residenzmodells geschaffen wurde, ist auch im Folgenden davon grundsätzlich auszugehen, wobei auf Besonderheiten des Wechselmodells im weiteren Verlauf ebenfalls eingegangen wird.
188 Vgl. BGH, Urteil vom 9.12.1959 – IV ZR 178/59, FamRZ 1960, 194 (195).
189 Zu der Ersatzhaftung nach § 1607 Abs. 2 siehe Kap. 4, zu der Lösungsmöglichkeit über § 1607 Abs. 2 siehe Kap. 5.
190 Zu den hier vorgeschlagenen Ausgleichsmöglichkeiten siehe Kap. 6 III.
191 Früher »Familienlastenausgleich«.

milienkasse[192] an die Eltern ausgezahlt. Obwohl nach § 62 EStG grundsätzlich die Eltern anspruchsberechtigt sind,[193] wird das ausgezahlte Kindergeld zivilrechtlich nicht als Einkommen der Eltern – ausgenommen im Rahmen der Prozesskostenhilfe – behandelt.[194] Vielmehr soll damit die Existenzgrundlage des Kindes[195] gesichert und die Familie insgesamt entlastet werden.[196] Das Einkommen der Unterhaltsverpflichteten erhöht sich folglich nicht durch das Kindergeld, sondern es verringert zur Hälfte oder insgesamt, vgl. § 1612 b Abs. 1, den Barbedarf des Kindes.[197] § 63 EStG regelt, welche Kinder bei der Geltendmachung des Kindergeldes zu berücksichtigen sind. Die Höhe der monatlichen Auszahlungen richtet sich nach § 66 Abs. 1 EStG.

Vereinfachungshalber wird das Kindergeld – auch bei mehreren Berechtigten – nach § 64 Abs. 1 EStG nur an einen Elternteil ausgezahlt (sogenanntes Vorrangprinzip), wobei grundsätzlich derjenige das Kindergeld erhält, welcher das Kind betreut (sogenanntes Obhutsprinzip), vgl. § 64 Abs. 2 S. 1 EStG.[198] Freilich ist dies ein bloßer Versuch der Vereinfachung. Sobald sich die Eltern trennen, stellt sich die Frage, wie der Ausgleich des Kindergeldes, an dem beide Elternteile partizipieren sollen, vorzunehmen ist. Dieses Problem stellt sich in verschiedenen Fallkonstellationen.

Praktizieren die Eltern nach der Trennung oder Scheidung das Residenzmodell, in dem sich das Kind in der Obhut eines Elternteils befindet und von diesem betreut wird, während der andere Elternteil den Barunterhalt leistet, so gibt § 1612 b Abs. 1 S. 1 Nr. 1, S. 2 die Lösung für den vorzunehmenden Ausgleich

192 Die Familienkasse ist zwar Teil der Bundesagentur für Arbeit, übt in diesem Fall aber die Pflicht der Finanzverwaltung aus, vgl. BeckOGK/BGB/*Kliebisch*, § 1612b, Rn. 30.

193 Nicht nach EStG, sondern nach BKGG kann Kindergeld bezogen werden, sofern eine Einkommensteuerpflicht im Inland nicht besteht, vgl. Ehmann/Karmanski/Kuhn-Zuber/BKGG/*Gerlach*, Gesamtkommentar Sozialrechtsberatung, 2. Auflage, 2018, § 1, Rn. 1.

194 BeckOGK/BGB/*Kliebisch*, § 1612b, Rn. 6. Anders im Sozialrecht, bei dem das Kindergeld aufgrund des weiten sozialhilferechtlichen Einkommensbegriffs gemäß § 82 Abs. 1 S. 1 SGB XII als Einkommen des Empfängers anzusehen ist, es sei denn, es muss zur Bedarfsdeckung des minderjährigen Kindes verwendet werden, vgl. BSG, Urteil vom 8.2.2007 – B 9b SO 5/06 R, NJW 2008, 395 (396); BGH, Beschluss vom 14.12.2016 – XII ZB 207/15, BeckRS 2016, 114776 (114776).

195 Freilich gilt dasselbe auch für nichteheliche Kinder, vgl. OLG Frankfurt, Beschluss vom 2.7.2010 – 1 WF 68/10, FamRZ 2011, 227 (227), AG Montabaur, Urteil vom 5.11.2007 – 3 F 237/07, NJW 2008, 1539 (1539).

196 BGH, Urteil vom 21.12.1977 – IV ZR 4/77, FamRZ 1978, 177 (178); BGH, Urteil vom 24.2.1988 – IVb ZR 29/87, FamRZ 1988, 607 (609). Daher wird das Kindergeld seit dem 1.1.2012 auch bei bedarfsdeckendem Einkommen des Kindes ausgezahlt, vgl. BeckOGK/BGB/*Kliebisch*, § 1612b, Rn. 29.

197 Wendl/Dose/*Klinkhammer*, § 2, Rn. 727; Johannsen/Henrich/*Graba/Maier*, § 1612b, Rn. 3.

198 Johannsen/Henrich/*Graba/Maier*, § 1612b, Rn. 2; BeckOK/BGB/*Reinken*, § 1612b, Rn. 7 f.; *Beatrix Ruetten*, Das paritätische Wechselmodell und Streitfragen des Kindergeldes sowie anderer kindbezogener Leistungen, NZFam 2016, 337 (338).

vor. Die Hälfte des Kindesunterhalts steht demnach dem betreuenden Elternteil zu, die andere Hälfte mindert den Barbedarf des Kindes, sodass der barunterhaltspflichtige Elternteil einen um die Hälfte des Kindesunterhalts von vornherein verringerten Unterhaltsbetrag leisten muss (sogenannter Zahlbetrag).[199] Dabei geht das Gesetz vom Obhutsprinzip aus. Es nimmt an, dass der betreuende Elternteil das Kindergeld bezieht und ein Ausgleich durch eine Minderung des Barbedarfs stattfinden kann.

Es kann aber auch der Fall eintreten, dass der Barunterhaltspflichtige das Kindergeld bezieht. Zum einen ist das Obhutsprinzip nicht zwingend, zum anderen kann sich das Kind vormals in dessen Obhut befunden und eine Änderung der Auszahlungspraxis der Familienkasse bislang nicht stattgefunden haben. Hier würde sich eine Bedarfsminderung für einen Ausgleich nicht anbieten, weil der Kindergeld beziehende Barunterhaltspflichtige dadurch noch stärker entlastet werden würde. Daher ist die Hälfte des Kindesunterhalts, die dem anderen Elternteil für die Betreuung zusteht, zu dem Barbedarf des Kindes hinzuzurechnen.[200] Im Übrigen kann die Familienkasse in diesem Fall das ausgezahlte Kindergeld gemäß § 37 Abs. 2 AO zurückfordern, sofern die Hälfte noch nicht an den anderen Elternteil weitergeleitet wurde.[201]

In den übrigen Konstellationen – sei es die ganzheitliche Betreuung durch Dritte, sei es bei Volljährigkeit des Kindes – wird das gesamte Kindergeld auf den Barbedarf des Kindes angerechnet, vgl. § 1612 b Abs. 1 S. 1 Nr. 2, S. 2.[202] Da die Unterhaltspflicht jedes Elternteils entsprechend den jeweiligen Einkommens- und Vermögensverhältnissen besteht, ist gemäß dieser Quote auch das Kindergeld anzurechnen. Es findet demnach keine hälftige Teilung des Kindergeldes, sondern eine Teilung unter Berücksichtigung der Unterhaltslasten der Eltern statt. Durch diese Verrechnung wird also auch hier ein Ausgleich über die Anpassung des Zahlbetrags beider Elternteile erreicht.

Teilen sich die Eltern jedoch paritätisch die Betreuung, üben sie also das sogenannte Wechselmodell aus, findet sich keine dementsprechende Regelung in den soeben genannten Normen. Das Obhutsprinzip des § 64 Abs. 2 S. 1 EStG kann aufgrund der geteilten Betreuung keine Anwendung finden. Auch passt die Regelung des § 64 Abs. 2 S. 2 EStG nicht, welcher bei einem gemeinsamen Haushalt der Berechtigten diesen das Bestimmungsrecht zuweist, an wen das Kindergeld ausgezahlt werden soll. Diese Norm wird daher analog angewendet mit der Folge, dass die Eltern sich auf einen Kindergeldempfänger einigen

199 Vgl. BT-Drs. 16/1830, S. 30.

200 Wendl/Dose/*Klinkhammer*, § 2, Rn. 781; nach alter Rechtslage, aber im Ergebnis ebenso BGH, Urteil vom 26. 5. 1982 – IVb ZR 715/80, FamRZ 1982, 887 (889); BGH, Urteil vom 11. 5. 1988 – IVb ZR 89/87, FamRZ 1988, 834 (834).

201 BeckOGK/BGB/*Kliebisch*, § 1612b, Rn. 43.

202 Vgl. BT-Drs. 16/1830, S. 30.

müssen, ansonsten bestimmt das Familiengericht auf Antrag einen Elternteil als Empfänger, vgl. § 64 Abs. 2 S. 3 EStG.

Aber ebenso wie beim Residenzmodell muss auch hier das Kindergeld ausgeglichen werden. Die Frage, ob ein Fall des § 1612 b Abs. 1 vorliegt oder ob der Ausgleich des Kindergeldes im Fall des Wechselmodells anders ausgestaltet ist, wird unterschiedlich beurteilt. Im Lauf der Diskussionen haben sich drei Ansätze manifestiert.

Unter Berücksichtigung des Wortlauts des § 1612 b Abs. 1 S. 1 Nr. 2 »in allen anderen Fällen« wird auch das Wechselmodell, bei dem keiner – wie in § 1612 b Abs. 1 S. 1 Nr. 1 vorgegeben – die Betreuungspflicht allein erfüllt, unter die übrigen Fälle subsumiert, sodass das Kindergeld insgesamt den Barbedarf des Kindes mindert und damit ein finanzieller Ausgleich zwischen den Eltern geschaffen wird.[203] Wie auch beim Residenzmodell wird der Ausgleich entsprechend der jeweiligen Haftungsquote nach § 1606 Abs. 3 S. 1 vorgenommen.[204]

Einen anderen Ansatz verfolgt die Meinung, welche entgegen dem Wortlaut den Ausgleich über § 1612 b Abs. 1 S. 1 Nr. 1 vornimmt.[205] Diese Ansicht kennzeichnet sich durch die Berücksichtigung der auch beim Wechselmodell vorhandenen Betreuungsleistung aus. Im Gegensatz zu den typischen Fällen des § 1612 b Abs. 1 S. 1 Nr. 2 erfolgt beim Wechselmodell eine Erfüllung der Unterhaltslast zum Teil durch wechselnde Betreuung beider Elternteile, zum Teil durch Barunterhaltsleistungen.[206] Diesem Umstand möchte jene Ansicht Rechnung tragen und daher beiden Elternteilen die Hälfte des Kindergeldes für die Betreuung anrechnen, wodurch jeder Elternteil ein Viertel des Kindergeldes für seine eigene Betreuungsleistung erhalte. Die übrige Kindergeldhälfte müsse der Unterstützung der Barunterhaltsleistungen dienen und ebenfalls entsprechend der Quote gemäß § 1606 Abs. 3 S. 1 aufgeteilt werden.[207]

---

203 *Ernst Spangenberg*, Zur Systematik des Kindesunterhalts, NZFam 2017, 45 (47).

204 so auch *Mathias Volker*, Der familienrechtliche Ausgleichsanspruch. Rechtsprechung des Bundesgerichtshofs und der Oberlandesgerichte, FuR 2013, 550 (554).

205 Wendl/Dose/*Klinkhammer*, § 2, Rn. 450; *Eva Maria* Bausch/*Werner Gutdeutsch/Christian Seiler*, Die unterhaltsrechtliche Abrechnung des Wechselmodells, FamRZ 2012, 258 (259); *Hans-Ulrich Graba*, Anm. zu BGH, Beschluss vom 20.4.2016 – XII ZB 45/15, NZFam 2016, 842 (842); *Bernhard Knittel*, Anm. zu OLG Düsseldorf, Beschluss vom 20.6.2013 – II-7 UF 45/13, JAmt, 2014, 289 (290); *Finke*, Anm. zu OLG Düsseldorf, Beschluss vom 20.6.2013 – II-7 UF 45/13, FamFR 2013, 488 (488).

206 Daher ist § 1606 Abs. 3 S. 2 auf das Wechselmodell nicht anwendbar, weil in diesem Fall kein Elternteil durch die Betreuungsleistungen von der Barunterhaltspflicht befreit wird, vgl. BGH, Beschluss vom 5.11.2014 – XII ZB 599/13, NJW 2015, 331 (332 f.); *Spangenberg*, NZFam 2017, 45 (46).

207 BGH, Beschluss vom 20.4.2016 – XII ZB 45/15, NJW 2016, 1956 (1959); *Gisela Wohlgemuth*, Die Berechnung des Kindesunterhalts beim Wechselmodell bei Barunterhaltspflicht beider Eltern, FPR 2013, 157 (157).

Aufgrund der zweifelhaften Zuordnung des Kindergeldausgleichs beim Wechselmodell über § 1612 b Abs. 1 S. 1 Nr. 1 oder Nr. 2 kann ein Ausgleich auch ohne Anknüpfungspunkt in § 1612 b Abs. 1 S. 1 erfolgen, indem auf das Wesen des Wechselmodells abgestellt wird. Haben sich die Eltern dazu entschlossen, das Kind in gleichem Umfang abwechselnd zu betreuen und die übrige Unterhaltspflicht mittels Barunterhaltszahlungen zu erfüllen, steht die gerechte und äquivalente Erfüllung beider Unterhaltsarten im Fokus. Dies solle auch beim Kindergeldausgleich berücksichtigt werden. Um dem Willen der Eltern nach einer möglichst kongruenten Verteilung der Betreuungs- und Barunterhaltsleistungen zu entsprechen, müsse das Kindergeld hälftig aufgeteilt werden.[208] Eine Unterscheidung zwischen den Unterhaltsarten und eventuellen Quoten findet nicht statt.

Leistet beim Wechselmodell ein Elternteil mehr Barunterhalt als der andere, kann eine Verrechnung des Kindergeldes – ähnlich wie bei § 1612 b Abs. 1 S. 2 – durch die Minderung oder Erhöhung des Barbedarfs des Kindes erreicht werden. Haben beide Elternteile eine Absprache des Inhalts getroffen, dass beide das Kind betreuen und den Barbedarf nach ihren jeweiligen Möglichkeiten decken, erfolgen keine Ausgleichszahlungen an den anderen Elternteil.[209]

Festzustellen ist daher die Vielfältigkeit der möglichen Konstellationen, in denen ein Ausgleich des Kindergeldes vorgenommen werden muss. Wie bereits erwähnt, besteht häufig über § 1612 b Abs. 1 die Möglichkeit einer Verrechnung. Vor der Unterhaltsrechtsreform 2008 wurde das Kindergeld nicht a priori bedarfsmindernd berücksichtigt, sondern stets hälftig aufgeteilt, was zu einer Benachteiligung des Elternteils mit der höheren Unterhaltsquote führte.[210] Die damalige Verrechnung war aber derart kompliziert und unübersichtlich, dass das BVerfG eine einfachere Regelung bezüglich des Familienleistungsausgleichs einschließlich Kindergeld forderte,[211] worauf der Gesetzgeber mit der Neufassung des § 1612 b reagierte.

Egal, ob vor oder nach der Unterhaltsrechtsreform, ein Ausgleich des Kindergeldes kann durch den familienrechtlichen Ausgleichsanspruch geltend gemacht werden.[212] Rainer Hoppenz qualifizierte den Kindergeldausgleich bereits

208 OLG Düsseldorf, Beschluss vom 20.6.2013 – II-7 UF 45/13, FamRZ 2014, 567 (569); *Gisela Wohlgemuth*, Aufteilung des Kindergeldes beim Wechselmodell, FamRZ 2015, 808 (809); Büten/Poppen/Menne/*Poppen*, § 1612b, Rn. 11; *Ruetten*, NZFam 2016, 337 (339).

209 Inwieweit hier ein Ausgleich erfolgen kann, wird in Kap. 6 III. eingehend erläutert.

210 BeckOGK/BGB/*Kliebisch*, § 1612 b, Rn. 63.

211 BVerfG, Beschluss vom 9.4.2003–1 BvL 1/01, FPR 2003, 597 (599f.).

212 Vor 2008 vgl. u. a.: BGH, Urteil vom 24.2.1988 – IVb ZR 29/87, FamRZ 1988, 607 (609); BGH, Urteil vom 11.5.1988 – IVb ZR 89/87, FamRZ 1988, 834 (834); BGH, Urteil vom 29.1.1992 – XII ZR 239/90, MDR 1992, 585 (585); BGH, Urteil vom 6.2.2002 – XII ZR 20/00, MDR 2002, 644 (644); BGH, Urteil vom 17.11.2004 – XII ZR 183/02, NJW 2005, 503 (506); BGH, Urteil vom 26.10.2005 – XII ZR 34/03, NJW 2006, 57 (59). Nach 2008 vgl. insbesondere: BGH,

1985 als Fall des familienrechtlichen Ausgleichsanspruchs.[213] Der BGH stellte erstmals in seiner Entscheidung vom 11.5.1988 ausdrücklich fest, dass der hälftige Ausgleich des Kindergeldes einen Unterfall des familienrechtlichen Ausgleichsanspruchs darstellt, bei dem auch die Vorschrift des § 1613 zu berücksichtigen sei.[214] Auch in den darauffolgenden Jahren manifestierte sich die Möglichkeit des Kindergeldausgleichs mittels des familienrechtlichen Ausgleichsanspruchs weiter. Trotz der Neufassung des § 1612 b wird dieser Unterfall heute noch angewendet, wobei insbesondere die isolierte Ausgleichsmöglichkeit des Kindergeldes, also ohne Geltendmachung weiterer Ansprüche, angenommen wird.[215]

Anzumerken ist bereits an dieser Stelle, dass die Voraussetzungen des familienrechtlichen Ausgleichsanspruchs bei diesem Sonderfall nicht geprüft werden. Stattdessen wird einzig und allein auf die Notwendigkeit, die Unterhaltslast der Eltern gerecht zu verteilen, abgestellt,[216] womit schon der BGH die Entstehung des familienrechtlichen Ausgleichsanspruchs begründete. Dass dies eher einer Einzelfallrechtsprechung als dem Fassen eines Tatbestandes unter bestimmte, normierte Anspruchsvoraussetzungen entspricht, ist offensichtlich. Auf die Frage, ob es für den Kindergeldausgleich eines familienrechtlichen Ausgleichsanspruchs bedarf, ist später noch zurückzukommen.[217]

3. Zwischenergebnis

Der familienrechtliche Ausgleichsanspruch in seiner heutigen Ausgestaltung ist ein Erstattungsanspruch eigener Art, der hauptsächlich zum Tragen kommt, wenn der bisherige Obhutsinhaber, der Zahlungen tätigt, die nicht zu seiner Unterhaltspflicht gehören, die Vertretungsmacht verliert und daher den Kin-

Beschluss vom 20.4.2016 – XII ZB 45/15, FamRZ 2016, 1053 (1054); BGH, Beschluss vom 11.1.2017 – XII ZB 565/15, FamRZ 2017, 437 (441); BGH, Beschluss vom 7.2.2018 – XII ZB 338/17, NJW-RR 2018, 579 (581); a. A. OLG Stuttgart, Beschluss vom 20.1.2017 – 17 UF 193/16, NJW 2017, 1184 (1184), welches die Anspruchsgrundlage direkt oder analog § 1601 herleitet.

213 *Hoppenz*, FamRZ 1985, 437 (439f.).

214 BGH, Urteil vom 11.5.1988 – IVb ZR 89/87, FamRZ 1988, 834 (834). Kurz zuvor ließ das OLG Karlsruhe diese Möglichkeit noch offen, vgl. OLG Karlsruhe, Beschluss vom 20.9.1982 – 18 UF 52/82, FamRZ 1982, 1115 (1115f.).

215 BGH, Beschluss vom 20.4.2016 – XII ZB 45/15, FamRZ 2016, 1053 (1054). Mit der Möglichkeit der isolierten Geltendmachung des Kindergeldausgleichs soll eine unnötige Ausweitung der Klage, die ansonsten den Gesamtausgleich des Unterhalts umfassen würde, vermieden werden. Bestätigend BGH, Beschluss vom 11.1.2017 – XII ZB 565/15, FamRZ 2017, 437 (441).

216 BGH, Beschluss vom 20.4.2016 – XII ZB 45/15, FamRZ 2016, 1053 (1054).

217 Vgl. hierzu Kap. 6 III.

desunterhaltsanspruch nicht mehr geltend machen kann. Darüber hinaus bietet der Ausgleichsanspruch die Möglichkeit, auch das Kindergeld (isoliert) auszugleichen.

Kein Ausgleich über den familienrechtlichen Ausgleichsanspruch kann für Kinderfreibeträge und andere kindbezogene Vergünstigungen erlangt werden, denn diese Zuschläge sind Teil des jeweiligen Einkommens und somit bereits bei der Unterhaltsberechnung berücksichtigt worden.[218]

II. Voraussetzungen

Betrachtet man die bereits genannten Probleme, stellt sich nun die Frage, unter welchen Voraussetzungen der familienrechtliche Ausgleichsanspruch für den vormals betreuenden Elternteil besteht. Um den familienrechtlichen Ausgleichsanspruch in seiner heutigen Ausgestaltung geltend machen zu können, müssen zwei Voraussetzungen vorliegen und die Einschränkung des § 1613 Abs. 1, der die Möglichkeiten der Geltendmachung von Unterhalt für die Vergangenheit begrenzt, beachtet werden.

1. Erfüllung einer im Innenverhältnis dem Anderen obliegenden Pflicht

Zunächst muss der bisher Betreuende eine im Innenverhältnis dem Anderen obliegende Pflicht erfüllt haben.[219] Der BGH hat bereits in seinem Grundsatzurteil erwähnt, dass die Klägerin eine Pflicht erfüllte, die allein im Pflichtenkreis des Beklagten gestanden hat.[220] Diese Tatsache manifestierte sich in den darauffolgenden Jahren zu einer obligatorischen Voraussetzung.[221] Wird der Ausgleich von Barzahlungen durch den Anspruchsteller verlangt, muss der Anspruchsgegner für den geltend gemachten Zeitraum dem Kind gegenüber bar-

218 BGH, Urteil vom 3.11.1982 – IVb ZR 322/81, FamRZ 1983, 49 (50); OLG Karlsruhe, Beschluss vom 20.9.1982 – 18 UF 52/82, FamRZ 1982, 1115 (1115); OLG Düsseldorf, Beschluss vom 15.5.2014 – II-2 UF 15/14, FamRZ 2014, 1742 (1743); Wendl/Dose/*Klinkhammer*, § 2, Rn. 782; a. A. OLG Oldenburg, Beschluss vom 14.12.2011 – 4 UF 119/11, FamRZ 2012, 1876 (1876), sofern beide Elternteile im öffentlichen Dienst arbeiten; diese Meinung bestätigt das OLG Oldenburg, Beschluss vom 7.6.2017 – 4 UF 198/16 –, juris, Rn. 27.

219 OLG Köln, Beschluss vom 27.6.1985 – 4 WF 152/85, FamRZ 1985, 1168 (1169); Weinreich/Klein/*Eder*, § 1607, Rn. 68; jurisPK-BGB/*Viefhues*, *§ 1610, Rn. 746; Dethloff, § 11, Rn. 72; Wellenhofer, § 35, Rn. 24.*

220 BGH, Urteil vom 9.12.1959 – IV ZR 178/59, FamRZ 1960, 194 (195).

221 BGH, Urteil vom 20.5.1981 – IVb ZR 558/80, NJW 1981, 2348 (2349); BGH, Urteil vom 9.5.1984 – IVb ZR 84/82, FamRZ 1984, 775 (776); BGH, Urteil vom 25.5.1994 – XII ZR 78/93, NJW 1994, 2234 (2234).

unterhaltspflichtig gewesen sein.[222] Das Kind hat gegen den nicht betreuenden Elternteil einen Unterhaltsanspruch aus § 1601, wenn es bedürftig ist, vgl. § 1602, und der Elternteil leistungsfähig ist, vgl. §§ 1603f.[223] Ferner darf der Anspruch nicht ausgeschlossen sein, vgl. § 1611 Abs. 1.

a. Bedürftigkeit

Die Bedürftigkeit eines Kindes ist gemäß § 1602 Abs. 1 dann anzunehmen, wenn das Kind sich nicht selbst versorgen kann.[224] Weshalb das Kind sich nicht selbst unterhalten kann, ist grundsätzlich unerheblich.[225] Für die Frage, ob sich das Kind selbst versorgen kann, ist zum einen der Bedarf, vgl. § 1610, und zum anderen das Einkommen beziehungsweise das Vermögen des Kindes relevant.[226] Diese Voraussetzung ist Ausfluss des Eigenverantwortungsprinzips, das besagt, dass sich grundsätzlich jeder selbst versorgen muss.[227] Daher trifft den Anspruchsteller, hier das Kind, die Beweislast. Es hat also die Bedürftigkeit darzulegen und zu beweisen.[228] Bei einem minderjährigen Kind ohne Einkommen ist die Bedürftigkeit regelmäßig anzunehmen.[229]

b. Leistungsfähigkeit

Ist der Ausgleichspflichtige nicht leistungsfähig, kommt ein familienrechtlicher Ausgleichsanspruch nicht in Betracht.[230] Die Leistungsfähigkeit ist ausgeschlossen, wenn der Elternteil bei Berücksichtigung seiner übrigen Verpflichtungen nicht im Stande ist, den Kindesunterhalt ohne Gefährdung seines eigenen angemessenen Unterhalts zu leisten, vgl. § 1603 Abs. 1.[231] Ausgehend von dem Vermögen und dem Einkommen des Anspruchsgegners sind sowohl dessen Verpflichtungen als auch der ihm zustehende Eigenbedarf abzuziehen, um die zur Verfügung stehenden Mittel und somit die Leistungsfähigkeit zu beurtei-

222 BGH, Urteil vom 20.5.1981 – IVb 558/80, NJW 1981, 2348 (2349); Wendl/Dose/*Klinkhammer*, § 2, Rn. 775; Heiß/Born/*Heiß/Heiß*, 1. Teil, Kap. 3., Rn. 186.

223 BeckOK/BGB/*Reinken*, § 1601, Rn. 7.

224 Johannsen/Henrich/*Graba/Maier*, § 1602, Rn. 4; Wendl/Dose/*Klinkhammer*, § 2, Rn. 7; *Münder/Ernst/Behlert*, § 7, Rn. 7; *Graba*, FamRZ 1990, 454 (456).

225 BGH, Urteil vom 25.2.1987 – IVb ZR 28/86, FamRZ 1987, 930 (932); *Rainer Hoppenz*, Fiktive Einkommensverhältnisse im Unterhaltsrecht, NJW 1984, 2327 (2327); Wendl/Dose/*Klinkhammer*, § 2, Rn. 7.

226 BeckOGK/BGB/*Selg*, § 1602, Rn. 5.

227 BGH, Urteil vom 6.12.1984 – IVb ZR 53/83, FamRZ 1985, 273 (274); BeckOGK/BGB/*Selg*, § 1602, Rn. 1.

228 MüKo/BGB/*Born*, § 1602, Rn. 1; BeckOK/BGB/*Reinken*, § 1602, Rn. 121.

229 Wendl/Dose/*Klinkhammer*, § 2, Rn. 7.

230 Vgl. Wendl/Dose/*Klinkhammer*, § 2, Rn. 775.

231 *Münder/Ernst/Behlert*, § 7, Rn. 13.

len.[232] Hinsichtlich des Einkommens wird nicht nur das tatsächliche, sondern auch das fiktive Einkommen, also solches, das er erwirtschaften könnte, berücksichtigt.[233] Denn die Pflicht der Eltern, ihre eigene Arbeitskraft einzusetzen, folgt auch aus Art. 6 Abs. 2 GG.[234] Kommt also ein Elternteil dieser Obliegenheit schuldhaft nicht nach, so wird das Einkommen hinzugedacht, das er erzielen könnte.[235] Dies darf die Grenzen des Zumutbaren allerdings nicht übersteigen.[236] Es wird daher geprüft, ob der Elternteil die Einkünfte im konkreten Einzelfall zumutbar hätte erwirtschaften können.[237]

Ist das Kind noch minderjährig und unverheiratet, ordnet § 1603 Abs. 2 S. 1 allerdings eine verschärfte Pflicht (sogenannte gesteigerte Unterhaltspflicht) an.[238] Diese beinhaltet, dass alle verfügbaren Mittel zum Unterhalt für sich selbst und für das Kind gleichermaßen zur Verfügung zu stellen sind, vgl. § 1603 Abs. 2 S. 1.[239] Die gesteigerte Unterhaltspflicht gilt für unverheiratete volljährige Kinder bis zum Erreichen des 21. Lebensjahres (sogenannte privilegiert volljährige Kinder) gleichermaßen, vgl. § 1603 Abs. 2 S. 2.[240] Eine solche Verpflichtung entfällt, wenn andere leistungsfähige Verwandte gemäß § 1603 Abs. 2 S. 3 vorhanden sind.[241]

c. Bedarf

Der Bedarf, also die Höhe des zu leistenden Unterhalts, richtet sich nach der Lebensstellung des Bedürftigen, vgl. § 1610 Abs. 1, und umfasst gemäß § 1610 Abs. 2 den gesamten Lebensbedarf.[242] Da ein minderjähriges Kind noch keine eigenständige Lebensstellung innehat, kommt es hierbei entscheidend auf die Lebensstellung der Eltern an.[243] Wird das Kind von einem Elternteil, der nicht erwerbstätig ist, betreut und erzogen, so wird die Höhe des Unterhaltsanspruchs

---

232 MüKo/BGB/*Born*, § 1603, Rn. 4; BeckOGK/BGB/*Haidl*, § 1603, Rn. 14.
233 BGH, Urteil vom 9.7.2003 – XII ZR 82/00, FamRZ 2003, 1471 (1473).
234 BGH, Urteil vom 3.12.2008 – XII ZR 182/06, FamRZ 2009, 314 (316).
235 BVerfG, Beschluss vom 29.12.2005 – 1 BvR 2076/03, FamRZ 2006, 469 (469).
236 BGH, Urteil vom 3.12.2008 – XII ZR 182/06, FamRZ 2009, 314 (316); BeckOGK/BGB/*Haidl*, § 1603, Rn. 97.
237 BeckOK/BGB/*Reinken*, § 1603, Rn. 76. Siehe zu den Einzelheiten hinsichtlich der Bemühungen bezüglich der Erlangung eines Arbeitsplatzes MüKo/BGB/*Born*, § 1603, Rn. 81–85.
238 BGH, Urteil vom 31.5.2000 – XII ZR 119/98, FamRZ 2000, 1358 (1359); BGH, Beschluss vom 24.9.2014 – XII ZB 111/13, FamRZ 2014, 1992 (1994); Wendl/Dose/*Klinkhammer*, § 2, Rn. 9; BeckOK/BGB/*Reinken*, § 1603, Rn. 66.
239 Wendl/Dose/*Klinkhammer*, § 2, Rn. 366.
240 Wendl/Dose/*Klinkhammer*, § 2, Rn. 9.
241 Wendl/Dose/*Klinkhammer*, § 2, Rn. 394.
242 BeckOGK/BGB/*Wendtland*, § 1610, Rn. 2.
243 MüKo/BGB/*Born*, § 1610, Rn. 10; vgl. zum Maß des Unterhalts auch Kap. 1 I. 2.

grundsätzlich durch das Einkommen des Verpflichteten bestimmt.[244] Arbeiten beide Elternteile und überlassen sie die Betreuung des Kindes Dritten, sind beide Einkommen zu beachten.[245] Bei der Berechnung sind Veränderungen hinsichtlich der Lebensstellung des Bedürftigen zu berücksichtigen.[246] Eine Lebensstandardgarantie gibt es demnach nicht.[247] Dennoch muss ein Mindestunterhalt in Höhe des Existenzminimums gewährt werden,[248] um dem Zweck des Unterhalts, ein menschenwürdiges Leben zu ermöglichen, zu erreichen.[249] Dieser richtet sich bei Minderjährigen gemäß § 1612 a nach dem steuerfrei zu stellenden sächlichen Existenzminimum des Minderjährigen, vgl. § 1612 a Abs. 1 S. 2,[250] und bei Volljährigen nach der ersten Einkommensgruppe der vierten Altersstufe der Düsseldorfer Tabelle.[251]

d. Kein Ausschluss

Davon ausgehend, dass der andere Elternteil barunterhaltspflichtig ist, muss der Anspruchsteller also dessen Pflicht übernommen haben. Handelt es sich um seine eigene Unterhaltspflicht, kommt ein Ausgleichsanspruch nicht in Betracht.[252] Sofern der betreuende Elternteil zusätzlich barunterhaltspflichtig war,[253] muss differenziert werden. Handelt es sich bei den Zahlungen um solche, die den eigenen Pflichtenkreis betrafen, können diese nicht mittels Ausgleichsanspruch ersetzt werden. Nur Zahlungen, die nicht unter die zusätzliche Barunterhaltspflicht subsumiert werden können, sind ersatzfähig. Dementsprechend scheidet der familienrechtliche Ausgleichsanspruch auch dann aus, wenn gegen den betreuenden Elternteil ein rechtskräftiger Titel auf Zahlung von Unterhalt in der geleisteten Höhe erwirkt wurde.[254] Ansonsten könnte das Urteil durch die Geltendmachung eines familienrechtlichen Ausgleichsanspruchs umgangen werden, was zur Rechtsunsicherheit führen würde.[255] Zwar erwächst die Rechtskraft

---

244 BGH, Urteil vom 13.10.1999 – XII ZR 16/98, FamRZ 2000, 358 (358); BGH, Urteil vom 8.4.1981 – IVb ZR 587/80, FamRZ 1981, 543 (545); BeckOK/BGB/*Reinken*, § 1610, Rn. 3.

245 MüKo/BGB/*Born*, § 1610, Rn. 40.

246 BeckOGK/BGB/*Wendtland*, § 1610, Rn. 3.

247 *Johannes Ebert*, Mehrbedarf und Sonderbedarf in der Unterhaltsberechnung, NZFam 2016, 438 (439).

248 BGH, Urteil vom 16.12.2009 – XII ZR 50/08, FamRZ 2010, 357 (360).

249 Vgl. Kap. 1 I. 1. c.

250 Wendl/Dose/*Klinkhammer*, § 2, Rn. 8; Dethloff, § 11, Rn. 19.

251 BGH, Urteil vom 17.1.2007 – XII ZR 166/04, FamRZ 2007, 542 (545).

252 BGH, Urteil vom 20.5.1981 – IVb ZR 558/80, NJW 1981, 2348 (2349); BGH, Urteil vom 25.5.1994 – XII ZR 78/93, NJW 1994, 2234 (2234); *Campbell*, NJW-Spezial 2013, 196 (196).

253 Siehe hierzu Kap. 1 I. 1. c.

254 BGH, Urteil vom 20.5.1981 – IVb ZR 558/80, NJW 1981, 2348 (2349); Schulz/Hauß/*Pauling/Maier*, § 1606, Rn. 11.

255 BGH, Urteil vom 20.5.1981 – IVb ZR 558/80, NJW 1981, 2348 (2349).

des Urteils nur zwischen dem Kind und dem (gerichtlich festgestellten) Barunterhaltspflichtigen, sofern der betreuende Elternteil als Vertreter auftritt und somit keine Partei des Prozesses ist, dennoch ist auch die Leistungsfähigkeit des anderen Elternteils für diese Berechnung relevant, sodass sich auch der andere Elternteil auf das Urteil berufen kann.[256] Die Rechtssicherheit wäre gefährdet, könnte über die Verteilung der Unterhaltslast mittels Ausgleichsanspruch erneut entschieden werden.[257] Der Ausgleichsanspruch darf also nicht im Widerspruch zu einem gerichtlichen Urteil stehen.[258] Es steht dem Barunterhaltspflichten jedoch frei, eine Abänderungsklage nach § 323 ZPO anzustrengen, um die Unterhaltspflicht zu verringern beziehungsweise aufzuheben.[259]

Jugendamtsurkunden stehen insoweit einem gerichtlichen Urteil nicht gleich und mithin der grundsätzlichen Geltendmachung des Ausgleichsanspruches nicht entgegen, weil diese keine Rechtskraft entfalten.[260]

Eine Verpflichtung kann sich aber nicht nur aus einem vollstreckbaren Titel, sondern auch aus einer Unterhaltsvereinbarung zwischen den Eltern ergeben. Zwar kann gemäß § 1614 Abs. 1 auf Unterhalt für die Zukunft nicht verzichtet werden, dennoch wird den Eltern ein gewisser Gestaltungsspielraum eingeräumt, sodass sie sich auch außergerichtlich über die Höhe der Barunterhaltspflicht einigen können.[261] Der BGH verneint bei solchen Vereinbarungen eine mit einem Titel vergleichbare Rechtskraft.[262] Eine gerichtliche Vereinbarung könne gemäß

256 BGH, Urteil vom 20.5.1981 – IVb ZR 558/80, NJW 1981, 2348 (2349); BGH, Urteil vom 25.5.1994 – XII ZR 78/93, FamRZ 1994, 1102 (1103f.); a.A. *Wittko*, S. 81f., der in diesem Fall keine Rechtskraft zwischen den Eltern annimmt, weshalb eine erneute Feststellung bezüglich der Verteilung der Unterhaltslast möglich sei. Im Folgenden möchte Wittko eine zusätzliche Voraussetzung, namentlich die subjektive Kenntnis von der Verpflichtung des Anspruchsgegners, einführen. Dabei verkennt *Wittko*, vgl. S. 83, dass die Voraussetzung, nämlich die Absicht, vom anderen Ersatz zu verlangen, eben dies beinhaltet. Die Absicht ist nicht gegeben, wenn der Anspruchsteller die Verpflichtung des Anderen nicht kannte, was er selbst andeutet. Demnach bedarf es, entgegen der Auffassung Wittkos, keiner zusätzlichen Voraussetzung.

257 BGH, Urteil vom 20.5.1981 – IVb ZR 558/80, NJW 1981, 2348 (2349); so auch *Stohal*, DAVorm 1997, 251 (254).

258 BGH, Urteil vom 20.5.1981 – IVb ZR 558/80, NJW 1981, 2348 (2349); Büte/Poppen/Menne/*Menne*, § 1606, Rn. 21; Weinreich/Klein/*Eder*, § 1607, Rn. 69; *Thorsten Galinsky*, Familienlastenausgleich zwischen Eltern und der gesetzliche Übergang von Unterhaltsansprüchen bei Gewährung öffentlicher Leistungen, FPR 2013, 529 (530).

259 BGH, Urteil vom 20.5.1981 – IVb ZR 558/80, NJW 1981, 2348 (2349). Auch schuldrechtliche Ansprüche seien ausgeschlossen, damit die Entscheidungen den zuvor ergangenen Urteilen bezüglich des Kindesunterhalts nicht widersprechen, vgl. BGH, Urteil vom 25.5.1994 – XII ZR 78/93, FamRZ 1994, 1102 (1104).

260 Echenbruch/Schürmann/Menne/*Schmidt/Kohne*, Kap. 2, Rn. 590.

261 Koch/*Wellenhofer*, § 6, Rn. 96; *Hans Dölle*, Familienrecht. Darstellung des deutschen Familienrechts mit rechtsvergleichenden Hinweisen, Band 2, 1965, Bd. 2, S. 35.

262 BGH, Beschluss vom 8.2.2017 – XII ZB 116/16, FamRZ 2017, 611 (613); ebenso OLG Nürnberg, Beschluss vom 24.10.2012 – 7 UF 969/12, JAmt 2012, 612 (614).

§ 239 FamFG jederzeit anhand des materiellen Rechts abgeändert werden.[263] Somit könne auch inzident der familienrechtliche Ausgleichsanspruch berücksichtigt werden.[264] Ebenso wenig wie die Präklusion nach § 238 Abs. 2 FamFG finden auch die verfahrensrechtlichen Einschränkungen des § 238 Abs. 3 FamFG bei einer Vereinbarung keine Anwendung.[265] Eine Pflicht gegenüber dem Kind zur Unterhaltszahlung ergebe sich daher aus einer gerichtlichen Vereinbarung nicht.[266] Folglich kann eine Vereinbarung die Fremdheit der Barunterhaltsleistung nicht ausschließen, was laut BGH mit dem Sinn und Zweck des familienrechtlichen Ausgleichsanspruchs vereinbar sei.[267]

Darüber hinaus darf kein anderer Ausschlussgrund vorliegen, um die Barunterhaltspflicht bejahen zu können. § 1611 ordnet die Beschränkung beziehungsweise den Wegfall der Verpflichtung bei Vorliegen bestimmter Umstände, wie zum Beispiel einer vorsätzlich begangenen schweren Verfehlung, an.[268] Hierbei ist zu beachten, dass der Ausschluss wegen grober Unbilligkeit gemäß § 1611 Abs. 2 nicht für Minderjährige gilt.[269] Außerdem kann der Unterhaltsanspruch wegen verspäteter Geltendmachung nach § 242 ausgeschlossen werden.[270]

e. Sonderfall: Das Wechselmodell

Problematisch wird die Aufteilung der Unterhaltspflicht, wenn sich die Eltern die Betreuung im Rahmen des sogenannten Wechselmodells teilen. Betreuen die Eltern das Kind zu gleichen Teilen, dann sind auch beide Eltern barunterhaltspflichtig.[271] Die Aufteilung der Barunterhaltspflicht nach Quoten lehnt der BGH ab, solange der Schwerpunkt der Betreuung bei einem Elternteil liegt. Die an-

263 BGH, Beschluss vom 8.2.2017 – XII ZB 116/16, FamRZ 2017, 611 (613).

264 BGH, Beschluss vom 8.2.2017 – XII ZB 116/16, FamRZ 2017, 611 (613); ebenso *Dagny Liceni-Kierstein*, Anm. zu BGH, Beschluss vom 8.2.2017 – XII ZB 116/16, FamRB 2017, 168 (169).

265 BGH, Beschluss vom 8.2.2017 – XII ZB 116/16, FamRZ 2017, 611 (613).

266 BGH, Beschluss vom 8.2.2017 – XII ZB 116/16, FamRZ 2017, 611 (613).

267 BGH, Beschluss vom 8.2.2017 – XII ZB 116/16, FamRZ 2017, 611 (613); kritisch hierzu *Jürgen Soyka*, Anm. zu BGH, Beschluss vom 8.2.2017 – XII ZB 116/16, FuR 2017, 327 (328).

268 Johannsen/Henrich/*Graba/Maier*, Familienrecht, Vorbemerkung §§ 1601–1615n, Rn. 16; MüKo/BGB/*Born*, § 1611, Rn. 17; BeckOK/BGB/*Reinken*, § 1611, Rn. 4.

269 Weinreich/Klein/*Eder*, § 1611, Rn. 5.

270 BGH, Beschluss vom 16.6.1999 – XII ZA 3/99, FamRZ 1999, 1422 (1422).

271 BGH, Beschluss vom 20.4.2016 – XII ZB 45/15, FamRZ 2016, 1053 (1055); *Wellenhofer*, § 35, Rn. 24. Wechselmodell bei hälftiger Betreuung annehmend, weil ansonsten ein Schwerpunkt der Betreuung ermittelt werden könne, BGH, Urteil vom 21.12.2005 – XII ZR 126/03, NJW 2006, 2258 (2258); BGH, Beschluss vom 12.3.2014 – XII ZB 234/13, FamRZ 2014, 917 (918). Das OLG Karlsruhe, Beschluss vom 5.12.2005 – 2 UF 10/05, FamRZ 2006, 1225 (1226) stellt weniger restriktive Anforderungen an die hälftige Aufteilung und nimmt ein Wechselmodell auch bei nahezu gleicher Betreuung an. Ebenso Echenbruch/Schürmann/Menne/*Schmidt/Kohne*, Kap.2, Rn. 519. Weinreich/Klein/*Eder*, § 1606, Rn. 34, 36.

teilige Barunterhaltspflicht wird nach dem BGH derart berechnet, dass die Einkommen beider Elternteile addiert und anhand dessen der Unterhaltsbedarf berechnet wird.[272] Zu beachten ist, dass dazu auch solche Mehrkosten gehören, die in Folge des Wechselmodells entstehen.[273] Der so berechnete Unterhaltsbedarf wird dann entsprechend der Einkommens- und Vermögensverhältnisse beider Elternteile von diesen geleistet.[274] Aber auch bei dieser Form der Betreuung kann der Fall eintreten, dass ein Elternteil den geschuldeten Barunterhalt nicht (vollständig) zahlt, sodass der andere Elternteil diese fehlenden Leistungen vorstrecken muss und diese mit Hilfe des familienrechtlichen Ausgleichsanspruchs ersetzt bekommt.[275]

2. Absicht, vom Anderen Ersatz zu verlangen

Als weitere Voraussetzung muss der Anspruchsteller die Bar-unterhaltsleistungen in der Absicht erbracht haben, vom anderen Elternteil Ersatz zu verlangen. Diese Voraussetzung wurde im Grundsatzurteil noch nicht normiert,[276] sondern erst später als obligatorisch für einen Ausgleich angesehen.[277] Hergeleitet wurde diese Voraussetzung aus dem »Wesen der Ehe«[278], aus welchem Regressabsichten gegen den anderen Ehegatten für Leistungen innerhalb der Familie grundsätzlich abzulehnen wären. Normativ sei dieser Gedanke in § 1360 b verankert.[279] Für etwaige, aus dem Gesetz hergeleitete Regressansprüche gelte dies ebenfalls.[280]

272 BGH, Beschluss vom 20.4.2016 – XII ZB 45/15, FamRZ 2016, 1053 (1055).

273 Vgl. BGH, Beschluss vom 12.3.2014 – XII ZB 234/13, FamRZ 2014, 917 (920). Darunter können etwa Fahrtkosten oder auch die Kosten für zwei eingerichtete Kinderzimmer fallen, vgl. BGH, Beschluss vom 20.4.2016 – XII ZB 45/15, FamRZ 2016, 1053 (1055).

274 BGH, Beschluss vom 20.4.2016 – XII ZB 45/15, FamRZ 2016, 1053 (1055).

275 Bezüglich des Wechselmodells stellen sich noch weitere Fragen. Nur die für die Betrachtung des familienrechtlichen Ausgleichsanspruchs bzw. der Herleitung aus anderen Normen relevanten Abweichungen vom Residenzmodell werden erörtert.

276 Vgl. BGH, Urteil vom 9.12.1959 – IV ZR 178/59, FamRZ 1960, 194 (195–197).

277 So erstmals BGH, Urteil vom 26.6.1968 – IV ZR 601/68, NJW 1968, 1780 (1781); später vorausgesetzt, vgl. BGH, Urteil vom 26.4.1989 – IVb ZR 42/88, FamRZ 1989, 850 (852); BGH, Urteil vom 25.5.1994 – XII ZR 78/93, FamRZ 1994, 1102 (1103); BGH, Beschluss vom 17.4. 2013 – XII ZB 329/12, FamRZ 2013, 1027 (1028).

278 BGH, Urteil vom 26.6.1968 – IV ZR 601/68, NJW 1968, 1780 (1781).

279 BGH, Urteil vom 26.6.1968 – IV ZR 601/68, NJW 1968, 1780 (1781).

280 BGH, Urteil vom 26.6.1968 – IV ZR 601/68, NJW 1968, 1780 (1781), wobei der BGH auf die Ersatzhaftung und den daraus folgenden Forderungsübergang zu sprechen kam. Eine genauere Auseinandersetzung – gerade das Verhältnis von § 1607 Abs. 2 zu dem familienrechtlichen Ausgleichsanspruch – fand erneut nicht statt, weil auch bezüglich des § 1607 Abs. 2 die Regressabsicht fehlte.

Nach § 1360 b wird vermutet, dass ein Ehegatte, der eine Zuvielleistung erbringt, gerade keine Absicht hat, Ersatz zu verlangen.[281] Dies gilt gemäß § 1361 Abs. 4 S. 4 auch für den Zeitraum der Trennung.[282] Verlangt der bisher Betreuende also während der Trennungszeit Ausgleich, muss er diese gesetzliche Vermutung widerlegen.[283] An die Widerlegung der Vermutung sind jedoch keine allzu hohen Anforderungen gestellt.[284] Aus der allgemeinen Lebenserfahrung ergibt sich, dass sich das getrennte Paar nicht durch gegenseitige Leistungen begünstigen möchte.[285] Es reicht, wenn der betreuende Ehegatte in der Vergangenheit als Vertreter des Kindes dessen Unterhalt geltend gemacht hat.[286]

Zu fragen ist, ob § 1360 b analog für die Zeit nach der rechtskräftigen Scheidung gilt. Der BGH hat diese Frage wiederholt offengelassen.[287] Da für unverheiratete Paare eine solche Vorschrift nicht existiert und auch insoweit die analoge Anwendung abgelehnt wird,[288] liegt es nahe, die entsprechende Anwendung des § 1360 b für die Zeit nach der rechtskräftigen Scheidung abzulehnen.[289] Eine solche Regressabsicht nach rechtskräftiger Scheidung zu verneinen und damit bei überobligatorischen Leistungen eine Zuwendung für den ehemaligen Partner anzunehmen, widerspricht der allgemeinen Lebenserfahrung. Zudem ist die vom BGH vorgenommene Herleitung dieser Voraussetzung – durch das Wesen der Ehe – ab Rechtskraft der Scheidung nicht mehr einschlägig, sodass die Grundlage dieser Vermutung entfällt.

---

281 Vgl. OLG Karlsruhe, Beschluss vom 12. Dezember 2012 – 18 UF 140/11, BeckRS 2014, 1474 (1474); ebenso OLG Oldenburg, Urteil vom 1.3.2005 – 12 U 116/04, NJW-RR 2005, 1018 (1019).

282 BeckOGK/BGB/*Preisner*, § 1360b, Rn. 46; *Peter Wohlfahrt*, Aufrechnung gegen Unterhaltsansprüche mit Rückzahlungsansprüchen aus Unterhaltsüberzahlungen, FamRZ 2001, 1185 (1186); kritisch hierzu *Holzhauer*, in: FS Wolf, S. 223 (236), der eine durch die Trennung eingetretene Veränderung der Unterhaltssituation annimmt und dieser Veränderung entsprechend die Vermutung nicht ohne Weiteres anwendet.

283 *Dethloff*, § 11, Rn. 72.

284 BeckOGK/BGB/*Gerlach*, § 1606, Rn. 67; Staudinger/*Voppel*, Kommentar zum Bürgerlichen Gesetzbuch, Buch 4: Familienrecht, §§ 1353–1362 (Wirkung der Ehe im Allgemeinen), § 1360b, Rn. 23; Scholz/Kleffmann/Doering-Striening/*Kühner*, Praxishandbuch Familienrecht, 35. Ergänzungslieferung, 2018, Teil K, Rn. 704.

285 Echenbruch/Schürmann/Menne/*Schmidt/Kohne*, Kap. 2, Rn. 583.

286 BGH, Urteil vom 26.4.1989 – IVb ZR 42/88, FamRZ 1989, 850 (852). Das OLG München hat es jedoch nicht als ausreichend angesehen, dass das Jugendamt tätig wurde. Darin sei noch nicht die Absicht des bisher betreuenden Elternteils zu sehen, Ersatz für die erbrachten Unterhaltsleistungen zu fordern, vgl. OLG München, Beschluss vom 31. Juli 2008 – 7 U 2184/08, juris, Rn. 5.

287 BGH, Urteil vom 20.5.1981 – IVb ZR 558/80, NJW 1981, 2348 (2349); BGH, Urteil vom 9.5.1984 – IVb ZR 84/82, FamRZ 1984, 775 (776); BGH, Urteil vom 26.4.1989 – IVb ZR 42/88, FamRZ 1989, 850 (852).

288 Wendl/Dose/*Klinkhammer*, § 2, Rn. 777; Weinreich/Klein/*Eder*, § 1607, Rn. 74.

289 Im Ergebnis ebenso *Reinhardt Wever*, Vermögensauseinandersetzung der Ehegatten außerhalb des Güterrechts, 7. Auflage, 2018, Rn. 782; *Wittko*, S. 105; so auch *Fritz*, S. 40.

Grundsätzlich darf die Leistung nicht freiwillig[290] oder in Folge einer Freistellungsvereinbarung erfolgt sein.[291] Eine Freistellungsvereinbarung liegt dann vor, wenn sich der betreuende Elternteil zu der alleinigen Leistung einer bestimmten Unterhaltshöhe verpflichtet, also eine Erfüllungsübernahme erklärt hat.[292] Davon zu unterscheiden ist die Vereinbarung über den Verzicht von Unterhalt, durch den der Kindesunterhalt selbst betroffen wird und daher den Einschränkungen des § 1614 unterliegt.[293] Eine Freistellungsvereinbarung hingegen betrifft den Kindesunterhalt nicht, weshalb auch Vereinbarungen für die Zukunft getroffen werden können.[294] Wurde eine solche Vereinbarung vom betreuenden Elternteil getroffen, so leistet dieser aufgrund der Vereinbarung und kann den familienrechtlichen Ausgleichsanspruch nicht nutzen, weil er sonst die zuvor getroffene Freistellungsvereinbarung umgehen würde. Bereits die erste Voraussetzung des familienrechtlichen Ausgleichsanspruchs liegt in diesem Fall nicht vor. Zwar betrifft die Freistellungsvereinbarung nicht den Kindesunterhalt an sich, wohl aber das Innenverhältnis der Eltern. Es handelt sich daher nicht mehr um eine dem anderen Teil obliegenden Pflicht, sondern aufgrund der Vereinbarung um eine eigene Verpflichtung, sodass schon aus diesem Grund ein Ausgleichsanspruch zu verneinen ist. Im Übrigen muss die Absicht, Ersatz zu verlangen, verneint werden. Ist die Freistellungsvereinbarung unwirksam oder nichtig, müssen die Zahlungen allerdings dem Pflichtenkreis des anderen Elternteils zugeordnet werden. Ob auch die Absicht, Ersatz zu fordern, bejaht werden kann, scheint zweifelhaft. Der Anspruchsteller muss eine solche Absicht darlegen und beweisen können, was zumindest bei fehlender Kenntnis von der Unwirksamkeit oder Nichtigkeit der Freistellungsvereinbarung Schwierigkeiten bereiten dürfte. Hier kommt es auf den Einzelfall an.

290 Anders *Wittko*, S. 58, der die Zahlungen als freiwillige Leistungen Dritter qualifiziert, aber trotzdem die Voraussetzung bejaht. Damit verkennt Wittko, dass im Anwendungsbereich des familienrechtlichen Ausgleichsanspruchs keine freiwilligen Leistungen getätigt werden, weshalb die Vertreter einen Anspruch aus Geschäftsführung ohne Auftrag ablehnen, vgl. Kap. 6 I. 1. Ebenso Erman/*Hammermann*, § 1607, Rn. 15, der eine analoge Anwendung des § 1607 Abs. 2 S. 2 bei freiwilligen Leistungen deshalb verneint, weil dann der familienrechtliche Ausgleichsanspruch eingreifen würde. Auch hier wird verkannt, dass freiwillige Leistungen den familienrechtlichen Ausgleichsanspruch ausschließen.

291 Weinreich/Klein/*Eder*, § 1607, Rn. 73.

292 Wendl/Dose/*Klinkhammer*, § 2, Rn. 762 f.

293 BeckOK/BGB/*Reinken*, § 1614, Rn. 2.

294 BGH, Urteil vom 15. 1. 1986 – IVb ZR 6/85, FamRZ 1986, 444 (445).

III. Einschränkung durch § 1613 BGB

Weiterhin muss beachtet werden, dass der familienrechtliche Ausgleichsanspruch nur im Rahmen des § 1613 Anwendung findet.[295] § 1613 lässt einen Anspruch auf rückständigen Unterhalt nur unter bestimmten Voraussetzungen zu. Demnach muss der Anspruchsberechtigte den Anderen zur Auskunft über dessen Einkommen auffordern, ihn in Verzug setzen, oder es muss sich um einen rechtshängigen Unterhaltsanspruch handeln, vgl. § 1613 Abs. 1 S. 1.[296] Der Grundsatz »in praeteritum non vivitur« hat hier seinen normativen Niederschlag gefunden.[297] Damit wird dem Umstand Rechnung getragen, dass der Unterhalt nur die gegenwärtige Bedürftigkeit beseitigen soll.[298]

Für eine derartige Einschränkung des Anwendungsbereichs des familienrechtlichen Ausgleichsanspruchs wurde eine Vielzahl von Argumenten angeführt. Der Ausgleichsanspruch sei im Unterhaltsrecht tief verwurzelt und habe dieselbe Qualität wie der Unterhaltsanspruch des Kindes.[299] Auch sei der Unterhaltsschulder schutzwürdig, denn er wisse nicht, ob und in welcher Höhe er Ersatz leisten muss.[300] Den Gedanken, dass der Schuldner vor der plötzlichen Inanspruchnahme geschützt werden solle, hatte der BGH schon früher betont[301] und dieser müsse auch beim familienrechtlichen Ausgleichsanspruch fortgeführt werden.[302] Dies folge daraus, dass mit dem Ausgleichsanspruch wirtschaftlich

295 BGH, Beschluss vom 3.2.2004 – VI ZR 119/03, FamRZ 2004, 526 (526); OLG Köln, Beschluss vom 27.6.1985 – 4 WF 152/85, FamRZ 1985, 1168 (1169); Ehinger/Griesche/Rasch/Schwonberg/Siede/*Schwonberg*, Rn. 8.97; MüKo/*Born*, § 1606, Rn. 47; *Dieter Schwab*, Familienrecht, 26. Auflage, 2018, Rn. 1046.

296 Wendl/Dose/*Klinkhammer*, § 2, Rn. 783.

297 MüKo/BGB/*Born*, § 1613, Rn. 1; BeckOGK/BGB/*Winter*, § 1613, Rn. 4; *Achim Kunz*, Haben Schenkungen keinen Einfluß auf die Bedürftigkeit des Beschenkten? Zur Frage der Anrechenbarkeit von Schenkungen im Verwandtenunterhaltsrecht, FamRZ 1977, 692 (694).

298 *Mugdan*, Bd. IV, Motive, S. 375; Johannsen/Henrich/*Graba/Maier*, § 1613, Rn. 1; HK-BGB/*Kemper*, BGB, Handkommentar, 10. Auflage, 2019, § 1613, Rn. 2.

299 OLG Düsseldorf, Urteil vom 28.10.1980 – 6 UF 78/80, FamRZ 1981, 303 (303), führt aus, dass der Anspruch aus den gleichen Gründen als Familiensache im Sinne des § 23 b Abs. 1 S. 2 Nr. 5 GVG angesehen wird.

300 OLG Düsseldorf, Urteil vom 28.10.1980 – 6 UF 78/80, FamRZ 1981, 303 (304).

301 BGH, Urteil vom 28.10.1964 – IV ZR 238/63, NJW 1965, 581 (582); BGH, Urteil vom 28.3.1979 – IV ZR 58/78, FamRZ 1979, 475 (476).

302 BGH, Urteil vom 9.5.1984 – IVb ZR 84/82, FamRZ 1984, 775 (776f.); Gerhardt/v. Heintschel-Heinegg/Klein/*Kintzel*, 6. Kap, Rn. 1050; Erman/*Hammermann*, § 1613, Rn. 1 und 5. Der Einwand der Revision, eine Schutzbedürftigkeit des Schuldners bestehe nicht, weil dieser mit einer Inanspruchnahme des bedürftigen Kindes, von dessen Existenz der Schuldner Kenntnis hat, rechnen müsse, wurde nicht gehört, vgl. BGH, Urteil vom 9.5.1984 – IVb ZR 84/82, FamRZ 1984, 775 (776). Die Verneinung einer Schutzbedürftigkeit unter bestimmten Voraussetzungen ist durchaus angemessen, vgl. hierzu die Ausführungen zu der Anwendung bei § 1607 Abs. 2, die sich bezüglich der Schutzbedürftigkeit auch auf den familienrechtlichen Ausgleichsanspruch übertragen lassen, siehe Kap. 4 III. 2.

betrachtet der rückständige Unterhalt, den der betreuende Elternteil zunächst ausgelegt hat, erstattet wird.[303] Um diese Anforderung zu erfüllen, reicht es aber aus, dass der betreuende Elternteil als Vertreter des Kindes auf Kindesunterhalt geklagt hat.[304] Es ist bei der Einhaltung des § 1613 also nicht auf den Ausgleichsanspruch selbst, sondern auf den rückständigen Kindesunterhalt abzustellen, denn damit sei der Schuldner ausreichend gewarnt.[305] Diese Einschränkung gelte im Übrigen auch für die in Betracht kommenden Ansprüche aus schuldrechtlichen Normen.[306]

Darüber hinaus sei der Anspruchsgegner ohne Anwendung des § 1613 Abs. 1 deutlich schlechter gestellt als bei der Geltendmachung des Unterhaltsanspruchs durch das Kind selbst, denn dort greife § 1613 Abs. 1. Eine derartige Unterscheidung wäre aber nicht mit dem Zweck der Schuldnerschutzvorschrift vereinbar.[307]

Zu beachten sind § 1613 Abs. 2 Nr. 2 a und b, die bei einer Hinderung aus rechtlichen beziehungsweise aus tatsächlichen, in dem Verantwortungsbereich des Unterhaltsschuldners liegenden Gründen eine Geltendmachung von Unterhaltsansprüchen ohne Beachtung des § 1613 Abs. 1 zulassen können.[308] Der familienrechtliche Ausgleichsanspruch kann auch schon vor wirksamer Vaterschaftsanerkennung geltend gemacht werden.[309] Damit wird dem Umstand Rechnung getragen, dass der Unterhaltsanspruch sofort mit der Geburt des Kindes fällig wird.[310]

303 BGH, Urteil vom 9.12.1959 – IV ZR 178/59, FamRZ 1960, 194 (196); BGH, Urteil vom 9.5.1984 – IVb ZR 84/82, FamRZ 1984, 775 (776); BGH, Beschluss vom 17.4.2013 – XII ZB 329/12, FamRZ 2013, 1027 (1028).

304 OLG München, Beschluss vom 31. Juli 2008 – 7 U 2184/08 –, juris, Rn. 5; BeckOK/BGB/*Reinken*, § 1606, Rn. 51.

305 BGH, Urteil vom 26.4.1989 – IVb ZR 42/88, FamRZ 1989, 850 (852); AG Montabaur, Urteil vom 5.11.2007 – 3 F 237/07, NJW 2008, 1539 (1540).

306 BGH, Urteil vom 9.5.1984 – IVb ZR 84/82, FamRZ 1984, 775 (777).

307 OLG Düsseldorf, Urteil vom 28.10.1980 – 6 UF 78/80, FamRZ 1981, 303 (304).

308 Von dieser Ausnahme sind z.B. Fälle erfasst, bei welchen die Vaterschaft erst nach der Geburt festgestellt werden konnte, ein Anspruch auf Unterhalt aber mit Geburt des Kindes fällig wird, bzw. bei denen der Unterhaltspflichtige unbekannt verzogen ist, vgl. Johannsen/Henrich/*Graba/Maier*, § 1613, Rn. 15; BeckOGK/BGB/*Winter*, § 1613, Rn. 274, 280; MüKo/BGB/*Born*, § 1613, Rn. 96, 99.

309 Heiß/Born/*Heiß/Heiß*, 1. Teil, 3. Kap., Rn. 187.

310 BeckOGK/BGB/*Winter*, § 1613, Rn. 273.

IV. Rechtsfolgen

Liegen die Voraussetzungen vor, bekommt der bisher Betreuende Leistungen erstattet. Hierbei stellt sich die Frage, welche Leistungen durch den Ausgleichsanspruch erstattet werden und in welcher Höhe ein Ausgleich erfolgt.

1. Erstattungsfähige Leistungen

Aufgrund der verschiedenen Arten der Unterhaltsgewährung[311] muss untersucht werden, ob jede dieser Arten im Rahmen des familienrechtlichen Ausgleichsanspruchs erstattungsfähig ist. Laut BGH sind nur Leistungen bezüglich des Barunterhalts erstattungsfähig.[312] Kinder hätten zwar ein Recht auf Betreuung, dieses könne allerdings nicht aus dem Unterhaltsanspruch hergeleitet werden.[313] Gemäß § 1612 Abs. 1 S. 1 beschränke sich der Unterhaltsanspruch des Kindes auf die Zahlung einer Geldrente.[314] Obwohl in § 1606 Abs. 3 S. 2 vermutet wird, dass der Elternteil, bei dem das Kind lebt, seine Unterhaltspflicht durch Pflege und Erziehung erfüllt, stelle diese Vermutung keinen Anspruch des Kindes auf Pflege und Erziehung dar.[315] Kinder hätten überdies kein Wahlrecht hinsichtlich der Art und Weise des Unterhalts, was sich aus § 1612 Abs. 2 S. 1 ergebe.[316] Daher könne der familienrechtliche Ausgleichsanspruch lediglich dazu dienen, Leistungen hinsichtlich des Barunterhalts auszugleichen. Ersatz für Betreuung könne mit Hilfe des familienrechtlichen Ausgleichsanspruchs daher nicht erreicht werden.[317] Demnach könne auch dahinstehen, ob sich die Höhe dieser Ausgleichspflicht nach der Barunterhaltspflicht richtet.[318]

311 Vgl. hierzu Kap. 1 I. 1.

312 BGH, Urteil vom 25. 5. 1994 – XII ZR 78/93, FamRZ 1994, 1102 (1103); sich dem anschließend OLG Koblenz, Urteil vom 3. 7. 1997 – 11 UF 1266/94, FamRZ 1998, 173 (173); AG Flensburg, Beschluss vom 31. Juli 2015 – 93 F 109/14, juris, Rn. 22.

313 BGH, Urteil vom 25. 5. 1994 – XII ZR 78/93, FamRZ 1994, 1102 (1103).

314 Überraschend ist bei der Argumentation des BGH das plötzliche Arbeiten mit der Norm und Festhalten am Wortlaut der Norm. In seinem Grundsatzurteil arbeitet der BGH gerade nicht dogmatisch, indem er an das Gesetz anknüpft und im geschriebenen Recht nach einem Ausgleichsanspruch sucht. Er arbeitet vielmehr ergebnisorientiert und lässt die Anwendung des geschriebenen Rechts offen. Dass der BGH jetzt derart strikt am Wortlaut § 1612 Abs. 1 S. 1 festhält und nicht mehr den gerechten Ausgleich sucht, verwundert.

315 BGH, Urteil vom 25. 5. 1994 – XII ZR 78/93, FamRZ 1994, 1102 (1103).

316 BGH, Urteil vom 25. 5. 1994 – XII ZR 78/93, FamRZ 1994, 1102 (1103).

317 BGH, Urteil vom 25. 5. 1994 – XII ZR 78/93, FamRZ 1994, 1102 (1103). *Harald Scholz*, kritisiert die Rechtsprechung des BGH mit dem Argument, der Anspruch richtet sich nicht auf Ersatz für die Betreuung als solche, sondern auf Ersatz für die Aufwendungen, die die Betreuung verursacht hat, Anm. zu BGH, Urteil vom 25. 5. 1994 – XII ZR 78/93, FamRZ 1994, 1314 (1315); dem zustimmend Wendl/Dose/*Klinkhammer*, § 2, Rn. 776.

Thomas Wittko stimmt dem Ergebnis des BGH ebenfalls zu[319] und sieht darin die Bemühung, eine »Flut von Ausgleichsprozessen zu vermeiden«[320]. Dieses Argument überzeugt nicht. Der BGH hat in seinem Grundsatzurteil selbst postuliert, die Unterhaltslast entsprechend dem Leistungsvermögen der Eltern gerecht zu verteilen.[321] Mit dem vom BGH konstruierten Ausgleichsanspruch sollte ein gerechter Ausgleich für denjenigen Elternteil geschaffen werden, der die Unterhaltslast allein trug.

Obwohl die Gleichwertigkeit von Bar- und Betreuungsunterhalt gemäß § 1606 Abs. 3 S. 2 – sofern kein Sonderfall wie etwa ein erhöhter Barbedarf vorliegt – unstreitig ist, soll offenbar nur eine Art der Unterhaltsgewährung ausgeglichen werden? Dies kann nicht dem ergebnisorientierten Grundsatzurteil entsprechen. Eine gerechte Verteilung der Unterhaltslast im Innenverhältnis ist nur dann erreicht, wenn beide Arten der Unterhaltsgewährung ausgeglichen werden können. In den Fällen, in denen der betreuende Elternteil zur Zahlung des Barunterhalts verurteilt wurde und deshalb keine Möglichkeit hat, aufgrund dieser Zahlungen einen Ausgleichsanspruch geltend zu machen, kann nur dann ein gerechter Ausgleich stattfinden, wenn dieser Elternteil mittels Ausgleichsanspruch die Betreuungsleistungen ersetzt bekommt.[322]

Dagegen wird vorgebracht, dass die Betreuung keine Pflicht ist, die dem anderen Elternteil obliegt, sodass die Voraussetzung, der Ausgleichsberechtigte erfüllte eine Pflicht des Anderen, nicht vorläge.[323] Angeknüpft wird dabei an § 1612 Abs. 1 S. 1, der nur die Zahlung einer Geldrente und eben keine Betreuung vorsieht. Dabei wird verkannt, dass der § 1612 Abs. 1 S. 1 aus einer Zeit stammt, in

318 BGH, Urteil vom 25.5.1994 – XII ZR 78/93, FamRZ 1994, 1102 (1103); so OLG Hamm, Urteil vom 25.2.1993 – 2 UF 348/92, FamRZ 1994, 457 (459), welches sich bezüglich der Höhe der auszugleichenden Betreuungsleistungen unter Hinweis auf § 1606 Abs. 3 S. 2 an der Höhe der Barunterhaltspflicht orientiert. Abzulehnen ist eine marktorientierte Berechnung auf Grundlage der üblichen Vergütung für Betreuungsleistungen, vgl. auch *Wittko*, S. 74. Die durchschnittlichen Kosten für Kinderbetreuung sind nicht für eine Berechnung geeignet, vielmehr bedarf es der konkreten Bestimmung in jedem Einzelfall. Daher scheint eine Anlehnung an der Höhe des Barunterhalts angemessen. A.A. *Annegret Derleder/Peter Derleder*, Persönliche Betreuung und Barunterhaltspflicht gegenüber Kindern, NJW 1978, 1129 (1132), die eine Monetarisierung generell ablehnen. Begründet wird diese Meinung mit dem Schutz des betreuenden Elternteils vor zusätzlichen Abrechnungspflichten oder Abzüge bei der Berechnung der Barunterhaltspflicht des anderen Elternteils (1133). Dieses Argument greift hier jedoch nicht. Durch die Bemessung der Betreuungsleistung in Geld wird dem Betreuenden gerade ein Ausgleichsanspruch ermöglicht. Der Schutzgedanke führt in diesem Fall demnach zur Bejahung der Monetarisierung.

319 *Wittko*, S. 72.

320 *Wittko*, S. 75.

321 BGH, Urteil vom 9.12.1959 – IV ZR 178/59, FamRZ 1960, 194 (195).

322 So auch OLG Hamm, Urteil vom 25.2.1993 – 2 UF 348/92, FamRZ 1994, 457 (458); *Götz*, FF 2013, 225 (229) zu dieser Problematik siehe Kap. 7 I. 2.

323 *Wittko*, S. 76.

der die Betreuung nicht als Unterhaltsleistung, sondern als persönliche Fürsorge gewertet wurde.[324] So schlagen Hans-Ulrich Graba und Winfried Maier vor, den § 1612 Abs. 1 S. 1[325] wie folgt zu lesen »Der Unterhalt ist, abgesehen von der elterlichen Pflege und Erziehung des minderjährigen unverheirateten Kindes, durch Entrichtung einer Geldrente zu gewähren«[326].

Der Verweis darauf, dass mit der Möglichkeit des Betreuungsausgleichs mehr Klagen auf Grundlage des familienrechtlichen Ausgleichsanspruchs eingereicht werden könnten, kann nicht dazu führen, dass die erstattungsfähigen Leistungen des Ausgleichsanspruchs gekürzt werden. Es besteht kein Grund, die häufigere Nutzung dieses Anspruchs zu versagen.[327] Im Gegenteil, um den vom BGH intendierten gerechten Ausgleich zu schaffen, sollte der Ausgleichsanspruch nicht nur für eine Art der Unterhaltsgewährung gelten.[328]

Lehnt man einen Ausgleich von Betreuungsleistungen ab, so verkennt man den Wert der erbrachten Leistung.[329] Außerdem ist der Rechtsprechung die Bemessung der Betreuungsleistung in Geld nicht fremd,[330] weshalb eine Ablehnung der Monetarisierung beim familienrechtlichen Ausgleichsanspruch nicht konsequent ist.[331]

Im Licht der Intention dieses Rechtsinstituts müssen auch Betreuungs- und Naturalunterhaltsleistungen ersetzt werden, denn nur so kann der erstrebte angemessene Ausgleich im Innenverhältnis erreicht werden.

---

324 Johannsen/Henrich/*Graba/Maier*, § 1612, Rn. 2; *Graba*, FamRZ 1990, 454 (455).

325 Der Originaltext lautet. »Der Unterhalt ist durch Entrichtung einer Geldrente zu gewähren«, vgl. § 1612 Abs. 1 S. 1.

326 Johannsen/Henrich/*Graba/Maier*, § 1612, Rn. 4.

327 Wittko argumentiert damit, dass bei einem geringen Einkommen, die Betreuungsleistung über die Barleistungen hinausgehen und damit zu einem Fall des familienrechtlichen Ausgleichsanspruchs führen könnte (S. 75f.). Dabei verkennt er, dass der Wert der Betreuungsleistung dem Wert der Barleistung grundsätzlich entspricht und somit kein Überschuss vorliegt.

328 Anders *Wittko*, S. 76.

329 *Graba*, FamRZ 1990, 454 (458).

330 Vgl. OLG Stuttgart, Urteil vom 7.3.1973 – 16 U 66/71, FamRZ 1973, 383 (384); LG Augsburg, Urteil vom 31.10.1969 – 4 S 245/69, FamRZ 1970, 90 (91); LG Köln, Urteil vom 27.11.1969 – 1 S 282/69, FamRZ 1970, 91 (93); LG Hanau, Urteil vom 10.2.1976 – 2 S 149/75, DAVorm 1976, 279 (287f.).

331 Zumal der BGH die Ersatzfähigkeit von Betreuungsleistungen bei einer nach § 1607 Abs. 3 S. 2 übergegangenen Forderung durchaus anerkennt, vgl. BGH, Urteil vom 9.11.2011 – XII ZR 136/09, NJW 2012, 450 (451).

2. Höhe des Ausgleichs

Ferner ist die Höhe der durch den familienrechtlichen Ausgleichsanspruch erreichten Erstattung problematisch. Der Ausgleichsanspruch ist wirtschaftlich gesehen der umgewandelte Kindesunterhalt.[332] Dieser richtet sich grundsätzlich nach dem Einkommen des Barunterhaltspflichtigen.[333] Dessen Barunterhaltspflicht hat der betreuende Elternteil übernommen. Daher müsse sich der Ausgleich ebenfalls nach dem Einkommen des Barunterhaltspflichtigen richten.[334]

Für diese Ansicht spricht, dass der Barunterhaltspflichtige nicht besser gestellt werden darf als der betreuuende Elternteil. Würde der Ausgleichsanspruch niedriger ausfallen als der geschuldete Kindesunterhalt, würde dies nur Anreize dafür schaffen, den Kindesunterhalt zunächst nicht zu zahlen, um später einen geringeren Betrag ausgleichen zu müssen.

Teilweise wird dieser Anspruch beschränkt, indem nur die entstandenen Kosten ausgeglichen werden sollen.[335] Häufig sei der Vortrag des Anspruchsberechtigten dadurch gekennzeichnet, dass die erheblichen Anstrengungen und erschwerten Bedingungen bei der Aufbringung der vorgestreckten finanziellen Leistungen betont würden.[336] Die Beschränkung ist aber hinsichtlich der Beweisbarkeit schwierig, wenn nicht jede Ausgabe belegt werden kann. Zumindest ist den Betroffenen oftmals nicht bewusst, dass jede Ausgabe belegt werden muss.[337] Somit ist anzunehmen, dass die Ausgaben im Einzelnen nicht belegt werden müssen.[338] Etwas anderes gilt nur, wenn der Barunterhaltspflichtige einen geringeren Aufwand geltend macht.[339]

---

332 BGH, Urteil vom 9.12.1959 – IV ZR 178/59, FamRZ 1960, 194 (196); BGH, Urteil vom 9.5.1984 – IVb ZR 84/82, FamRZ 1984, 775 (776); BGH, Beschluss vom 17.4.2013 – XII ZB 329/12, FamRZ 2013, 1027 (1028).

333 Vgl. Kap. 1 I. 2.

334 Scholz/Kleffmann/Doering-Striening/*Kühner*, Teil K, Rn. 707; *Wohlgemuth*, FamRZ 2009, 1873 (1876); *Langheim*, FamRZ 2013, 1529 (1533); dafür: *Isabell Götz/Barbara Schramm*, Ausgleich für Unterhalt nach Obhutswechsel oder Volljährigkeit, NJW-Spezial 2015, 132 (132).

335 Erman/*Hammermann*, § 1606, Rn. 39; *Wever*, Rn. 806; *Götz*, FF 2013, 225 (230), wobei die Differenz zwischen entstandenen Kosten und geschuldetem Unterhalt dem Kind zustehen soll.

336 *Götz*, FF 2013, 225 (230).

337 Mangels gesetzlicher Verankerung des Ausgleichsanspruchs und aufgrund der divergierenden Meinungen bezüglich der Anspruchshöhe können detaillierte Kenntnisse der Betroffenen nicht vorausgesetzt werden. Wer aber erst bei der gerichtlichen Geltendmachung von den Darlegungs- und Beweislastregeln des zuständigen Oberlandesgerichtsbezirks erfährt, kann diese kaum einhalten.

338 Hierin ist eine Abweichung von dem Grundsatz zu sehen, dass der Antragsteller die Voraussetzungen des Anspruchs darzulegen und zu beweisen hat, vgl. *Götz*, FF 2013, 225 (231).

339 OLG Koblenz, Urteil vom 24.6.1996 – 13 UF 961/95, FamRZ 1997, 368 (370); *Wever*, Rn. 806; im Ergebnis wohl auch *Wittko*, S. 24, der als Untergrenze die tatsächlich entstandenen

Eine andere Ansicht hält das Einkommen des Ausgleichsberechtigten für maßgeblich.[340] Denn dieser kann nur insoweit für den Barunterhalt des Kindes sorgen, als es ihm finanziell möglich ist.[341] Damit könnte der Ausgleichsanspruch allerdings niedriger sein, als der eigentlich geschuldete Kindesunterhalt.[342] Hiervon macht das OLG Hamm eine Ausnahme, wenn ein Titel gegen den Barunterhaltspflichtigen bereits besteht. Dann sei dieser maßgeblich, denn der Ausgleichsanspruch soll nicht die vom Gericht getroffene Abwägung bezüglich der Leistungsfähigkeit unterlaufen.[343] Eine weitere Ausnahme betrifft den Fall, dass der Barunterhaltspflichtige über ein geringeres Einkommen verfügt.[344] Er soll nicht schlechter gestellt werden als bei erfolgter Unterhaltsleistung.

Einigkeit besteht darin, dass in jedem Fall der Mindestunterhalt als Ausgleich geltend gemacht werden kann.[345] Es handelt sich bei diesem Betrag um das sogenannte sächliche Existenzminimum.[346] Ein solcher Betrag dürfte stets vorgestreckt worden sein.

Bei einem volljährigen Kind haften die Eltern anteilig entsprechend ihrer jeweiligen Einkommen.[347] Dies gilt ebenfalls bezüglich der Geltendmachung von Sonder- oder Mehrbedarf.[348] Um die Höhe des familienrechtlichen Ausgleichsanspruchs berechnen zu können, steht dem Anspruchssteller daher gemäß § 242 ein Auskunftsanspruch bezüglich des Einkommens und des Vermögens des Anspruchsgegners zu.[349]

Schwierigkeiten bereitet auch der Umgang mit teilweisen Überzahlungen, etwa wenn der Barunterhaltspflichtige partiell den Barunterhalt geleistet und dabei mehr als gefordert gezahlt hat. Wurden diese überobligatorischen Beträge ausgegeben, könnte der Rechtsgedanke des § 818 Abs. 3 angewendet und so einer Rückforderung der Einwand der Entreicherung entgegengehalten werden. Al-

---

Kosten und als Obergrenze die Barunterhaltspflicht annimmt. Wittko zeigt jedoch keinen Lösungsansatz für den Fall, dass die Beträge voneinander abweichen.

340 OLG Frankfurt, Beschluss vom 18.9.1998 – 1 WF 185/98, FamRZ 1999, 1450 (1450); OLG Frankfurt, Urteil vom 6.2.2007 – 3 UF 67/05, FamRZ 2007, 909 (909).

341 OLG Düsseldorf, Beschluss vom 7.10.2004 – II-7 UF 114/04, Familienrecht kompakt 2004, 199 (199f.).

342 Da dieser Elternteil das Kind betreut, dürfte das Einkommen aufgrund des Zeitaufwands nicht selten geringer sein als das Einkommen des nichtbetreuenden Elternteils.

343 Herhardt/v. Heintschel-Heinegg/*Klein*, Kap. 6, Rn. 171.

344 OLG Hamm, Beschluss vom 16.12.2010 – II-2 WF 279/10, FamRZ 2011, 1407 (1407); a.A. OLG Koblenz, Urteil vom 28.7.2003 – 11 UF 510/02, FamRZ 2004, 704 (705).

345 OLG Rostock, Urteil vom 26.11.2002 – 10 UF 301/01, FamRZ 2003, 933 (933); *Langheim*, FamRZ 2013, 1529 (1533); *Götz/Schramm*, NJW-Spezial 2015, 132 (133).

346 BeckOK/BGB/*Reinken*, § 1612a, Rn. 5.

347 BGH, Beschluss vom 17.4.2013 – XII ZB 329/12, FamRZ 2013, 1027 (1027); *Langheim*, FamRZ 2013, 1529 (1533); Kleffmann/Soyka/*Jüdt*, Kap. 7, Rn. 52.

348 BeckOK/BGB/*Reinken*, § 1606, Rn. 7, 11; Erman/*Hammermann*, § 1610, Rn. 48a.

349 BGH, Beschluss vom 17.4.2013 – XII ZB 329/12, FamRZ 2013, 1027 (1027).

lerdings entspricht es dem gewünschten gerechten Ausgleich im Innenverhältnis, im Rahmen des familienrechtlichen Ausgleichsanspruchs die erfolgten Überzahlungen anspruchsmindernd zu berücksichtigen.[350]

3. Anwendbarkeit spezieller Vorschriften

Der familienrechtliche Ausgleichsanspruch ist gesetzlich nicht normiert. Daher stellt sich die Frage, ob und inwieweit spezielle, gerade familien- beziehungsweise unterhaltsrechtliche Vorschriften Anwendung finden, denn wirtschaftlich gesehen wird mit dem Anspruch rückständiger Kindesunterhalt geltend gemacht.

Der familienrechtliche Ausgleichsanspruch wird ab Verzug oder Rechtshängigkeit gemäß §§ 288 Abs. 1, 291 verzinst.[351] Die Geltendmachung des Kindesunterhalts vor Gericht reicht in diesem Fall nicht aus.[352] Dies ist Ausdruck der Eigenständigkeit des familienrechtlichen Ausgleichsanspruchs. Es handelt sich nicht mehr um die Geltendmachung des Kindesunterhalts, sondern um einen – wenngleich wirtschaftlich gesehen rückständiger Kindesunterhalt geltend gemacht wird[353] – autarken Anspruch. Eine Verzinsung nach § 256 S. 1 wird mangels Vorliegen von Aufwendungen abgelehnt.[354]

Der Ausgleichsanspruch richtet sich auf Ersatz der ausgebliebenen monatlichen Zahlungen. Es handelt sich also um Leistungen, die regelmäßig hätten erbracht werden müssen, mithin um wiederkehrende Leistungen.[355] Daher unterliegt der familienrechtliche Ausgleichsanspruch gemäß § 197 Abs. 2 i. V. m. § 195 der dreijährigen Verjährungsfrist.[356] Zu beachten ist, dass während der Ehe,

---

350 So auch *Götz*, FF 2013, 225 (232 f.).

351 Wendl/Dose/*Klinkhammer*, § 2, Rn. 786.

352 Kleffmann/Soyka/*Jüdt*, Kap. 7, Rn. 48.

353 Wobei die Höhe des Anspruchs nicht immer mit der des Kindesunterhalts kongruent ist, vgl. Kap. 2 IV. 2.

354 Vgl. BGH, Urteil vom 26.4.1989 – IVb ZR 42/88, FamRZ 1989, 850 (853). Ob die Zahlungen tatsächlich keine Aufwendungen darstellen, wird später zu untersuchen sein, vgl. Kap. 6 I. 1. c.

355 Dies hat der BGH bereits in seiner Grundsatzentscheidung erörtert, vgl. BGH, Urteil vom 9. 12. 1959 – IV ZR 178/59, FamRZ 1960, 194 (196), und in den darauffolgenden Jahren bestätigt, vgl. BGH, Urteil vom 26.4.1989 – IVb ZR 42/88, FamRZ 1989, 850 (853). Dem zustimmend BeckOK/BGB/*Henrich*, § 197, Rn. 25.

356 BGH, Urteil vom 3.4.1996 – XII ZR 86/95, FamRZ 1996, 725 (726) zu § 197 a. F.; BeckOK/BGB/*Reinken*, § 1606, Rn. 52; Wendl/Dose/*Klinkhammer*, § 2, Rn. 784; Heiß/Born/*Heiß*/*Heiß*, 1. Teil, Kap. 3., Rn. 187; a. A. MüKo/BGB/*Born*, § 1607, Rn. 25, der sich für die dreißigjährige Verjährungsfrist ausspricht.

also auch während der Trennungszeit, der Anspruch gemäß § 207 Abs. 1 S. 1 gehemmt ist.[357]

Auch in Bezug auf die Zwangsvollstreckung in Forderungen ist die Anwendbarkeit unterhaltsrechtlicher Besonderheiten zu überprüfen. Gemäß § 850 b Abs. 1 Nr. 2 ZPO sind Unterhaltsrenten unpfändbar. Nach § 850 d Abs. 1 S. 1 ZPO besteht bei Unterhaltsansprüchen ein Pfändungsvorrecht. Handelt es sich beim familienrechtlichen Ausgleichsanspruch noch um solche Unterhaltsrenten beziehungsweise -ansprüche oder sind diese Vorschriften nicht zu beachten? Zweck des Pfändungsverbots ist die Existenzsicherung des Unterhaltsberechtigten.[358] Auch das Pfändungsvorrecht dient dem Schutz des Berechtigten, indem es verhindern soll, dass dieser auf staatliche Hilfe angewiesen ist.[359] In Bezug auf den familienrechtlichen Ausgleichsanspruch und dessen Anspruchsteller – der zwar Ersatz für getätigte Zahlungen verlangt, aber dessen Bedarf nicht gedeckt werden muss – bedarf es dieser Zwecke nicht. Weder ist die Existenz des ausgleichsbegehrenden Elternteils in Gefahr noch ist dieser vom Einkommen des Anspruchsgegners derart abhängig, dass ansonsten staatliche Hilfe in Anspruch genommen werden müsste. Der Zweck der Normen wird also in diesem Fall nicht erreicht. Auch muss die Argumentation bezüglich der Verzinsung an dieser Stelle weitergeführt werden. Der familienrechtliche Ausgleichsanspruch ist ein eigenständiger Anspruch mit autonomen Voraussetzungen und Rechtsfolgen. Daher handelt es sich gerade nicht mehr um den Kindesunterhalt. Somit kann der Ausgleichsanspruch nicht mehr unter den Unterhaltsanspruch im Sinne des § 850 d Abs. 1 S. 1 ZPO und ebenso wenig unter die Unterhaltsrente im Sinne des § 850 b Abs. 1 Nr. 2 ZPO gefasst werden.[360] Der familienrechtliche Ausgleichsanspruch unterliegt nicht dem Pfändungsverbot und hat auch kein Pfändungsvorrecht.[361]

---

357 BGH, Urteil vom 9.12.1959 – IV ZR 178/59, FamRZ 1960, 194 (195); Scholz/Kleffmann/Doering-Striening/*Kühner*, Teil K, Rn. 711; BeckOK/BGB/*Reinken*, § 1606, Rn. 52.

358 BGH, Urteil vom 24.9.1981 – IX ZR 80/80, FamRZ 1982, 50 (51); BeckOK/ZPO/*Riedel*, Beck'scher Online-Kommentar, ZPO, 32. Edition, Stand: 1.3.2019, 2019, § 850b, Rn. 1; Musielak/Voit/*Becker*, Zivilprozessordnung, Kommentar, 16. Auflage, 2019, § 850b, Rn. 1; den Zweck bezüglich Nr. 1 formulierend BGH, Urteil vom 25.1.1978 – VIII ZR 137/76, NJW 1978, 950 (951), was aber ebenso auf Nr. 2 übertragen werden kann.

359 BAG, Urteil vom 21.2.2013 – 6 AZR 553/11, GWR 2013, 256 (256); BGH, Beschluss vom 9.7.2009 – VII ZB 65/08, NJW-RR 2009, 1441 (1142); BGH, Beschluss vom 5.7.2005 – VII ZB 11/05, FamRZ 2005, 1564 (1565); Saenger/*Kemper*, Zivilprozessordnung, Handkommentar, 8. Auflage, 2019, § 850d, Rn. 1.

360 Bezüglich der Pfändbarkeit auch *Hoppenz*, FamRZ 1985, 437 (439); a. A. OLG Stuttgart, Urteil vom 20.2.1985 – 16 UF 28/84, DAVorm 1985, 414 (415).

361 Im Ergebnis ebenso *Fritz*, S. 50f.; *Götz*, FF 2013, 225 (228); bzgl. des Pfändungsverbots auch Weinreich/Klein/*Eder*, § 1607, Rn. 79. Bezogen auf das Pfändungsvorrecht wohl ebenso *Roth*, FamRZ 1004, 793 (798).

Die Aufrechnung mit einem familienrechtlichen Ausgleichsanspruch gegen sonstige Ansprüche ist möglich, weil es sich hierbei um einen eigenen Anspruch des Elternteils handelt.[362] Da das Pfändungsverbot des § 850 b Abs. 1 Nr. 2 ZPO in Bezug auf den familienrechtlichen Ausgleichsanspruch abgelehnt werden muss, ist auch die Aufrechnung gegen einen solchen Anspruch möglich.

V. Abgrenzung zu anderen »familienrechtlichen Ausgleichsansprüchen«

Bei der Lektüre anderer Urteile des BGH könnte der Eindruck erweckt werden, es gäbe noch andere Konstellationen, in denen der vom BGH geschaffene familienrechtliche Ausgleichsanspruch geltend gemacht werden könnte. Dies liegt darin begründet, dass der BGH zwar einen eigenständigen Ersatzanspruch für bestimmte Anwendungsbereiche mit den dargestellten Voraussetzungen geschaffen hat, den Ausdruck »familienrechtlicher Ausgleichsanspruch« aber ebenso für davon zu unterscheidende Ansprüche verwendet. So wird zum einen der Ausgleich für Mitarbeit im Betrieb, bei der keine Ehegatteninnengesellschaft[363] mangels Gleichwertigkeit der Mitarbeit begründet wurde, genauso bezeichnet.[364] Beide Ansprüche – also der familienrechtliche Ausgleichsanspruch und der Ausgleich für Mitarbeit – beinhalten einen geldwerten Ersatz für Leistungen aufgrund familienrechtlicher Beziehungen. Allerdings setzen beide Ansprüche unterschiedliche Tatbestandsmerkmale voraus. Der eine Anspruch ist auf den Ersatz für geleistete Arbeitskraft, der andere Anspruch auf Ersatz für geleisteten Kindesunterhalt gerichtet. Darüber hinaus bedarf es für den Ausgleich der Mitarbeit einer noch vorhandenen Vermögensmehrung[365], wohingegen bei dem familienrechtlichen Ausgleichsanspruch eine Vermögensmehrung seitens des Unterhaltsschuldners überwiegend abgelehnt wird.[366] Weshalb der BGH dieselbe Terminologie für zwei verschiedene Ansprüche gebraucht, ist nicht ersichtlich.[367] Ebenso wurde der Versorgungsausgleich als Scheidungsfolge als ein familienrechtlicher Ausgleichsanspruch bezeichnet, obwohl die Ansprüche

362 OLG Thüringen, Beschluss vom 23.4.2009 – 4 W 117/09, FamRZ 2010, 382 (382).

363 Siehe zu dieser Gesellschaftsform BGH, Urteil vom 20.12.1952 – II ZR 44/52, NJW 1953, 418 (418f.); BGH, Urteil vom 8.7.1982 – IX ZR 99/80, FamRZ 1982, 910 (911f.); BGH, Urteil vom 28.9.2005 – XII ZR 189/02, NJW 2006, 1268 (1269); HK-BGB/*Saenger*, § 705, Rn. 27.

364 Vgl. BGH, Urteil vom 13.7.1994 – XII ZR 1/93, FamRZ 1994, 1167 (1167).

365 BGH, Urteil vom 13.7.1994 – XII ZR 1/93, FamRZ 1994, 1167 (1168f.).

366 Zu der Problematik siehe Kap. 6 I. 1. a., b. und 2.

367 Zumal der familienrechtliche Ausgleichsanspruch bereits fester Bestandteil seiner Rechtsprechung war, vgl. BGH, Urteil vom 9.12.1959 – IV ZR 178/59, FamRZ 1960, 194 (195); BGH, Urteil vom 26.6.1968 – IV ZR 601/68, NJW 1968, 1780 (1780); BGH, Beschluss vom 30.8.1978 – IV ARZ 45/78, NJW 1978, 2297 (2297).

ebenfalls unterschiedliche Tatbestandsvoraussetzungen und Rechtsfolgen haben.[368] Darüber hinaus gebrauchte der BGH auch bei einer Erstattung der Kosten für eine Ehelichkeitsanfechtung entsprechend § 1615 b Abs. 1 a. F. diesen Ausdruck.[369]

Festzuhalten bleibt demnach, dass die Terminologie des familienrechtlichen Ausgleichsanspruchs durch dieselbe Bezeichnung unterschiedlichster Ansprüche zumindest irreführend ist.[370] Trotz einheitlicher Benennung handelt es sich um Ansprüche, die stets voneinander abzugrenzen sind.[371]

VI. Zusammenfassung

Obwohl der Terminus »familienrechtlicher Ausgleichsanspruch« bei einigen Ansprüchen zwischen Eltern verwendet wird, wird das vom BGH geschaffene Rechtsinstitut zum Ausgleich vorgestreckten Kindesunterhalts relevant, wenn aufgrund eines Obhutswechsels oder des Eintritts der Volljährigkeit des Kindes der rückständige Kindesunterhalt vom Unterhaltspflichtigen nicht mehr geltend gemacht werden kann. Der Kindergeldausgleich gilt als Unterfall des familienrechtlichen Ausgleichsanspruchs. Voraussetzung ist die Erfüllung einer dem Anderen obliegenden Pflicht und die Absicht, bei Leistung Ersatz von dem Anderen zu verlangen. Einzelheiten hierbei, wie die Erstreckung der materiellen Rechtskraft auch bei veränderten Umständen oder der Geltungsbereich des § 1360 b ab rechtskräftiger Scheidung, werden jedoch unterschiedlich beurteilt beziehungsweise sind nicht abschließend geklärt. Zwar handelt es sich um einen eigenständigen Ersatzanspruch, allerdings wird wirtschaftlich gesehen rückständiger Kindesunterhalt geltend gemacht, sodass die Einschränkung des § 1613 Abs. 1 beachtet werden muss. Laut BGH kann nur Ersatz für Barunterhalt, nicht aber für geleistete Betreuung verlangt werden. Die Höhe des Ausgleichsanspruchs wird von den Oberlandesgerichten unterschiedlich bemessen, je nachdem, ob das Einkommen des Anspruchsgegners oder des -stellers für maßgeblich erachtet wird.

368 Vgl. BGH, Beschluss vom 7.11.1979 – IV ZB 159/78, NJW 1980, 47 (47f.).

369 Vgl. BGH, Urteil vom 3.11.1971 – IV ZR 86/70, NJW 1972, 199 (201).

370 So auch *Wever*, Rn. 771; Scholz/Kleffmann/Doering-Striening/*Kühner*, Teil K, Rn. 700. Beispielhaft für eine ungenaue Begriffsverwendung siehe auch LG Köln, Urteil vom 9.11. 1988 – 23 O 49/86, FamRZ 1989, 510 (510), welches den Begriff für den Ausgleich unbenannter Zuwendungen verwendet; außerdem *Walter Kogel*, Familienrechtliche Ausgleichsansprüche und Teilversteigerung – eine juristische Schlangengrube, NZFam 2018, 788 (788), der zwar »familienrechtliche Ausgleichsansprüche« beleuchtet, jedoch nicht die hier untersuchte Konstellation meint.

371 Auch den Kindergeldausgleich als Sonderfall könnte man als eigenständigen Anspruch sehen, weil die Voraussetzungen nicht geprüft werden, vgl. Kap. 2 I. 2. und Kap. 7 I. 2.

3. Kapitel: Hindernisse bei der Durchsetzung des Anspruchs – divergente Ansätze und Lösungsmöglichkeiten

Nicht nur die Voraussetzungen und Rechtsfolgen des familienrechtlichen Ausgleichsanspruchs bereiten Schwierigkeiten. Auch bei der Durchsetzung des Ausgleichsanspruchs bestehen einige Hindernisse, die uneinheitlich gelöst werden. Im Folgenden sollen die wichtigsten Problemkreise erörtert und die vorgeschlagenen Lösungsmöglichkeiten vorgestellt werden, um unter anderem einen Überblick über die Praktikabilität des Ausgleichsanspruchs zu geben.

I. Konkurrenz zum Kindesunterhalt

Der familienrechtliche Ausgleichsanspruch kommt dann in Betracht, wenn der vormals Betreuende den Kindesunterhalt deshalb nicht mehr geltend machen kann, weil ihm nun die Vertretungsbefugnis, vgl. § 1629 Abs. 2 S. 2, beziehungsweise die Verfahrensstandschaft, vgl. § 1629 Abs. 3, fehlt. Ursächlich hierfür kann ein Obhutswechsel zum Barunterhaltspflichtigen oder der Eintritt der Volljährigkeit sein.[372] Beim Obhutswechsel wird und darf der Barunterhaltspflichtige den Kindesunterhalts nicht gegen sich selbst geltend machen, weil es sich dabei um einen Interessenkonflikt handeln würde, vgl. § 1629 Abs. 2 S. 1 i. V. m. §§ 1795 Abs. 2, 181.[373] Da das Kind gemäß § 51 Abs. 1 ZPO i. V. m. §§ 106ff. BGB nicht prozessfähig ist, könnte aber ein Ergänzungspfleger gemäß § 1909 Abs. 1 S. 1 eingesetzt werden, der den Unterhaltsanspruch für das minderjährige Kind geltend machen kann. Ab Volljährigkeit kann das Kind selbst den Anspruch einfordern.

Der Barunterhaltspflichtige könnte damit in die Situation geraten, dass er bezüglich des rückständigen Unterhalts zweimal in Anspruch genommen wird.[374]

372 Zu den Hauptanwendungsfällen des familienrechtlichen Ausgleichsanspruch siehe Kap. 2 I. 1.

373 *Götz*, FF 2013, 225 (226); *Hans Gießler*, Erlöschen der elterlichen Prozessführungsbefugnis und Übergang zum familienrechtlichen Ausgleichsanspruch, FamRZ 1994, 800 (807).

374 *Gießler*, FamRZ 1994, 800 (805).

Einen automatischen Ausschluss eines der beiden Ansprüche gibt es nicht.[375] Macht das Kind den rückständigen Unterhalt zuerst geltend, kann der Elternteil, der bisher den Barunterhalt vorgestreckt hat, keinen Regressanspruch gegen den Barunterhaltspflichtigen mehr geltend machen. Dadurch würde das Kind den Barunterhalt doppelt erhalten: einmal von dem betreuenden Elternteil und ein weiteres Mal vom Barunterhaltspflichtigen. Der den Unterhalt vorstreckende Elternteil hingegen könnte keinen Ausgleich mehr verlangen. Dass dies einem angemessenen Ergebnis nicht entspricht, ist evident. Um eine doppelte Inanspruchnahme zu verhindern, werden verschiedene Lösungsmöglichkeiten vertreten.

1. Untergang aufgrund mangelnder Bedürftigkeit

Eine Lösungsmöglichkeit geht davon aus, dass durch die Zahlungen des betreuenden Elternteils an das Kind dessen Bedürftigkeit entfalle.[376] Fehle die Bedürftigkeit, so lägen die Voraussetzungen für einen Unterhaltsanspruch des Kindes nicht mehr vor. Dementsprechend habe das Kind nun keinen Anspruch gegen den Barunterhaltspflichtigen auf rückständigen Kindesunterhalt, weshalb eine doppelte Inanspruchnahme ausscheide.

Hier ist allerdings zu differenzieren. Handelt es sich um freiwillige Leistungen Dritter, sollen die Zahlungen allein dem Bedürftigen zugutekommen, weshalb sie keine unterhaltsrechtliche Relevanz haben.[377] Eine Anrechnung auf den Bedarf entfällt demnach. Im Gegensatz dazu sind Leistungen bedarfsmindernd zu berücksichtigen, sofern sie (auch) eine Entlastung des Unterhaltsverpflichteten bezwecken sollen.[378] In diesem Fall wird eine fremde Schuld getilgt, sodass der Kindesunterhalt in Höhe des Geleisteten untergeht.[379]

375 So *Johannes Norpoth*, Der Obhutswechsel während des laufenden Kindesunterhaltsprozesses – ein gelöstes Problem?, FamRZ 2007, 514 (518); *Wohlgemuth*, FamRZ 2009, 1873 (1876). Dies trifft freilich nur zu, wenn eine sofortige Tilgung nicht angenommen wird. Siehe dazu Kap. 3 I. 1.

376 *Wittko*, S. 70; siehe auch *Holzhauer*, in: FS Wolf, S. 223 (241), der auf die Zweckerreichung abstellt.

377 So BGH, Urteil vom 22.2.1995 – XII ZR 80/94, FamRZ 1995, 537 (538); Johannsen/Henrich/*Graba/Maier*, § 1602, Rn. 13; BeckOK/BGB/*Reinken*, § 1602, Rn. 88; MüKo/BGB/*Born*, § 1602. Rn. 55.

378 Vgl. OLG Hamm, Beschluss vom 20.11.2013 – 2 WF 190/13, BeckRS 2014, 1440 (1440).

379 Zu der Tilgung fremder Schuld und damit der Erfüllung siehe Kap. 6 I 2.

2. Nachträgliche Tilgungsbestimmung

Die Lösung des Konkurrenzproblems könnte auch in einer nachträglichen Tilgungsbestimmung[380] des zahlenden Elternteils dem Kind gegenüber zu sehen sein.[381] Damit träfe der zahlende Elternteil eine Bestimmung dahin, dass seine Unterhaltszahlungen doch die Pflicht des anderen Elternteils tilgen soll, vgl. § 267 Abs. 1.[382] Durch diese Tilgungsbestimmung komme der Unterhaltszahlung des bisherigen Obhutsinhabers Erfüllungswirkung zu, wodurch der Anspruch des Kindes auf Unterhalt untergegangen sei.[383] In der gerichtlichen Geltendmachung des familienrechtlichen Ausgleichsanspruchs ist eine solche Tilgungsbestimmung jedoch nicht zu sehen, weil diese nicht dem Gläubiger des Unterhaltsanspruchs – also dem Kind – gegenüber erfolgen muss.[384] Eine doppelte Inanspruchnahme würde demnach mangels zweier Ansprüche verhindert werden.

3. Abtretung

Es wird auch vertreten, dass das Kind seinen Unterhaltsanspruch an den bisher betreuenden Elternteil abtreten muss.[385] Grundsätzlich sind Unterhaltsansprüche gemäß § 850 b Abs. 1 Nr. 2 ZPO unpfändbar[386] und unterliegen daher auch dem Abtretungsverbot gemäß § 400.[387] Dies gilt allerdings nicht für rückständigen Unterhalt, wenn der Abtretende die Leistung zuvor erhalten und nicht wieder herauszugeben hat, weil dieser in einem solchen Fall nicht mehr schutzwürdig ist.[388] Das Kind hat dann den Kindesunterhalt schon von dem

---

380 Zur Möglichkeit einer nachträglichen Tilgungsbestimmung siehe Kap. 6 I. 1. a., b. und 2.

381 So OLG Karlsruhe, Urteil vom 19.6.1997 – 18 UF 33/97, FamRZ 1998, 1190 (1190); OLG Frankfurt, Beschluss vom 18.9.1998 – 1 WF 185/98, FamRZ 1999, 1450 (1450); OLG Koblenz, Urteil vom 19.9.2001 – 9 UF 266/01, FPR 2002, 65 (66); OLG Brandenburg, Beschluss vom 26.1.2016 – 10 UF 92/14, NZFam 2016, 745 (749); *Gießler*, FamRZ 1994, 800 (805 f.); *Volker*, FuR 2013, 550 (551); *Götz/Schramm*, NJW-Spezial 2015, 132 (133).

382 OLG Karlsruhe, Urteil vom 19.6.1997 – 18 UF 33/97, FamRZ 1998, 1190 (1190).

383 Mü/Kü/*Born*, § 1606, Rn. 49.

384 Scholz/Kleffmann/Doering-Striening/*Kühner*, Teil K, Rn. 706; *Wever*, Rn. 788. Um ein In-sich-Geschäft nach § 181 zu vermeiden, bedarf es unter Umständen eines Ergänzungspflegers. Siehe dazu Kap. 6 I. 2.

385 Heiß/Born/*Heiß/Heiß*, 1. Teil, 3. Kap., Rn. 187a; *Martin Armasow*, Rückständiger Kindesunterhalt – Familienrechtlicher Ausgleichs- und familienrechtlicher Erstattungsanspruch, MDR 2004, 307 (310); *Jürgen Soyka*, Anm. zu BGH, Beschluss vom 17.4.2013 – XII ZB 329/12, FuR 2013, 451 (453).

386 Zöller/*Herget*, Zivilprozessordnung, 32. Auflage, 2018, § 850b, Rn. 3.

387 Gerhardt/v. Heintschel-Heinegg/Klein/*Kintzel*, 6.Kap., Rn. 1051.

388 Zur mangelnden Schutzwürdigkeit siehe BGH, Urteil vom 4.7.1972 – VI ZR 114/71, NJW 1972, 1703 (1705).

bisher betreuenden Elternteil erhalten[389] und muss diesen Betrag grundsätzlich auch nicht wieder zurückzahlen.[390] Daher gilt das Abtretungsverbot des § 400 i. V. m. § 850 b Abs. 1 Nr. 2 ZPO nicht. Der rückständige Unterhaltsanspruch kann abgetreten werden.[391]

Zu fragen ist, aus welcher Anspruchsgrundlage sich eine solche Abtretungsverpflichtung des Kindes ergibt.

Ist das Kind volljährig, wird §§ 242, 1618 a in der obergerichtlichen Rechtsprechung[392] als Anspruchsgrundlage herangezogen.[393] § 1618 a regelt die gegenseitige Rücksichtspflicht bestehend aus Solidarität und Kooperation zwischen Eltern und ihren Kindern.[394] Aus dieser gegenseitigen Rücksichtspflicht können auch Ansprüche erwachsen.[395] Somit soll aus der Rücksichtspflicht des Kindes gegenüber dem bisher Betreuenden die Pflicht entstehen, den Unterhaltsanspruch abzutreten. Dies ist angemessen, weil das Kind die Leistungen bereits von diesem Elternteil erhalten hat.

Andere leiten die Anspruchsgrundlage aus § 255 her.[396] § 255 enthält den Rechtsgedanken, dass der Geschädigte in Folge des schädigenden Ereignisses nicht besser stehen soll als wäre es nicht zu dem schädigenden Ereignis gekommen.[397] Hätte der Barunterhaltspflichtige seine Pflicht erfüllt, hätte das Kind die Unterhaltsleistungen erhalten. Durch das Ausbleiben der Zahlungen des Barunterhaltspflichtigen musste der andere Elternteil den Unterhalt vorstrecken. Das Kind war also nicht schlechter gestellt. Würde der Barunterhaltspflichtige nun auch an das Kind zahlen, hätte dieses den Unterhalt zweifach bekommen. Dadurch, dass der Barunterhaltspflichtige zunächst keinen Unterhalt geleistet hat, stünde das Kind in einem solchen Fall besser, als hätte der Barunterhalts-

---

389 Ob Erfüllung im Sinne des § 362 eingetreten ist, kann an dieser Stelle dahinstehen. Siehe hierzu Kap. 6 I. 1. a.

390 Es fehlt regelmäßig an dem Interesse, gegen das Kind vorzugehen. Vielmehr soll sich der Anspruch gegen den Barunterhaltspflichtigen richten.

391 Weinreich/Klein/*Eder*, § 1607, Rn. 79. Zu beachten ist bei dem Minderjährigen die Problematik des In-sich-Geschäfts, vgl. § 1629 Abs. 2 S. 1 in Verbindung mit §§ 1795 Abs. 2, 181, sodass der bisher betreuende Elternteil die Abtretungserklärung nicht sich selbst gegenüber erklären kann, vgl. hierzu *Wohlgemuth*, FamRZ 2009, 1873 (1877). Das Problem kann durch die Bestellung eines Ergänzungspflegers nach § 1909 gelöst werden.

392 OLG Karlsruhe, Beschluss vom 18.2.2000 – 20 WF 95/99, FamRZ 2000, 1585 (1586); OLG Naumburg, Urteil vom 17.8.2006 – 4 UF 16/06, FamRZ 2007, 1116 (1117).

393 Nur auf § 242 rekurrierend *Armasow*, MDR 2004, 307 (310), der den Abtretungsanspruch, der dem Bereicherungsrecht entspringt, als familienrechtliche Erstattung begreift.

394 *Gottfried Knöpfel*, Beistand und Rücksicht zwischen Eltern und Kindern (§ 1618 a BGB), FamRZ 1985, 554 (557).

395 BeckOK/BGB/*Pöcker*, § 1618a, Rn. 1 m.w.N.

396 *Gießler*, FamRZ 1994, 800 (805).

397 Jauernig/*Teichmann*, § 255, Rn. 1.

pflichtige seine Pflicht monatlich erfüllt. Demnach ergebe sich aus § 255 die Abtretungspflicht des Kindes bezüglich des Unterhaltsanspruchs.

Für die Anspruchsgrundlage aus §§ 242, 1618 a spricht die Nähe zum Familienrecht. Hier wird auf das Verhältnis von Eltern und Kindern eingegangen, wohingegen § 255 zum allgemeinen Schuldrecht gehört und die besonderen familiären Umstände nicht berücksichtigt werden.

4. Gesamtgläubigerschaft

Eine weitere Lösung besteht darin, das Kind und den bisherigen Obhutsinhaber als Gesamtgläubiger anzusehen, sodass der Barunterhaltspflichtige nur an einen der Gläubiger leisten muss, vgl. § 428.[398] Um aber Gesamtgläubigerschaft annehmen zu können, müssen die Voraussetzungen des § 428 S. 1 vorliegen. Es handelt sich bei dem Barunterhaltspflichtigen um einen Schuldner, der entweder dem Kind oder dem bisherigen Obhutsinhaber, nicht aber beiden zur Leistung des Kindesunterhalts verpflichtet ist. Als weitere Voraussetzung wird aber überwiegend wie bei Gesamtschuldnern die Gleichstufigkeit der Forderungen gefordert.[399] Eine solche ist zu verneinen, wenn eine Subsidiarität besteht, die Ansprüche also nicht gleichwertig sind.[400] Da trotz unterschiedlicher Lösungswege Einigkeit dahin besteht, dass die Leistung an den bisher Betreuenden zu zahlen ist, kann dieser Anspruch nicht als gleichwertig mit dem des Kindes betrachtet werden.[401] Daher ist eine Gleichstufigkeit und somit eine Gesamtgläubigerschaft zu verneinen.[402]

Im Übrigen ergäbe sich bei diesem Lösungsweg das Problem, dass der Barunterhaltspflichtige dabei auch an das Kind – als einen der Gläubiger – leisten könnte. Da der eine Elternteil aber den rückständigen Unterhalt vorgestreckt hat, muss ihm dieser Betrag ersetzt werden, was wiederum mit der Abtretungspflicht des Kindes gelöst wird.[403]

398 Wendl/Dose/*Klinkhammer*, § 2 Rn. 778; *Wohlgemuth*, FamRZ 2009, 1873 (1876f.).
399 *Gießler*, FamRZ 1994, 800 (805).
400 MüKo/BGB/*Heinemeyer*, Münchener Kommentar, BGB, Band 3, 7. Auflage, 2016, § 421, Rn. 12.
401 *Gießler*, FamRZ 1994, 800 (805).
402 Im Ergebnis auch *Gießler*, FamRZ 1994, 800 (805); a. A. Wendl/Dose/*Klinkhammer*, § 2, Rn. 778.
403 So Wendl/Dose/*Klinkhammer*, § 2, Rn. 778. Damit handelt es sich lediglich um einen Umweg, der im Ergebnis ebenso eine Abtretungspflicht bejaht.

5. Zwischenergebnis

Es werden verschiedene Lösungen aufgezeigt, mit denen erreicht werden kann, dass der bisher betreuende Elterteil seinen Ersatzanspruch trotz der Konkurrenz zu dem Unterhaltsanspruch des Kindes geltend machen kann. Nimmt man eine Tilgung oder zumindest die Möglichkeit einer nachträglichen Tilgungsbestimmung an, bedarf es keiner Konstruktion, um das Konkurrenzproblem zu lösen. Lehnt man diese Möglichkeiten jedoch ab, so erscheint die Abtretungspflicht aus §§ 242, 1618 a vorzugswürdig, weil diese zum einen simpler ist als die Gesamtgläubigerschaft - auch in Bezug auf die Argumentation - und zum anderen die besonderen familiären Beziehungen widerspiegelt.

II. Verfahrensrechtliche Aspekte

Um den familienrechtlichen Ausgleichsanspruch gerichtlich durchsetzen zu können, müssen auch die verfahrensrechtlichen Regeln eingehalten werden. So ist nicht nur zu beachten, welches Gericht für den Ersatzanspruch zuständig ist, sondern auch, in welcher Weise der Anspruchsberechtigte seinen Anspruch geltend machen kann. Dabei muss unterschieden werden, ob der familienrechtliche Ausgleichsanspruch im laufenden Unterhaltsprozess oder in einem gesonderten Verfahren geltend gemacht werden soll. Die erste Alternative käme dann in Betracht, wenn während des Prozesses ein Obhutswechsel zum Barunterhaltspflichtigen erfolgt oder das Kind währenddessen volljährig wird. Der Ausgleichsanspruch kann aber auch geltend gemacht werden, wenn die Barunterhaltspflicht des anderen Elternteils bereits tituliert wurde.

Ebenfalls müssen die prozessualen Auswirkungen dahin unterschieden werden, ob der bisher Betreuende den Kindesunterhalt als Vertreter oder als Verfahrensstandschafter geltend gemacht hat.

1. Zuständigkeit

Die sachliche Zuständigkeit des Familiengerichts ist allgemein anerkannt.[404] Auch wenn der Kindesunterhalt nicht direkt Inhalt des Ausgleichsanspruchs ist, entspricht die Zuordnung dem Sinn und Zweck des § 23 a GVG. Damit sollen

404 Vgl. unter anderem BeckOK/BGB/*Reinken*, § 1606, Rn. 55; Heiß/Born/*Heiß/Heiß*, 1. Teil, 3. Kap., Rn. 187c.

Unterhaltsstreitigkeiten einem Richter »mit besonderer Sachkunde«[405] anvertraut werden, sodass auch die Zuständigkeit bezüglich des familienrechtlichen Ausgleichsanspruchs, bei dem es wirtschaftlich gesehen um rückständigen Kindesunterhalt geht, dem Familiengericht übertragen werden solle.[406] Aufgrund dieser Betrachtungsweise wird der Anspruch gemäß § 231 Abs. 1 Nr. 1 FamFG als eine Unterhaltssache angesehen, welche nach § 112 Nr. 1 FamFG ebenfalls zu den Familienstreitsachen zählt.[407] Die Zivilprozessordnung findet in den Grenzen des § 113 FamFG Anwendung.

Umstritten ist allerdings die örtliche Zuständigkeit. Entscheidend ist die Frage, ob § 232 Abs. 1 Nr. 2 FamFG anwendbar ist. Dieser setzt den Wohnort des Kindes beziehungsweise des betreuenden Elternteils als ausschließlichen Gerichtsstand fest. Das OLG Bremen hält § 232 Abs. 1 Nr. 2 FamFG für nicht anwendbar, wobei es sich bei dem Urteil auf § 642 Abs. 1 ZPO a. F. bezieht.[408] Der Ausgleichsanspruch des bisher Betreuenden sei ein eigener Anspruch, der sich nicht aus dem Kindesunterhaltsanspruch ergebe. Zwar handle es sich wirtschaftlich gesehen um den rückständigen Kindesunterhalt. Dies ändere aber nichts an der Tatsache, dass es sich um einen eigenen Ersatzanspruch handle. Es gehe bei dem Ersatzanspruch nicht um die Realisierung und Sicherung des Kindesunterhalts. Daher sei § 12 ZPO anzuwenden, der die örtliche Zuständigkeit dem Gericht zuordnet, in dessen Bezirk der Antragsgegner seinen Wohnsitz hat. Das OLG Köln hingegen wendet § 232 Abs. 1 Nr. 2 FamFG mit der Begründung an, dass der Ausgleichsanspruch zwar kein Unterhaltsanspruch an sich, aber eng mit diesem verbunden sei.[409] Es handle sich bei dem Ersatzanspruch wirtschaftlich gesehen um den Kindesunterhalt, weshalb es keinen Unterschied mache, ob der Kindesunterhalt oder der Ersatzanspruch geltend gemacht werde.

405 So BGH, Beschluss vom 30. 8. 1978 – IV ARZ 45/78, FamRZ 1978, 770 (770), wobei sich die Ausführungen noch auf § 23 b Abs. 1 S. 2 Nr. 5 GVG a. F. beziehen.

406 BGH, Beschluss vom 30. 8. 1978 – IV ARZ 45/78, FamRZ 1978, 770 (770); so auch schon BGH, Beschluss vom 3. 5. 1978 – IV ARZ 26/78, FamRZ 1978, 582 (584), bei dem der geltend gemachte Anspruch ebenfalls den Kindesunterhaltsanspruch beträfe und somit als Familiensache zu qualifizieren sei. Siehe zur Zuordnung der Unterhaltssachen zu den Familienstreitsachen Keidel/*Weber*, FamFG, Kommentar, 19. Auflage, 2017, FamFG, § 231, Rn. 2.

407 OLG Brandenburg, Beschluss vom 26. 1. 2016 – 10 UF 92/14, NZFam 2016, 745 (747); OLG Köln, Beschluss vom 28. 7. 2011 – II-25 WF 178/11, FamRZ 2012, 574 (575); Johannsen/Henrich/*Maier*, § 231 FamFG, Rn. 5; Haußleiter/*Eickelmann*, FamFG, Kommentar, 2. Auflage, 2017, § 231, Rn. 23; Heiß/Born/*Heiß/Heiß*, 1. Teil, 3. Kap., Rn. 187c; *Norbert Kleffmann/Carsten Kleffmann*, Die Entwicklung des Unterhaltsrechts im Jahr 2016 – Teil 2, FuR 2017, 56 (63); a. A. Gottwald/*Krebs*, Münchener Prozessformularbuch, Band 3: Familienrecht, 5. Auflage, 2017, L. III. 15., Rn. 1; MüKo/FamFG/*Erbarth*, Münchener Kommentar zum Gesetz über das Verfahren in Familiensachen und in den Angelegenheiten der freiwilligen Gerichtsbarkeit, 3. Auflage, 2018, § 266, Rn. 338, welche die Herleitung über § 266 Abs. 1 Nr. 3 FamFG als sonstige Familiensache vornehmen.

408 OLG Bremen, Beschluss vom 6. 1. 2010 – 4 AR 3/09 –, juris, Rn. 3.

409 OLG Köln, Beschluss vom 28. 7. 2011 – II-25 WF 178/11, FamRZ 2012, 574 (575).

Dies zeige sich auch darin, dass der BGH auch beim Ausgleichsanspruch § 1613 anwendet.

Für die Anwendung des § 232 Abs. 1 Nr. 2 FamFG spricht, dass es bei Nichtanwendung der Norm zu Schwierigkeiten kommen könnte. Angenommen, das Kind wird volljährig und macht seinen Unterhaltsanspruch selbst geltend, so wäre § 232 Abs. 1 Nr. 2 FamFG anwendbar. Der bisherige Obhutsinhaber müsste seinen familienrechtlichen Ausgleichsanspruch jedoch bei einem anderen Gericht geltend machen, weil hier das Wohnsitzgericht des Antragsgegners örtlich zuständig wäre, vgl. § 12 ZPO. So kann das eine Gericht den Unterhaltsanspruch für die Vergangenheit bejahen, das andere Gericht den Ausgleichsanspruch aber verneinen.[410]

2. Aspekte während des laufenden Unterhaltsprozesses

Es kann der Fall eintreten, dass der bisher betreuende Elternteil den Unterhaltsanspruch des Kindes gerichtlich geltend macht und während des Prozesses das Kind in die Obhut des Barunterhaltspflichtigen wechselt oder volljährig wird. Welche Möglichkeiten prozessualer Handlungen stehen dem Antragssteller, also dem bisherigen Obhutsinhaber, zur Verfügung? Dabei ist zu unterscheiden, ob er den Anspruch auf Kindesunterhalt als Vertreter oder als Verfahrensstandschafter[411] geltend gemacht hat.[412]

Macht der bis dahin betreuende Elternteil den Unterhaltsanspruch als Vertreter des Kindes gemäß § 1629 Abs. 2 S. 2 geltend, so ist das Kind selbst Beteiligter des Verfahrens.[413]

Wird das Kind während des Verfahrens volljährig, führt es den Prozess selbst fort.[414] Sofern das Verfahren im Scheidungsverbund geführt wurde, muss das Unterhaltsverfahren nach § 140 FamFG isoliert fortgeführt werden. Dies könnte dazu führen, dass der Barunterhaltspflichtige an das Kind und nicht an den bisherigen Obhutsinhaber leistet. In einem solchen Fall kann das bereits erörterte

410 So auch AG Flensburg, Beschluss vom 31.7.2015 – 93 F 109/14, juris, Rn. 15.

411 Siehe zu den Möglichkeiten bei der Verfahrensstandschaft Kap. 3 II. 2.e.

412 Bei der Betreuung in Form des Wechselmodells bedarf es zur Geltendmachung rückständigen Unterhalts entweder die Übertragung der Befugnis durch das Familiengericht, vgl. § 1628, oder der Bestellung eines Ergänzungspflegers nach § 1909, vgl. *Heinrich Schürmann*, Anm. zu BGH, Beschluss vom 11.1.2017 – XII ZB 565/15, FamRZ 2017, 442 (442); *Eric Faber*, Das Wechselmodell im Kindschaftsrecht (Sorge/Umgang), jM 2014, 8 (11). Siehe hierzu auch Kap. 6 III.

413 *Norporth*, FamRZ 2007, 514 (515).

414 *Götz*, FF 2013, 225 (232).

Problem der Konkurrenz zwischen Kindesunterhalt und familienrechtlichem Ausgleichsanspruch auftreten.[415]

Mit dem Obhutswechsel während des laufenden Unterhaltsverfahrens endet die Vertretungsbefugnis des bisher Betreuenden.[416] Falls ein Verfahrensbevollmächtigter bestellt wurde, entfällt dessen Vertretungsmacht rückwirkend.[417] Der gestellte Antrag auf Zahlung des Kindesunterhalts wird unzulässig, weil das Kind als Beteiligter nicht selbst verfahrensfähig ist, vgl. § 113 Abs. 1 S. 2 FamFG i. V. m. § 51 ZPO iVm §§ 2, 106f. BGB.[418] Zu fragen ist daher, welche Möglichkeiten diesem Elternteil nach dem Obhutswechsel des Kindes noch verbleiben, damit der Antrag nicht als unzulässig abgewiesen wird und der familienrechtliche Ausgleichsanspruch geltend gemacht werden kann.

a. Rücknahme

Der bisher betreuende Elternteil könnte den von ihm als Vertreter eingereichten Antrag zurücknehmen. Hierfür reicht eine einseitige Erklärung des Antragstellers, den Antrag nicht mehr zur gerichtlichen Entscheidung stellen zu wollen,[419] aus, vgl. § 269 Abs. 2 ZPO, sofern die Verhandlung in der Hauptsache noch nicht begonnen hat.[420] Mit Beginn der mündlichen Verhandlung wäre die Einwilligung des Antragsgegners gemäß § 269 Abs. 1 ZPO erforderlich.[421] Fraglich ist schon, ob eine solche Verfahrenshandlung trotz Erlöschens der Vertretungsbefugnis möglich ist.[422] Darüber hinaus ist dem Antragsteller nicht zu einer Rücknahme zu raten.[423] Zwar hat das Gericht gemäß § 243 S. 1 FamFG die Kosten nach billigem Ermessen zu verteilen,[424] jedoch ist der Rechtsgedanke des § 269 Abs. 3 S. 2 ZPO zu berücksichtigen, nach dem der Antragsteller grundsätzlich die Kosten zu

415 Die Möglichkeit ergibt sich bei Annahme der sofortigen Tilgung nicht. Denn dann besteht kein Kindesunterhaltsanspruch mehr. Zu den verschiedenen übrigen Lösungsmöglichkeiten siehe Kap. 3 I. 2.–4.

416 Heiß/Born/*Heiß/Heiß*, 1. Teil, 3. Kap., Rn. 187a.

417 OLG Rostock, Beschluss vom 14. 1. 2012 – 10 UF 146/11, FamRZ 2012, 890 (890).

418 OLG Rostock, Beschluss vom 14. 1. 2012 – 10 UF 146/11, FamRZ 2012, 890 (890).

419 BeckOK/ZPO/*Bacher*, § 269, Rn. 2.

420 MüKo/ZPO/*Becker-Eberhard*, Münchener Kommentar zur Zivilprozessordnung mit Gerichtsverfassungsgesetz und Nebengesetz , 5. Auflage, 2016, § 269, Rn. 21.

421 Saenger/*Saenger*, § 269, Rn. 15; Musielak/Voit/*Foerste*, § 269, Rn. 8.

422 Siehe hierzu die Ausführungen zur Erledigungserklärung, Kap. 3 II. 2. b.

423 *Götz*, FF 2013, 225 (227).

424 Vgl. BT-Drs. 16/6308, S. 259; BGH, Beschluss vom 28. 9. 2011 – XII ZB 2/11, NJW 2011, 3654 (3656); OLG Brandenburg, Beschluss vom 16. 6. 2013 – 3 WF 60/13, FamRZ 2014, 1731 (1731 f.); BeckOK/FamFG/*Schlünder*, Beck'scher Online-Kommentar, FamFG, 30. Edition, Stand: 1. 4. 2019, 2019, § 243, Rn. 4.

tragen hat.[425] Im Übrigen führt eine Rücknahme dazu, dass der bisher betreuende Elternteil ein neues Verfahren anstrengen muss, um den familienrechtlichen Ausgleichsanspruch geltend zu machen. Es ist daher zu untersuchen, ob es eine einfachere (und weniger kostenintensive) Möglichkeit gibt.

b. Erledigung

Der Antragssteller könnte das Verfahren auch für erledigt erklären, vgl. § 91 a ZPO. Eine solche Erklärung bezweckt – ebenso wie die Rücknahme – die Beendigung des Verfahrens.[426] Der bisherige Obhutsinhaber verliert mit dem Obhutswechsel seine Vertretungsmacht aus § 1629 Abs. 2 S. 2. Damit kann er grundsätzlich keine Verfahrenshandlungen wie eine Erledigungserklärung mehr vornehmen. Da das Verfahren aber noch anhängig, der gestellte Antrag jedoch unzulässig geworden ist,[427] wird dem Antragsteller eine Möglichkeit gegeben, das Verfahren schnell zu beenden.[428] Die Kosten des Verfahrens werden gemäß § 243 S. 1 FamFG nach billigem Ermessen des Gerichts verteilt.[429]

c. Bestellung eines Ergänzungspflegers

Als weitere Möglichkeit kann ein Ergänzungspfleger gemäß § 1909 S. 1 bestellt werden, der im Folgenden das Kind rechtlich vertritt.[430] Dies setzt aber voraus, dass die Eltern zu diesen Handlungen nicht in der Lage sind. Geht man davon

---

425 Musielak/Voit/*Foerste*, § 269, Rn. 11; Saenger/*Saenger*, § 269, Rn. 34; *Gerd Weinreich*, Probleme des Obhutswechsels, FuR 2013, 615 (616).

426 BeckOK/ZPO/*Jaspersen*, § 91a, Rn. 3; Musielak/Voit/*Foerste*, § 269, Rn. 3.

427 Die zuvor zulässige und begründete Klage ist unzulässig geworden, wodurch Erledigung eingetreten ist. Einer Prüfung, ob tatsächlich ein erledigendes Ereignis vorliegt, bedarf es aber nur, sofern der Antragsgegner nicht zugestimmt hat, vgl. Musielak/Voit/*Flockenhaus*, § 91a, Rn. 34.

428 OLG Rostock, Beschluss vom 14.1.2012 – 10 UF 146/11, NJW 2012, 942 (943); OLG Köln, Beschluss vom 6.6.2005 – 4 UF 88/05, FamRZ 2005, 1999 (1999); Wendl/Dose/*Schmitz*, § 10, Rn. 46; Johannsen/Henrich/*Jaeger*, § 1629, Rn. 8; wohl auch OLG Hamm, Urteil vom 9.2.1990 – 5 UF 352/89, FamRZ 1990, 890 (891); ebenso *Norpoth*, FamRZ 2007, 514 (516f.), der die Befugnis zur Abgabe einer Erledigungserklärung analog §§ 168, 672 S. 2 herleitet. Eine entsprechende Notbesorgungspflicht sei auch für den bisherigen Vertreter anzunehmen, sofern sie den Interessen des Kindes entspricht. Damit dürfte auch eine Rücknahmeerklärung grundsätzlich möglich sein, von der jedoch aufgrund der Kostentragungspflicht Abstand genommen werden sollte.

429 Mangels Rücknahme findet der Rechtsgedanke des § 269 Abs. 3 S. 2 ZPO hier keine Anwendung. Bei der Kostenentscheidung werden nach billigem Ermessen der Verfahrenspartei die Kosten auferlegt, welche die Kosten auch bei Fortführen des Verfahrens getragen hätte, vgl. Musielak/Voit/*Flockenhaus*, § 91a, Rn. 23.

430 OLG Koblenz, Beschluss vom 3.7.2006 – 11 UF 164/06, FamRZ 2007, 412 (412); Wendl/Dose/*Klinkhammer*, § 2, Rn. 779; *Wohlgemuth*, FamRZ 2009, 1873 (1878), welche auch für den Fall

aus, dass eine Erledigungserklärung möglich ist, so bedarf es keiner Bestellung eines Ergänzungspflegers.[431]

d. Geltendmachung des familienrechtlichen Ausgleichsanspruchs

Alle bisher aufgezeigten Möglichkeiten dienen der Beendigung des Verfahrens – im Fall der Rücknahme oder Erledigung durch den Antragsteller selbst – oder der Fortführung des Verfahrens durch einen Ergänzungspfleger. Die Möglichkeit, den gewünschten Regress durchzusetzen, bieten diese Lösungen nicht. Wird das bisher laufende Verfahren beendet, könnte der Ausgleichsberechtigte in einem neuen Verfahren den familienrechtlichen Ausgleichsanspruch geltend machen. Um die Problemstellung, ob eine Rücknahme- oder Erledigungserklärung möglich ist, und um die Bestellung eines Ergänzungspflegers ebenso wie die Eröffnung eines neuen Verfahrens zu vermeiden, kommt eine Antragsänderung im laufenden Verfahren als weitere Möglichkeit des bisher betreuenden Elternteils in Betracht.

Dazu muss eine objektive Antragsänderung durch die Änderung des Streitgegenstandes erfolgen.[432] Eine Antragsänderung nach § 263 ZPO ist zulässig, wenn der Antragsgegner einwilligt, vgl. § 263 1. Alt ZPO, sich rügelos einlässt, vgl. § 267 ZPO, oder die Änderung sachdienlich ist, vgl. § 263 2. Alt. ZPO. Eine solche Sachdienlichkeit wird bejaht, sofern ein neues Verfahren vermieden, die Beilegung des Rechtsstreits gefördert und der bisherige Verfahrensstoff verwertet werden kann.[433] Diese Beurteilung steht im richterlichen Ermessen[434] und wird für den vorliegenden Fall unterschiedlich beurteilt.[435]

---

des alleinigen Sorgerechts des bisher betreuenden Elternteils dem neuen Obhutsinhaber ein Recht zur Bestellung eines Ergänzungspflegers für die Geltendmachung des nun vom bisher Betreuenden geschuldeten Kindesunterhalts zuspricht, wobei sich Wohlgemuth auf § 1697 a.F. bezieht, der mittlerweile weggefallen ist. Zu beachten ist hierbei erneut die Konkurrenzproblematik. Der Ergänzungspfleger kann das Verfahren zwar beenden, kann es aber auch für das Kind fortführen. In diesem Fall wird die Frage, wie die Konkurrenz zwischen Kindesunterhalt und familienrechtlichem Ausgleichsanspruch zu lösen ist, ebenfalls beantwortet werden, vgl. hierzu Kap. 3 I.

431 *Norpoth*, FamRZ 2007, 514 (517).

432 Ein Fall des § 264 ZPO liegt nicht vor. Es handelt sich bei der Umstellung vom Kindesunterhalt zum familienrechtlichen Ausgleichsanspruch weder um eine bloße Ergänzung noch um eine Berichtigung im Sinne des § 264 Nr. 1 ZPO, weil der Elternteil nun einen eigenen Ersatzanspruch mit selbstständigen Voraussetzungen geltend macht, vgl. zu den Voraussetzungen Musielak/Voit/*Foerste*, § 263, Rn. 3 und § 264, Rn. 2. § 264 Nr. 2 und 3 kommen nicht in Betracht.

433 BGH, Urteil vom 10.1.1985 – III ZR 93/83, NJW 1985, 1841 (1842); BGH, Urteil vom 13.4.1994 – XII ZR 168/92, NJW-RR 1994, 1143 (1143); BGH, Urteil vom 30.11.1999 – VI ZR 219/98, NJW 2000, 800 (803); Zöller/*Greger*, § 263, Rn. 13; Prütting/Gehrlein/*Geisler*, Zivilprozessordnung, Kommentar, 10. Auflage, 2018, § 263, Rn. 20.

Das OLG Frankfurt[436] und das OLG Koblenz[437] bejahen die Sachdienlichkeit mit dem Argument, dass der bisherige Streitstoff auch Gegenstand des Ausgleichsanspruchs sei. Die Vorträge zu Grund, Höhe und Verzugsbeginn des Anspruchs seien auch beim Ausgleichsanspruch relevant. Hinzukommen müsse lediglich der Vortrag zur Leistungsfähigkeit des Antragstellers selbst, wenn mehr als der Mindestunterhalt als Ersatz gefordert wird.[438] Ein bloßer Verweis auf die Antragsänderung genüge jedoch nicht.[439]

Ebendies sieht das OLG Rostock[440] aber als Hindernis. Da ein neuer Sachvortrag erforderlich sei, wäre die Sachdienlichkeit der Antragsänderung abzulehnen. Folglich sei ein neues Verfahren mit neuen Sachvorträgen notwendig. Diese Ansicht trägt zumindest dem Umstand Rechnung, dass der familienrechtliche Ausgleichsanspruch als eigenständiger Ersatzanspruch konzipiert wurde.

Allerdings wurde stets betont, dass wirtschaftlich gesehen rückständiger Kindesunterhalt geltend gemacht wird. Der Vortrag zu diesen Rückständen ist demnach bei der Geltendmachung des familienrechtlichen Ausgleichsanspruchs essenziell. Aus Gründen der Praktikabilität und der Prozessökonomie erscheint es sinnvoll, die Sachdienlichkeit anzunehmen. Ein weiterer Vorteil dieser Lösung ist darin zu sehen, dass sich auch höhere Kosten für den Antragsteller vermeiden lassen.

Hierfür bedarf es allerdings auch eines Beteiligtenwechsels. Denn bislang war das Kind Beteiligter des Verfahrens. Für den familienrechtlichen Ausgleichsanspruch jedoch muss der bisher leistende Elternteil Verfahrenspartei werden. Der Parteiwechsel ist eine subjektive Antragsänderung, sodass sich die Voraussetzungen nach § 263 ZPO richten.[441]

---

434 BGH, Urteil vom 10.1.1985 – III ZR 93/83, NJW 1985, 1841 (1842); Saenger/*Saenger*, § 263, Rn. 10.

435 *Wolfram Viefhues*, Anm. zu OLG Hamm, Beschluss vom 14.4.2016 – II-6 UF 54/15, jurisPR-FamR 15/2016, Anm. 5.

436 OLG Frankfurt, Urteil vom 6.2.2007 – 3 UF 67/05, FamRZ 2007, 909 (909).

437 OLG Koblenz, Urteil vom 3.7.1997 – 11 UF 1266/94, FamRZ 1998, 173 (173).

438 *Wohlgemuth*, FamRZ 2009, 1873 (1878).

439 *Götz*, FF 2013, 225 (227).

440 OLG Rostock, Urteil vom 26.11.2002 – 10 UF 301/01, FamRZ 2003, 933 (933).

441 Das Kind als bisheriger Antragsteller muss diesem Wechsel zustimmen. Bei Bejahung der Sachdienlichkeit ist eine Zustimmung des Antragsgegners nicht erforderlich, vgl. BGH, Zwischenurteil vom 28.6.1994 – X ZR 44/93, GRUR 1996, 865 (866); OLG München, Urteil vom 12.11.1997 – 7 U 3675/97, NJW-RR 1998, 788 (788); Musielak/Voit/*Foerste*, § 263, Rn. 19. Die Sachdienlichkeit hinsichtlich des Parteiwechsels dürfte regelmäßig zu bejahen sein. Sie dient dem endgültigen Beilegen des Rechtsstreits, und das Vortragen völlig neuer Tatsachen ist nicht anzunehmen, so ebenfalls OLG Hamburg, Beschluss vom 30.10.2018 – 12 UF 231/13, NZFam 2019, 37 (37). Den Beteiligtenwechsel auch in der Beschwerdeinstanz bejahend: OLG Hamburg, Beschluss vom 30.10.2018 – 12 UF 231/13, NZFam 2019, 37 (37); BGH, NJW 1996, 2799, NJW 1996, 2799 (2799); verneinend: OLG Hamm, Beschluss vom 14.4.2016 – 6 UF

e. Besonderheiten der Verfahrensstandschaft

Als Verfahrensstandschafter gemäß § 1629 Abs. 3 macht der betreuende Elternteil den Kindesunterhaltsanspruch als fremdes Recht in eigenem Namen geltend. In dem Verfahren ist er also selbst Beteiligter und nicht das Kind.

Erlischt die Verfahrensführungsbefugnis aufgrund des Obhutswechsels, bleibt der Antragsteller weiterhin Herr des Verfahrens und kann den Antrag zurücknehmen, für erledigt erklären oder eine Antragsänderung geltend machen.[442]

Uneinigkeit besteht jedoch darüber, was geschieht, wenn das Kind volljährig wird. Nicht nur Hans Gießler,[443] sondern auch das OLG Brandenburg[444] sprechen sich für einen automatischen Beteiligtenwechsel aus. Auch der BGH vertrat früher diese Ansicht.[445] Das nunmehr volljährige Kind würde Beteiligter des Verfahrens werden, ohne dass es einer Zustimmung bedürfe. Der bisher betreuende Elternteil könne eine nachträgliche Tilgungsbestimmung[446] der Leistungen vornehmen und als Dritter in den Rechtsstreit eintreten.[447]

Nun vertritt der BGH die Auffassung, das volljährige Kind habe in einem solchen Fall ein Eintrittsrecht.[448] Begründet wurde die Abweichung von der bisherigen Auffassung damit, dass das Kind eine Eintrittserklärung abgeben könne, aber nicht zur Führung eines Verfahrens gezwungen werden dürfe, was nur mit einem Eintrittsrecht erreicht werde.[449]

Dies erscheint sinnvoll, weil so die Interessen des Kindes und des bisher Betreuenden berücksichtigt werden. Das volljährige Kind kann selbst entscheiden, ob es das Verfahren fortführt, was die Konkurrenzproblematik zwischen Kindesunterhalt und familienrechtlichem Ausgleichsanspruch zur Folge hätte.[450] Führt das Kind das Verfahren nicht selbst fort, kann der bisher Betreuende entscheiden, ob er den Antrag zurücknimmt, das Verfahren für erledigt erklärt oder eine Änderung des Antrags – sofern die Sachdienlichkeit bejaht wird –

54/15, NJW 2016, 2277 (2278); *Frank Götsche*, Anm. zu BGH, Beschluss vom 1.3.2017 – XII ZB 2/16, jurisPR-FamR 16/2017, Anm. 5.

442 *Norpoth*, FamRZ 2007, 514 (515); *Gießler*, FamRZ 1994, 800 (807).

443 *Gießler*, FamRZ 1994, 800 (802).

444 OLG Brandenburg, Urteil vom 16.2.2012 – 9 UF 192/11, FamRZ 2012, 1819 (1819).

445 Vgl. BGH, Urteil vom 23.2.1982 – IVb ZR 259/81, FamRZ 1983, 474 (475); BGH, Urteil vom 30.1.1985 – IVb ZR 70/83, FamRZ 1985, 471 (473). Der BGH verglich die Situation mit der Beendigung des Konkursverfahrens während der Revisionsinstanz, bei der ebenfalls ein Beteiligtenwechsel vorgenommen wurde, vgl. BGH, Urteil vom 23.2.1982 – IVb ZR 259/81, FamRZ 1983, 474 (475).

446 Zu dieser Möglichkeit siehe Kap. 3 I. 2.

447 *Gießler*, FamRZ 1994, 800 (806).

448 BGH, Urteil vom 15.11.1989 – IVb ZR 3/89, FamRZ 1990, 283 (284); BGH, Beschluss vom 19.6.2013 – XII ZB 39/11, FamRZ 2013, 1378 (1378).

449 BGH, Beschluss vom 19.6.2013 – XII ZB 39/11, FamRZ 2013, 1378 (1378).

450 Siehe zu den Lösungsmöglichkeiten Kap. 3 I.

geltend macht. Würde das Kind automatisch in das Verfahren eintreten, so wäre die Beendigung des Verfahrens aufgrund der vom Kind eventuell zu tragenden Verfahrenskosten problematisch.[451]

f. Zwischenergebnis

Dem bisher betreuenden Elternteil, der als Vertreter des Kindes agierte, wird von Einigen die Möglichkeit gegeben, das Verfahren für erledigt zu erklären oder den Antrag von Kindesunterhalt auf den Ausgleichsanspruch umzustellen. Auffällig ist an dieser Stelle die erneut voneinander abweichende oberlandesgerichtliche Rechtsprechung. Unter bestimmten Voraussetzungen kann auch ein Ergänzungspfleger bestellt werden. Machte der Elternteil den Anspruch auf rückständigen Kindesunterhalt als Verfahrensstandschafter geltend, besteht die Möglichkeit einer Verfahrenshandlung fort. Bei Eintritt der Volljährigkeit des Kindes muss von einem Eintrittsrecht des Kindes in das Verfahren ausgegangen werden.

3. Aspekte bei bereits tituliertem Unterhaltsanspruch

Ein familienrechtlicher Ausgleichsanspruch kann aber auch dann in Betracht kommen, wenn der bisherige Obhutsinhaber bereits den Kindesunterhaltsanspruch gerichtlich geltend gemacht hat, sodass gegen den Barunterhaltspflichtigen ein Titel erwirkt wurde. Ist dies der Fall, ist der familienrechtliche Ausgleichsanspruch Gegenstand eines selbstständigen Verfahrens, bei dem der bisherige Obhutsinhaber Beteiligter des Verfahrens ist und ein eigenes Recht geltend macht. Hierbei handelt er nicht als Vertreter oder Verfahrensstandschafter des Kindes, weil es sich um einen eigenen, ihm selbst zustehenden Ersatzanspruch handelt. Somit treten die eben genannten Probleme nicht auf. Weder der Obhutswechsel noch der Eintritt der Volljährigkeit des Kindes hat Auswirkungen auf dieses Verfahren.

Beachtet werden muss lediglich, dass die Höhe des Unterhalts bereits tituliert ist. In dem Verfahren bezüglich des Kindesunterhalts hat das jeweils erkennende Gericht über die Höhe des Barunterhalts entschieden. Der familienrechtliche Ausgleichsanspruch darf nicht der Absicht dienen, einen höheren Betrag geltend zu machen.[452] Sofern Ersatz für einen höheren Betrag gefordert werden soll, muss

451 BGH, Beschluss vom 19.6.2013 – XII ZB 39/11, FamRZ 2013, 1378 (1378).

452 OLG Hamm, Beschluss vom 16.12.2010 – II-2 WF 279/10, FamRZ 2011, 1407 (1407); BGH, Urteil vom 25.5.1994 – XII ZR 78/93, FamRZ 1994, 1102 (1103). Vgl. hierzu auch Kap. 2 II. 1. d.

zuerst ein Abänderungsverfahren gemäß § 238 Abs. 3 FamFG i.V.m. § 323 ZPO angestrengt werden.[453] Decken sich aber die Beträge des Titels und des Ersatzanspruchs, bestehen keine Bedenken.

4. Zwischenergebnis

Für die Geltendmachung des familienrechtlichen Ausgleichsanspruchs ist das Familiengericht sachlich zuständig. Die örtliche Zuständigkeit wird von den Oberlandesgerichten unterschiedlich beurteilt. Verliert der bisherige Obhutsinhaber die Vertretungsmacht oder die Befugnis zur Verfahrensstandschaft aufgrund eines Obhutswechsels während des laufenden Unterhaltsverfahrens, sind die weiteren Handlungsmöglichkeiten besonders umstritten. Ob er das Verfahren für erledigt erklären kann oder sogar muss, hängt von der Rechtsauffassung des Oberlandesgerichts ab, in dessen Bezirk das Verfahren zu führen ist. Auch die Möglichkeit der Antragsänderung wird nur von Einigen angenommen. Eine einheitliche Lösung existiert somit nicht.

III. Möglichkeiten des Barunterhaltspflichtigen

Darüber hinaus sind auch die Perspektiven des Barunterhaltspflichtigen zu beleuchten. Um einen Ausgleich für die vorgestreckten Zahlungen zu erhalten, könnte der bisher betreuende Elternteil versuchen, auch nach Obhutswechsel oder Eintritt der Volljährigkeit gegen den Barunterhaltspflichtigen wegen des rückständigen Kindesunterhalts vorzugehen. Besteht ein titulierter Anspruch auf Kindesunterhalt, ist – für eine umfassende Analyse – nach den Möglichkeiten des Barunterhaltspflichtigen zu fragen, die Durchsetzung dieses Titels zu verhindern.

1. Abwehr der Vollstreckung

Trotz eines Obhutswechsels kann der bisherige Obhutsinhaber die Vollstreckung aus dem Titel betreiben. Grund dafür ist, dass bei der Vollstreckung der zuständige Gerichtsvollzieher nur noch prüft, ob die Voraussetzungen der Zwangsvollstreckung vorliegen.[454] Mit dem Obhutswechsel oder dem Eintritt der Volljährigkeit ist der bisherige Obhutsinhaber zwar nicht mehr berechtigt, aus

453 BGH, Urteil vom 25.5.1994 – XII ZR 78/93, FamRZ 1994, 1102 (1104).
454 RG, Urteil vom 21.6.1933 – V 392/32, RGZ 140, 423 (429).

dem Titel zu vollstrecken.[455] Nach dem Grundsatz der Trennung von Erkenntnis- und Vollstreckungsverfahren erfolgt allerdings keine Überprüfung des titulierten Anspruchs durch den Gerichtsvollzieher.[456] Da die Berechtigung des bisher Betreuenden nicht vom Gerichtsvollzieher geprüft wird, ist eine Vollstreckung möglich. Der andere Elternteil kann dies auch nicht durch eine Vollstreckungsabwehrklage gemäß § 767 ZPO verhindern, weil die mangelnde Berechtigung keine den Anspruch selbst betreffende Einwendung ist.[457] Möglich ist aber eine Vollstreckungserinnerung nach § 766 Abs. 1 S. 1 ZPO, mit der die Art und Weise der Vollstreckung überprüft werden kann, sodass bei einer Verletzung der Verfahrensvorschriften die Vollstreckungsmaßnahme unzulässig ist.[458]

Um die Vollstreckung und die erforderliche Abwehrmaßnahme zu vermeiden, kann der Barunterhaltspflichtige den Titel an sich herausverlangen.[459]

2. Beseitigung des Titels

Aber nicht nur die mögliche Vollstreckung aus dem erstrittenen Titel ist für den Barunterhaltspflichtigen problematisch. Es ergeben sich auch Schwierigkeiten, wenn das minderjährige Kind in seine Obhut wechselt. Ab diesem Zeitpunkt betreut er das Kind. Zusätzlich ist er aufgrund des gegen ihn erstrittenen Titels aber immer noch zum Barunterhalt verpflichtet. Diese Barunterhaltspflicht könnte mittels Abänderungsantrag gemäß § 238 Abs. 3 FamFG i. V. m. § 323 ZPO beseitigt werden. Bis zur Entscheidung über den Antrag bestünde die Zahlungspflicht fort.[460] Um dem jetzigen Obhutsinhaber einen besseren Rechtsschutz zu geben, wird vertreten, dass mit Übernahme der Obhut die Barunterhaltspflicht erlischt und der jetzige Obhutsinhaber einen familienrechtlichen Ausgleichsanspruch geltend machen kann, wenn der bisherige Obhutsinhaber seiner nunmehr bestehenden Barunterhaltspflicht nicht nachkommt.[461] Die zeitliche Einschränkung des § 238 Abs. 3 FamFG wäre somit unbeachtlich. Damit

455 OLG Koblenz, Beschluss vom 12.7.2004 – 7 WF 570/05, FamRZ 2005, 993 (993).

456 BGH, Urteil vom 18.11.1993 – IX ZR 244/92, NJW 1994, 460 (461).

457 Saenger/*Kindl*, § 767, Rn. 1; *Weinreich*, FuR 2013, 615 (618).

458 Prütting/Gehrlein/*Scheuch*, § 766, Rn. 1, 26.

459 Nach § 1698 Abs. 1 kann der jetzige Obhutsinhaber das Kindesvermögen an sich herausverlangen, zu welchem auch der erstrittene Titel zählt, *Weinreich*, FuR 2013, 615 (618).

460 Dafür *Wever*, Rn. 800; Scholz/Kleffmann/Doering-Striening/*Kühner*, Teil K, Rn. 703; *Jörg Kieninger*, Anm. zu AG Montabaur, Urteil vom 5.11.2007 – 3 F 237/07, jurisPR-FamR 1/2008, Anm. 5; Anders bei Jugendamtsurkunden und gerichtlichen Vereinbarungen, welche keine Rechtskraft entfalten und damit den Einschränkungen des § 238 Abs. 3 FamRG nicht unterliegen, vgl. OLG Nürnberg, Beschluss vom 24.10.2012 – 7 UF 969/12, FamRZ 2013, 796 (797); BGH, Beschluss vom 8.2.2017 – XII ZB 116/16, FamRZ 2017, 611 (613).

461 *Scholz*, Anm. zu BGH Urteil vom 25.5.1994 – XII ZR 78/93, FamRZ 1994, 1314 (1316); *Langheim*, FamRZ 2013, 1529 (1531f.).

könnte dem jetzigen Obhutsinhaber auch für rückständigen Unterhalt ein Ersatzanspruch zustehen.[462] Allerdings würde in einem solchen Fall die Rechtskraft des Titels bloß durch eine Änderung der Umstände entfallen. Dieser Konflikt wurde seit dem 1.9.2009 dadurch entschärft, dass auch die für ein Jahr rückwirkende Herabsetzung der titulierten Unterhaltspflicht gemäß § 238 FamFG möglich ist. Der jetzige Obhutsinhaber kann mit Hilfe dieses Rechtsbehelfs den gegen ihn bestehenden Unterhaltstitel herabsetzen.[463]

Nimmt man hingegen an, mit Hilfe des familienrechtlichen Ausgleichsanspruchs auch Ersatz für Betreuungsleistungen verlangen zu können, wären die Interessen des jetzigen Obhutsinhabers hinreichend geschützt.[464]

IV. Zusammenfassung

Bei der Durchsetzung des familienrechtlichen Ausgleichsanspruchs können erhebliche Schwierigkeiten auftreten, deren Lösungsmöglichkeiten unterschiedlich beurteilt werden. Gerade das Konkurrenzverhältnis von familienrechtlichem Ausgleichsanspruch zum rückständigen Kindesunterhalt wird immer wieder relevant, sofern man eine - zumindest nachträgliche - Tilgungsbestimmung ablehnt. Denn dann bestehen grundsätzlich beide Ansprüche, deren Inhalt wirtschaftlich gesehen der rückständige Kindesunterhalt ist, nebeneinander. Eine einheitliche Lösung existiert nicht. Auch verfahrensrechtlich werfen die Fälle des familienrechtlichen Ausgleichsanspruchs einige Fragen auf. Insbesondere bei Eintritt der Anwendungsfälle des familienrechtlichen Ausgleichsanspruchs während des laufenden Unterhaltsverfahrens unterscheiden sich die oberlandesgerichtlichen Ansichten deutlich. Auch die Möglichkeiten des Barunterhaltspflichtigen bei einer titulierten Barunterhaltspflicht werden nicht einheitlich beurteilt. Damit zeigt sich auch auf der Ebene der Durchsetzbarkeit, dass die Konstruktion des familienrechtlichen Ausgleichsanspruchs uneinheitlich und damit unzureichend ist.

---

462 *Langheim,* FamRZ 2013, 1529 (1531f.).

463 BeckOK/FamFG/*Schlünder*, § 238, Rn. 1, 5; *Götz*, FF 2013, 225 (229).

464 Der BGH lehnt diese Möglichkeit aber ab. Siehe zu der Problematik, Kap. 2 IV. 2.

4. Kapitel: Die familienrechtliche Ersatzhaftung nach § 1607 Abs. 2 BGB – Anwendungsbereich und dessen Verhältnis zu speziellen Vorschriften

Fraglich ist, ob der familienrechtliche Ausgleichsanspruch überhaupt notwendig ist. Dies wäre er nur, sofern sich ein Rückgriffsanspruch sonst nicht anderweitig herleiten ließe.[465] Daher soll im Folgenden untersucht werden, ob sich ein Erstattungsanspruch für den Ausgleichsberechtigten aus der Ersatzhaftung und der damit einhergehenden übergegangenen Forderung (analog) § 1607 Abs. 2 herleiten lässt.[466] Hierbei ist zunächst nicht nur auf die einzelnen Voraussetzungen der Ersatzhaftung einzugehen, sondern auch auf spezielle unterhaltsrechtliche Vorschriften, die eventuell Anwendung finden. Im Anschluss daran soll insbesondere die historische Entwicklung erläutert und damit die Herleitung des Anspruchs aus der Ersatzhaftung erarbeitet werden.[467] Mögliche weitere Anspruchsgrundlagen und die sich daraus ergebenden Probleme auf Konkurrenzebene werden im weiteren Verlauf erörtert, um ein umfassendes Bild der in Betracht kommenden Regressmöglichkeiten zeichnen zu können.[468]

§ 1607 Abs. 2 ordnet für den Fall, dass ein nachrangig Unterhaltsverpflichteter die Unterhaltszahlungen übernimmt,[469] einen gesetzlichen Forderungsübergang an, vgl. § 1607 Abs. 2 S. 2.[470]

Der Unterschied zu § 1607 Abs. 1 besteht darin, dass dieser die Unterhaltspflicht einem gemäß § 1603 nachrangig Haftenden auferlegt, weil der vorrangig Haftende nicht unterhaltspflichtig ist, zum Beispiel mangels Leistungsfähig-

465 Vgl. BVerfG, Beschluss vom 25. 1. 2011 – 1 BvR 918/10, NJW 2011, 836 (838); *Bernd Rüthers/ Christian Fischer/Alex Birk*, Rechtstheorie – mit Juristischer Methodenlehre, 10. Auflage, 2018, Rn. 235.

466 Diese Möglichkeit prüfend OLG Oldenburg, 19. April 1988, Urteil vom 19. 4. 1988 – 12 UF 163/87,S. 6.

467 Siehe hierzu Kap. 5.

468 Siehe zu diesen Ausführungen Kap. 6.

469 Ersetzt werden auch Mehr- und Sonderbedarf, weil sie den Bedarf des Kindes erhöhen, vgl. AG Wuppertal, Urteil vom 21. 1. 2004 – 267 F 153/03, FamRZ 2004, 1746 (1746). Vgl. zu diesen Kosten Kap. 2 I. 1.

470 *Christiane Wendehorst*, Der Rückgriff, Jura 2004, 505 (509).

keit.[471] Es wird dem Verwandten also eine eigene Unterhaltspflicht ohne Regressmöglichkeit auferlegt.[472] Im Falle des Absatzes 2 hingegen bleibt es bei der Unterhaltspflicht des vorrangig Haftenden, wobei eine Durchsetzung des Unterhaltsanspruchs unmöglich oder erheblich erschwert ist, vgl. § 1607 Abs. 2 S. 1.[473] Den Ersatzpflichtigen trifft nur eine subsidiäre Haftung.[474] Bei der zu untersuchenden Situation liegen die Voraussetzungen für den Unterhalt vor, sodass der Anspruchsgegner unterhaltspflichtig ist. Demnach kommt die Anwendung von § 1607 Abs. 1 vorliegend nicht in Betracht.

§ 1607 Abs. 3 schreibt für den Fall, dass unter den Voraussetzungen des Absatzes 2 ein nicht unterhaltspflichtiger Verwandter den Unterhalt freiwillig leistet, ebenfalls einen Forderungsübergang vor.[475] Da es sich bei den Zahlungen bei der Fallgestaltung des familienrechtlichen Ausgleichsanspruchs nicht um freiwillige Zahlungen eines nicht unterhaltspflichtigen Verwandten handelt,[476] scheidet auch § 1607 Abs. 3 aus.[477]

Insgesamt soll mit § 1607 also der Unterhalt garantiert[478] und in den Fällen der Absätze 2 und 3 die Bereitschaft, den Unterhalt vorzustrecken und als Ausgleich die Forderung durch die cessio legis zu erlangen, lanciert werden.[479]

Da die Leistungsfähigkeit des Barunterhaltspflichtigen besteht und es sich bei den Zahlungen nicht um überobligatorische, freiwillige Leistungen Dritter, son-

471 MüKo/BGB/*Born*, § 1607, Rn. 2f.; HK-BGB/*Kemper*, § 1607, Rn. 2; *Dieter Büte*, Die Ersatzhaftung der Großeltern, FuR 2005, 433 (433).

472 Johannsen/Henrich/*Graba/Maier*, § 1607, Rn. 3; Scholz/Kleffmann/Doering-Striening/*Grandke*, Teil K, Rn. 12; MüKo/BGB/*Born*, § 1607, Rn. 4; jurisPK-BGB/*Viefhues*, § 1607, Rn. 2f.; BeckOK/BGB/*Reinken*, § 1607, Rn. 3; *Simone Schims*, Der gesetzliche Forderungsübergang. Wirkweise und Funktion für den Regress bei drittseitiger Schuldsicherung, 2006, S. 74.

473 BeckOGK/BGB/*Gerlach*, § 1607 Rn. 5.

474 Erman/*Hammermann*, § 1607, Rn. 8; Staudinger/*Klinkhammer*, § 1607, Rn. 11.

475 BT-Drs. 13/7338, S. 21; BeckOGK/BGB/*Gerlach*, § 1607 Rn. 6.

476 Vgl. hierzu die Ausführungen zu der Voraussetzung des familienrechtlichen Ausgleichsanspruchs, mit Regressabsicht geleistet haben zu müssen, Kap. 2 II. 2.

477 Anders *Claudia Mayer*, Haftung und Paarbeziehung, 2017, S. 421–427, die einen Regressanspruch analog § 1607 Abs. 3 S. 1 herleitet. Begründet wird dies vor allem damit, dass dem Leistenden nicht die zusätzlichen Voraussetzungen des § 1607 Abs. 2 S. 1 zugemutet werden könnten. Überdies passe § 1607 Abs. 2 S. 1 nicht auf die gleichrangig haftenden Eltern, die bei Unfähigkeit des Einen für den gesamten Unterhalt aufkämen, S. 425. Dabei verkennt Mayer, dass die Anwendung des § 1607 Abs. 2. S. 1 auf gleichrangig Haftende anerkannt ist, vgl. Kap. 4 I. 1., und bei Ausfall des einen Elternteils § 1607 Abs. 1 Anwendung findet.

478 Staudinger/BGB/*Klinkhammer*, § 1607, Rn. 1; BeckOGK/BGB/*Gerlach*, § 1607 Rn. 2; Johannsen/Heinrich/*Graba/Maier*, § 1607, Rn. 1; MüKo/BGB/*Born*, § 1607, Rn. 1; Erman/*Hammermann*, § 1607, Rn. 1; *Schims*, Der gesetzliche Forderungsübergang, S. 74.

479 BGH, Urteil vom 27.11.2002 – XII ZR 295/00, FPR 2003, 215 (216); Weinreich/Klein/*Eder*, § 1607, Rn. 5; *Büte*, FuR 2005, 433 (433); Büte/Poppen/Menne/*Büte*, § 1607, Rn. 1; *Jan Kropholler*, Die Stellung des Unterhaltszweitschuldners, FamRZ 1965, 413 (416).

dern um notwendige, den Bedarf deckende Leistungen handelt, kommt nur § 1607 Abs. 2 in Betracht.

I. Voraussetzungen

§ 1607 Abs. 2 S. 1 normiert eine Ersatzhaftung für den Fall, dass die Rechtsverfolgung gegen einen Verwandten im Inland ausgeschlossen oder erheblich erschwert ist. Fraglich ist daher zum einen, für welche Personen diese Ersatzhaftung gilt, und zum anderen, wann eine Rechtsverfolgung ausgeschlossen beziehungsweise erheblich erschwert ist. Im Gegensatz zu Absatz 1 muss der Unterhaltspflichtige leistungsfähig sein.[480]

1. Ersatzpflichtiger

Zu betrachten ist zunächst, wer Ersatzpflichtiger ist; § 1607 Abs. 2 S. 1 verweist hierfür auf § 1607 Abs. 1. Dort ist die eigene Unterhaltspflicht des nachrangig haftenden Verwandten normiert.[481] Aus diesem Verweis wird deutlich, dass auch bei § 1607 Abs. 2 S. 1 der Zahlende ein nachrangig haftender Verwandter ist.[482] Dementsprechend müsste schon hier eine Anwendung der zu untersuchenden Situation auf § 1607 Abs. 2 verneint werden.

Darüber hinaus wird der Absatz 2 entsprechend auf gleichrangig Haftende, wie zum Beispiel Eltern,[483] angewandt.[484] Winfried Born verneint den Anwen-

480 Johannsen/Henrich/*Graba/Maier*, § 1607, Rn. 5.

481 BeckOK/BGB/*Reinken*, § 1607, Rn. 3.

482 BT-Drs. 13/7338, S. 21; Staudinger/BGB/*Klinkhammer*, § 1607, Rn. 11; BeckOK/BGB/*Reinken*, § 1607 Rn. 16.

483 BT-Drs. 8/1952, S. 6; Wendl/Dose/*Klinkhammer*, § 2, Rn. 801; Jauernig/*Budzikiewicz*, Anm. zu §§ 1606–1608, Rn. 1; Erman/*Hammermann*, § 1607, Rn. 12. Im Ergebnis so auch *Wittko* (S. 6f.). Dieser begründet die Anwendbarkeit des § 1607 Abs. 2 aber damit, dass zwar die Eltern an sich teilschuldnerisch den Kindesunterhalt schulden, die konkrete Unterhaltsschuld somit aufgeteilt würde. Aus dieser Aufteilung ergäbe sich, dass der Teil, den der andere Elternteil schuldet, aber keine gleichrangige Schuld darstelle. Daher sei der Barunterhalt für den Naturalunterhaltsverpflichteten eine nachrangige Schuld, sodass einer Anwendung der Ersatzhaftung gem. § 1607 Abs. 2 nichts im Wege stünde.

484 BGH, Urteil vom 26.6.1968 – IV ZR 601/68, NJW 1968, 1780 (1781) noch mit Einschränkungen; BGH, Urteil vom 13.7.1971 – VI ZR 260/69, FamRZ 1971, 571 (573); BGH, Urteil vom 26.4.1989 – IVb ZR 42/88, FamRZ 1989, 850 (851); RGRK/*Mutschler*, Das Bürgerliche Gesetzbuch mit besonderer Berücksichtigung der Rechtsprechung des Reichsgerichts und des Bundesgerichtshofes, Band IV, 3. Teil, 12. Auflage, 1990, § 1607, Rn. 4; Staudinger/BGB/*Klinkhammer*, § 1607, Rn. 13; Erman/*Hammermann*, § 1607, Rn. 12; BeckOK/BGB/*Reinken*, § 1607, Rn. 20; Koch/*Wellenhofer*, § 6, Rn. 29; a. A. *Beitzke*, in: FS Hedemann, S. 1 (5), der aufgrund der Struktur des § 1607 diese Norm für Teilschuldner nicht anwendet; *Galinsky*,

dungsbereich für Eltern, wenn – wie in dem vorliegenden Fall – ein Elternteil für den eigentlich verpflichteten anderen Elternteil zahlt und später diese Beträge ersetzt bekommen möchte mit der Begründung, dass bei einer Anwendung des § 1607 Abs. 2 der familienrechtliche Ausgleichsanspruch unnötig sei.[485] Anstatt den vom BGH geschaffenen Anspruch kritisch zu hinterfragen, nimmt *Born* den familienrechtlichen Ausgleichsanspruch vorbehaltlos an und lehnt mit diesem Rechtsinstitut einen normierten Anspruch ab. Sich auf einen von der Rechtsprechung geschaffenen Anspruch zu stützen und deshalb einen Anspruch aus geschriebenem Recht zu verneinen, obwohl der entwickelte Anspruch (unter anderem) deshalb geschaffen wurde, weil Ansprüche aus dem Gesetz fraglich seien, ist ein Zirkelschluss. Vorrangig ist das geschriebene Recht heranzuziehen. Daher muss zunächst geprüft werden, ob ein Anspruch aus dem Gesetz einschlägig ist. Erst wenn das Gesetz keine Lösung bietet, kann die Rechtsfortbildung durch Konstruierung eines neuen Anspruchs als Hilfe herangezogen werden.[486] Daher überzeugt der Verweis auf den laut Born ansonsten überflüssigen Ausgleichsanspruch[487] nicht. Im Übrigen wendet Born die Ersatzhaftung des § 1607 Abs. 2 widersprüchlicherweise auf Eltern an, sofern es sich um eine Ausfallhaftung gemäß § 1606 handelt.[488]

Ersatzpflichtiger nach § 1607 Abs. 2 S. 1 kann also entweder der nachrangig oder der gleichrangig haftende Verwandte sein. Daher ist die Ersatzhaftung auch bei gleichrangig haftenden Eltern anwendbar und damit insofern auch auf die Konstellation des familienrechtlichen Ausgleichsanspruchs übertragbar.

FPR 2013, 529 (530), der eine generelle Anwendbarkeit bei gleichrangig Verpflichteten ablehnt, ohne dies jedoch näher zu begründen; ebenso ablehnend Weinreich/Klein/*Eder*, § 1607, Rn. 18, weil in diesem Fall auf den familienrechtlichen Ausgleichsanspruch zurückgegriffen werden müsse.

485 MüKo/BGB/*Born*, § 1607, Rn. 12.

486 BVerfG, Beschluss vom 25.1.2011 – 1 BvR 918/10, NJW 2011, 836 (838); *Karl Larenz/Claus-Wilhelm Canaris*, Methodenlehre der Rechtswissenschaft, 3. Auflage, 1995, S. 189; *Rüthers/Fischer/Birk*, Rn. 235; siehe auch insbesondere *Theo Mayer-Maly*, Über die der Rechtswissenschaft und der richterlichen Rechtsfortbildung gezogenen Grenzen, JZ 1986, 557 (561), der darauf verweist, dass nur durch die Bindung der Richter an das Gesetz voraussehbare und berechenbare Entscheidungen getroffen werden könnten.

487 MüKo/BGB/*Born*, § 1607, Rn. 12.

488 MüKo/BGB/*Born*, § 1607, Rn. 11. Zur Ausfallhaftung siehe Kap. 4 IV.

2. Unmöglichkeit oder erhebliche Erschwerung der Rechtsverfolgung

Die geläufigsten Anwendungsbeispiele für die Annahme einer ausgeschlossenen Rechtsverfolgung sind Auslandswohnsitz[489] und unbekannter Aufenthaltsort[490]. Ist die Rechtsverfolgung aufgrund höherer Gewalt für einen längeren Zeitraum nicht möglich, so fällt auch dies in den Anwendungsbereich des § 1607 Abs. 2 S. 1.[491] Ebenso wird im Fall der unbekannten oder nicht gemäß § 1600 d gerichtlich festgestellten beziehungsweise nicht gemäß § 1594 Abs. 1 anerkannten Vaterschaft eine Rechtsverfolgung als unmöglich im Sinne des § 1607 Abs. 2 S. 1 angenommen.[492] Auch ist bei Stillstand der Rechtspflege die Rechtsverfolgung ausgeschlossen.[493] Darüber hinaus ist die Durchsetzung eines Anspruchs gegen solche Personen unmöglich, die nach §§ 18–20 GVG Immunität genießen.[494]

Erheblich erschwert ist die Rechtsverfolgung dann, wenn der Aufenthaltsort des Unterhaltspflichtigen zwar nicht unbekannt ist, dieser aber vielfach umzieht.[495] Versucht der Unterhaltspflichtige, sich der Zahlungspflicht zu entziehen, so dürfte dies ebenfalls als erhebliche Erschwerung der Rechtsverfolgung gewertet werden.

Auch unter diese Fallgruppe wird die Situation subsumiert, bei der ein vollstreckungsfähiges Vermögen nicht vorhanden sein wird.[496] Der Begriff »Rechtsverfolgung« meint also auch Hindernisse bei der Zwangsvollstreckung.[497] Befindet sich der Unterhaltspflichtige in Untersuchungshaft oder in Strafhaft, so wird die Rechtsverfolgung ebenfalls für erheblich erschwert angesehen.[498] Begründet wird dies damit, dass jemand, der sich in Untersuchungs- oder Strafhaft aufhält, als nicht leistungsfähig anzusehen ist.[499] Die Leistungsunfähigkeit des

489 Zu Auslandswohnsitz des Kindes siehe BGH, Urteil vom 26.6.1968 – IV ZR 601/68, NJW 1968, 1780 (1781).

490 BGH, Urteil vom 13.7.1971 – VI ZR 260/69, FamRZ 1971, 571 (573); OLG Karlsruhe, Beschluss vom 22.12.2014 – 5 WF 86/14, FamRZ 2015, 1507 (1507).

491 Scholz/Kleffmann/Doering-Striening/*Grandke*, Teil K, Rn. 15.

492 BGH, Urteil vom 17.2.1993 – XII ZR 238/91, FamRZ 1993, 696 (697); OLG Brandenburg, Urteil vom 25.2.2003 – 10 UF 82/02, FamRZ 2004, 560 (561); OLG Jena, Beschluss vom 29.10.2009 – 1 WF 258/09, FamRZ 2010, 746 (747).

493 BeckOGK/BGB/*Gerlach*, § 1607 Rn. 36; BeckOK/BGB/*Reinken*, § 1607 Rn. 18.

494 Staudinger/BGB/*Klinkhammer*, § 1607, Rn. 18.

495 AG Alsfeld, Urteil vom 26.4.1974 – C 233/74, DAVorm 1974, 518 (519); Johannsen/Henrich/*Graba/Maier*, § 1607, Rn. 5; Heiß/Born/*Heiß/Heiß*, 1. Teil, 3. Kap., Rn. 61.

496 BGH, Urteil vom 8.6.2005 – XII ZR 75/04, NJW 2006, 142 (145f.); OLG Karlsruhe, Urteil vom 15.1.1991 – 18 UF 117/89, FamRZ 1991, 971 (973); OLG Hamm, Urteil vom 12.6.2003 – 3 UF 460/02, FamRZ 2005, 57 (57).

497 So auch RGRK/*Mutschler*, Bd. IV, 3. Teil, § 1607, Rn. 5; Staudinger/BGB/*Klinkhammer*, § 1607, Rn. 14; Weinreich/Klein/*Eder*, § 1607, Rn. 14; MüKo/BGB/*Born*, § 1607, Rn. 8; *Dölle*, Bd. 2, S. 15; *Galinsky*, FPR 2013, 529 (530).

498 AG Bad Homburg, Urteil vom 2.12.1998 – 9 F 423/98, FamRZ 1999, 1450 (1450).

499 OLG Naumburg, Urteil vom 27.8.2009 – 4 UF 24/08, JAmt 2009, 578 (579).

Unterhaltspflichtigen betrifft aber grundsätzlich den Anwendungsbereich des § 1607 Abs. 1.[500] Im Falle einer Insolvenz wird differenziert. Die Durchsetzung der Unterhaltsansprüche, die bei Eröffnung des Insolvenzverfahrens bereits bestanden, ist erheblich erschwert.[501] Zukünftige Forderungen hingegen können mangels Zugehörigkeit zu den Insolvenzforderungen durchgesetzt werden.[502]

Insgesamt meint Rechtsverfolgung die Geltendmachung des Anspruchs vor Gericht.[503] Die Grenzen zwischen Unmöglichkeit und erheblicher Erschwerung der Rechtsverfolgung scheinen nicht immer eindeutig. Es handelt sich bei den Fällen des § 1607 Abs. 2 S. 1 aber stets um solche, bei denen ein Hindernis auf prozessualer Ebene auftritt.[504] Dieses Hindernis muss die Existenz des Unterhaltsberechtigten gefährden.[505]

Aus dem Wortlaut des § 1607 Abs. 2 S. 1 ergibt sich nicht ausdrücklich, für wen die Rechtsverfolgung unmöglich oder erheblich erschwert sein muss.[506] Denkbar ist, dass es sich hierbei um eine objektive[507] Voraussetzung handelt. Somit wäre eine generelle, für jede Person vorliegende Unmöglichkeit oder erhebliche Erschwernis hinsichtlich der Rechtsverfolgung vorauszusetzen. Aus der Systematik und dem Telos der Norm ergibt sich aber, dass es bei der Voraussetzung auf ein prozessuales Hindernis für den Unterhaltsberechtigten ankommt. Denn dieser soll geschützt und ihm die Bereitstellung des Unterhalts garantiert werden. Ob dieses Hindernis auch für andere Personen vorliegt, ist hier wohl nicht relevant. Daher handelt es sich um eine subjektive Voraussetzung, die für den Unterhaltsberechtigten vorliegen muss.

---

500 In dem dem AG Bad Homburg zugrunde liegenden Fall kam es aber nicht auf die Leistungsunfähigkeit an sich an, sondern auf die Entziehung der Unterhaltspflicht durch die Herbeiführung der Leistungsunfähigkeit. Der Schwerpunkt ist an dieser Stelle ein anderer, sodass es gerechtfertigt erscheint, diesen Fall der Entziehung unter die Voraussetzungen des § 1607 Abs. 2 S. 1 zu subsumieren.

501 OLG Dresden, Beschluss vom 9. 11. 2005 – 21 UF 486/05, FamRZ 2006, 569 (569 f.).

502 Vgl. OLG Koblenz, Teilurteil vom 15. 5. 2002 – 9 UF 440/01, FamRZ 2003, 109 (109).

503 Vgl. Weinreich/Klein/*Eder*, § 1607, Rn. 13; Staudinger/BGB/*Klinkhammer*, § 1607, Rn. 14.

504 Staudinger/BGB/*Klinkhammer*, § 1607, Rn. 15.

505 Johannsen/Henrich/*Graba/Maier*, § 1607, Rn. 5; Staudinger/BGB/*Klinkhammer*, § 1607, Rn. 21.

506 auch nicht klarstellend insbesondere: MüKo/BGB/*Born*, § 1607, Rn. 8–10; Johannsen/Henrich/*Graba/Maier*, § 1607, Rn. 5; Erman/*Hammermann*, § 1607, Rn. 9–11.

507 Der Begriff wird hier angelehnt an § 275 BGB. Dort wird ebenfalls zwischen Objektivität, also Unabhängigkeit von einer bestimmten Person und damit insgesamt, und Subjektivität, demnach bezogen auf eine bestimmte Person, unterschieden, vgl. MüKo/BGB/*Ernst*, Münchener Kommentar, BGB, Band 2, 8. Auflage, 2019, § 275, Rn. 36, 55; BeckOK/BGB/*Lorenz*, § 275, Rn. 21, 45.

II. Rechtsfolgen

Liegen die Voraussetzungen des § 1607 Abs. 2 S. 1 vor, so ist der nachrangig beziehungsweise gleichrangig haftende Verwandte zu den ersatzweisen Unterhaltsleistungen verpflichtet. Bei mehreren ersatzweise Haftenden bestimmt sich die Unterhaltspflicht anteilig nach ihren Erwerbs- und Vermögenverhältnissen, vgl. § 1606 Abs. 3 S. 1.[508] Mit den Zahlungen wird die Unterhaltspflicht des Unterhaltspflichtigen aber nicht erfüllt, sodass diese weiterhin besteht.[509] § 1607 Abs. 2 S. 2 bestimmt, dass der Unterhaltsanspruch auf den zur Zahlung Verpflichteten übergeht.[510] Der gesetzliche Forderungsübergang (cessio legis)[511] erfolgt dabei nur in der Höhe, in der der Ersatzpflichtige Zahlungen getätigt hat.[512]

Auch ist der Anspruch nach oben hin begrenzt. Sollte der Ersatzhaftende dem Unterhaltsberechtigten mehr zahlen, als dieser vom Unterhaltsschuldner fordern kann, so beschränkt sich der Forderungsübergang auf die Höhe des vom Unterhaltsberechtigten Forderbaren. Die übrigen, darüber hinausgehenden Zahlungen sind als freiwillig, nicht nach § 1607 Abs. 2 S. 1 von der Ersatzpflicht und somit auch nicht als von dem Forderungsübergang nach § 1607 Abs. 2 S. 2 umfasst zu qualifizieren.[513]

Vereinzelt wird darauf hingewiesen, dass nicht nur Bar-, sondern auch Natural- beziehungsweise Betreuungsleistungen mit Hilfe des § 1607 Abs. 2 S. 2 vom Unterhaltspflichtigen ersetzt verlangt werden können.[514] Freilich dürfte der Fall, dass der sich der Unterhaltspflicht Entziehende zu Betreuungs- oder Naturalleistungen verpflichtet ist – zum Beispiel durch die vorherige Betreuung seinerseits und der bisher unveränderten Titulierung der Barunterhaltspflicht des

508 RGRK/*Mutschler*, Bd. IV, 3. Teil, § 1607, Rn. 4.

509 MüKo/BGB/*Born*, § 1607, Rn. 7; *Büte*, FuR 2005, 433 (435); vgl. auch *Dagmar Coester-Waltjen*, Der gesetzliche Forderungsübergang, Jura 1997, 609 (609).

510 Staudinger/BGB/*Klinkhammer*, § 1607, Rn. 29; MüKo/BGB/*Born*, § 1607, Rn. 2; *Soyka*, FPR 2003, 631 (632); *Holzhauer*, in: FS Wolf, S. 223 (238).

511 *Coester-Waltjen*, Jura 1997, 609 (609).

512 Staudinger/BGB/*Klinkhammer*, § 1607, Rn. 30; *Dölle*, Bd. 2, S. 15; bezüglich der cessio legis nach § 1607 Abs. 3. S. 2 ebenso *Benedikt Forschner*, Zum Regress des »überobligatorisch« leistenden Scheinvaters, FamRZ 2013, 1700 (1701).

513 Koch/*Wellenhofer*, § 6, Rn. 32.

514 So auch schon *Gottlieb Planck*, Bürgerliches Gesetzbuch nebst Einführungsgesetz, Band 4: Familienrecht, 1. und 2. Auflage, 1901, S. 362; ebenso LG Bielefeld, Urteil vom 24.1.2006 – 20 S 118/05, BeckRS 2006, 14274 (14274); Wendl/Dose/*Klinkhammer*, § 2, Rn. 800; *Graba*, NJW 2016, 833 (837); Johannsen/Henrich/*Graba/Maier*, § 1607, Rn. 8, zwar zu § 1607 Abs. 3, inhaltlich bezieht sich diese Ausführung aber nicht auf die Besonderheiten des dritten Absatzes, sodass sich daraus durchaus eine allgemein gültige Aussage ableiten lässt; a. A. Heiß/Born/*Kohlenberg*, 1. Teil, 12. Kap., Rn. 151, die sich nur auf den Barunterhalt beziehen. Im Übrigen wird diese Frage nicht thematisiert, sondern stets von Unterhalt gesprochen, vgl. hierzu u. a. MüKo/BGB/*Born*, § 1607, Rn. 7–14; BeckOK/BGB/*Reinken*, § 1607, Rn. 17–21; Koch/*Wellenhofer*, § 6, Rn. 28–32; Büte/Poppen/Menne/*Büte*, § 1607, Rn. 6f.

anderen Elternteils – und sich damit die Ersatzhaftung auf die Betreuungs- oder Naturalleistungen bezieht, nur selten eintreten.[515]

Der Ersatzhaftende kann sich folglich an den Unterhaltspflichtigen wenden, um Ersatz für die geleisteten Zahlungen nach § 1607 Abs. 2 S. 1 zu erlangen. Die Ersatzpflicht und der damit einhergehende Forderungsübergang gelten aber nur für den Zeitraum, in dem die Rechtsverfolgung unmöglich oder erheblich erschwert ist. Entfallen die hierfür erforderlichen Voraussetzungen, scheidet die Anwendung des § 1607 Abs. 2 ebenso aus, wie für den Zeitraum vor Eintreten der Voraussetzungen. Die cessio legis erfolgt auch dann nicht, wenn der Anspruch beim ursprünglichen Gläubiger nicht entstanden ist.[516]

Der gesetzliche Forderungsübergang darf außerdem nicht dazu führen, dass der Unterhaltsanspruch des Unterhaltsberechtigten beeinträchtigt wird, vgl. § 1607 Abs. 4.[517] Die Begrenzung des § 1607 Abs. 4 gilt nur für den kohärenten Unterhaltsanspruch des Berechtigten, nicht jedoch für andere Forderungen gegen den Unterhaltsschuldner.[518] Die Zahlungen an den Ersatzhaftenden können demnach die Leistungsfähigkeit des Unterhaltspflichtigen bei zukünftigen Unterhaltsansprüchen nicht beeinträchtigen.[519] Gemäß § 1605 Abs. 1 S. 1 muss der Ersatzhaftende auf Verlangen des Kindes über sein Einkommen und Vermögen Auskunft gewähren.[520]

Die Beweislast für die obigen Voraussetzungen trägt der Unterhaltsberechtigte.[521] Hinsichtlich der erbrachten Leistungen muss jedoch der Anspruchsinhaber der übergegangenen Forderung den Beweis führen.[522]

III. Anwendbarkeit spezieller Vorschriften

Es stellt sich die Frage, inwieweit spezielle Vorschriften anzuwenden sind. Grundsätzlich ist bei einem Forderungsübergang kraft Gesetz § 412 zu beachten. Gemäß § 412 sind die Vorschriften der §§ 399–404 und §§ 406–410 entsprechend

515 Weil der familienrechtliche Ausgleichsanspruch nur Barunterhalt zu ersetzen vermag, handelt es sich bei selbigem in dieser Hinsicht um einen weitergehenden Regress nach § 1607 Abs. 2 S. 2, mithin um einen Vorteil. Siehe hierzu auch Kap. 7 II. 2.

516 *Coester-Waltjen*, Jura 1997, 609 (609).

517 Dies folgt aus dem Grundsatz nemo subrogat contra se, vgl. RG, Urteil vom 2. 4. 1913 – V 504/12, RGZ 82, 133 (135 f.) m. w. N.

518 Vgl. *Hans Heinz Herpers*, Über den Nachteil des Gläubigers bei der Legalzession, AcP 166 (1966), 454 (457).

519 MüKo/BGB/*Born*, § 1607, Rn. 23.

520 BeckOGK/BGB/Gerlach, § 1607, Rn. 43.

521 Palandt/*Brudermüller*, § 1607, Rn. 20; BeckOK/BGB/*Reinken*, § 1607 Rn. 34.

522 BeckOK/BGB/*Reinken*, § 1607 Rn. 34; MüKo/BGB/*Born*, § 1607, Rn. 27; *Büte*, FuR 2005, 433 (435).

anzuwenden. Folglich würden nach § 401 alle Neben- und Vorzugsrechte auf den neuen Gläubiger übergehen. Der Schuldner hingegen könnte gemäß § 404 auch dem neuen Gläubiger bestimmte Einwendungen entgegenhalten. Ob dies auch bei dem Forderungsübergang gemäß § 1607 Abs. 2 S. 2 uneingeschränkt gilt, muss überprüft werden. Sollte dies bejaht werden, so unterliegt der Anspruch weiterhin bestimmten Einschränkungen, wie zum Beispiel denen des § 1613 Abs. 1. Andererseits würde in diesem Fall dies den neuen Gläubiger bei der Zwangsvollstreckung gegen den Schuldner durch die Beibehaltung des Pfändungsvorrechts gemäß § 850 d ZPO besserstellen. Im Folgenden soll nicht nur die Anwendbarkeit familienrechtlicher, sondern auch andere zivilrechtlicher und zivilprozessrechtlicher Normen untersucht werden.

Für die nachfolgende Argumentation hinsichtlich der zu untersuchenden speziellen Vorschriften ist die Frage nach der Rechtsnatur des gemäß § 1607 Abs. 2 S. 2 übergegangenen Anspruchs von Bedeutung.[523] Ob es sich weiterhin um einen Unterhaltsanspruch handelt, bei dem spezielle Regelungen zu beachten wären, oder um einen eigenen Ersatzanspruch des Ersatzhaftenden, bei dem diese Normen grundsätzlich nicht anzuwenden wären, wird unterschiedlich beurteilt.

Es wird vertreten, dass der Anspruch auch nach dem Forderungsübergang seine Rechtsnatur als Unterhaltsanspruch behält.[524] Das Hauptargument ist, dass es trotz Gläubigerwechsels inhaltlich weiterhin um den Unterhalt des Unterhaltsbedürftigen geht.[525] Aus dem Wortlaut des § 1607 Abs. 2 S. 2 »Der Anspruch [...] geht [...] auf diesen über« ergibt sich eine Änderung der Rechtsnatur im Grunde nicht ohne Weiteres. Vielmehr deutet der Wortlaut darauf hin, dass der Anspruch seine Rechtsnatur behält, denn der Anspruch des Kindes soll auf den Ersatzhaftenden übergehen. Dieser soll also der neue Anspruchsinhaber des

523 A.A. Staudinger/BGB/*Klinkhammer*, § 1607, Rn. 32; Erman/*Hammermann*, § 1607, Rn. 16, welche die Rechtsnatur des Anspruchs in Hinblick auf die Anwendbarkeit einzelner Vorschriften für unerheblich halten und die Anwendbarkeit davon losgelöst prüfen. In der Tat müssen die einzelnen Vorschriften gesondert auf ihre Anwendbarkeit hin überprüft werden. Es macht bei der Betrachtung jedoch durchaus einen Unterschied, ob es sich um einen Unterhaltsanspruch handelt oder nicht, weil die Rechtsnatur bei der jeweiligen Argumentation berücksichtigt werden muss. Daher kann über das Problem der Rechtsnatur nicht ohne Weiteres hinweggegangen werden.

524 BGH, Beschluss vom 11.3.1981 – IVb ZB 705/80, MDR 1981, 741 (741); BGH, Beschluss vom 1.4.1981 – IVb ZB 877/80, FamRZ 1981, 657 (657); Saenger/*Kemper*, § 850d, Rn. 5; Weinreich/Klein/*Eder*, § 1607, Rn. 13; Scholz/Kleffmann/Doering-Striening/*Grandke*, Teil K, Rn. 18; jurisPK-BGB/*Viefhues*, § 1607, Rn. 47; *Jürgen Hegmann*, Die Beschränkung der Ersatzansprüche Dritter durch § 1613, FamRZ 1973, 435 (438); *Galinsky*, FPR 2013, 529 (532); wohl auch *Dieter Brüggemann*, Rechtsnachfolge in Unterhaltsansprüche. Überleitung – gesetzlicher Übergang – Pfändung, DAVorm 1993, 217 (217).

525 BGH, Beschluss vom 11.3.1981 – IVb ZB 705/80, MDR 1981, 741 (741).

Unterhaltsanspruchs sein. Dass hiermit ein eigener Ersatzanspruch entstehen soll, lässt sich aus dem Wortlaut nicht herleiten.

Andere plädieren für den Wechsel der Rechtsnatur und nehmen an, der Ersatzhaftende erhalte einen eigenen Ersatzanspruch.[526] Demzufolge dürften auch die Vorschriften bezüglich der Unterhaltsansprüche nicht anzuwenden sein.[527] Begründet wird dies mit dem Sinn und Zweck des Unterhaltsanspruchs allgemein. Der Unterhaltsanspruch dient der Deckung des Lebensbedarfs des Bedürftigen, vgl. § 1610 Abs. 2. Der Lebensbedarf des Bedürftigen wird aber insoweit schon gedeckt, als der Ersatzhaftende die Zahlungen an den Bedürftigen tätigt. Durch den Forderungsübergang kann sich der Ersatzhaftende nun an den Unterhaltspflichtigen wenden, um in dieser Höhe Ersatz zu fordern. Mit diesem Anspruch soll aber nicht der Lebensbedarf des Bedürftigen (und auch nicht des Ersatzhaftenden) gedeckt werden. Daher handle es sich nicht mehr um einen Unterhaltsanspruch, sondern um einen Ersatzanspruch des Ersatzhaftenden.

Die zweite Ansicht ist vorzugswürdig. Der Regress dient nicht mehr der Bedarfsdeckung. Daher nimmt auch die zunächst dargestellte Meinung bei der Anwendung spezieller Vorschriften bezüglich des Unterhaltsanspruchs einige Abweichungen vor.[528]

Eine zwischen Bedürftigen und Verpflichteten vergleichbare Beziehung, die für die Parteien des Verwandtenunterhalts nach §§ 1601 ff. wesentlich ist, muss nicht zwingend zwischen Leistendem und Verpflichtetem bestehen. Auch bei Bürg- oder Erbschaften handelt es sich bei dem übergegangenen Anspruch nicht mehr um einen Unterhaltsanspruch.[529] Folglich muss auch nach der Systematik des BGB die übergegangene Forderung als Ersatzhaftung klassifiziert werden. Ob trotz des Verlustes des Unterhaltscharakters einzelne unterhaltsrechtliche Vorschriften Anwendung finden (müssen), ist zu untersuchen.

526 OLG Köln, Beschluss vom 24.8.1937 – 4 W 203/37, JW 1937, 3160 (3160), welches dem Ersatzanspruch aber den gleichen Umfang und die gleiche Wirkung wie dem Unterhaltsanspruch zuspricht; OLG Celle, Urteil vom 25.10.1973 – 16 U 87/73, NJW 1974, 504 (504); *Dölle*, Bd. 2, S. 15; RGRK/*Mutschler*, Bd. IV, 3. Teil, § 1607, Rn. 8; *Jürgen Frisinger*, Anm. zu BAG, Urteil vom 18.2.1971 – 5 AZR 296/70, NJW 1972, 75 (76).

527 *Frisinger*, Anm. zu BAG, Urteil vom 18.2.1971 – 5 AZR 296/70, NJW 192, 75 (76); *Gerhard Ludwig Grethlein*, Übergang von Unterhaltsforderungen: Ein Beitrag zur Lehre vom Forderungsübergang kraft Gesetzes, 1955, S. 92.

528 MüKo/BGB/*Born*, § 1607, Rn. 13; *Coester-Waltjen*, Jura 1997, 609 (609).

529 Vgl. OLG Würzburg, Beschluss vom 20.7.1961 – 3 T 38/61, MDR 1961, 1024 (1024); Zöller/*Herget*, § 850d, Rn. 4.

1. Vermutung des § 1360 b BGB

Geht ein Elternteil gegen den anderen Elternteil aus übergegangenem Recht vor, so stellt sich die Frage, ob die Vermutung des § 1360 b, welcher davon ausgeht, dass der Zuvielleistende keinen Ersatz fordern möchte,[530] auch hier einschlägig ist. Wie schon beim familienrechtlichen Ausgleichsanspruch wird die Vermutung überhaupt nur dann anzuwenden sein, solange die Ehe noch besteht. Nach der Scheidung ist § 1360 b nicht anwendbar, unabhängig davon, ob es um den familienrechtlichen Ausgleichsanspruch oder die Forderung aus übergegangenem Recht geht. Zu betrachten ist daher nur die Situation vor der Scheidung. Teilweise wird für die Anwendung der Vermutung kein hinlänglicher Grund gesehen.[531] Der Wortlaut des § 1360 b bezieht sich allerdings nicht auf bestimmte Leistungen. Auch gehört die Vermutung zu den Wirkungen der Ehe im Allgemeinen. Dementsprechend wird die Vermutung auch bei der Forderung aus § 1607 Abs. 2 S. 2 angenommen und ist nach dieser Ansicht vom Anspruchsteller bei Geltendmachung des Anspruchs zu widerlegen.[532] An die Widerlegung der Vermutung sind dieselben Anforderungen zu stellen wie beim familienrechtlichen Ausgleichsanspruch.

2. Unterhalt für die Vergangenheit nach § 1613 BGB

Zu klären ist darüber hinaus, ob im Fall des Forderungsübergangs der Unterhalt nur im Rahmen des § 1613[533] durchsetzbar ist oder ob sich hier ein Unterschied zum familienrechtlichen Ausgleichsanspruch zeigt. Ausgehend von den allgemeinen Regelungen über den Forderungsübergang, vgl. § 412 i. V. m. §§ 404, 406ff., soll der Ersatzhaftende nicht besser gestellt sein als der ursprüngliche Gläubiger des Unterhaltsanspruchs.[534] Hat dieser die in § 1613 Abs. 1 S. 1 geforderten Voraussetzungen herbeigeführt, ist auch unter Berücksichtigung des

530 Siehe zu der Vermutung im Detail Kap. 2 II. 2.

531 Staudinger/BGB/*Klinkhammer*, § 1607, Rn. 27; laut *Holzhauer*, in: FS Wolf, S. 223 (230) schließen sich §1360b und § 1607 Abs. 2. S. 1 gegenseitig aus. Daher sei §1360b nicht anzuwenden. Dass die gesetzliche Pflicht die Vermutung widerlegt, der zur Leistung Verpflichtete leiste zu viel und wolle hierfür keinen Ersatz, ist nachvollziehbar. *Roth*, FamRZ 1994, 793 (798), schließt sich dem an. Ob dies die Nichtanwendbarkeit des § 1360b begründet, ist allerdings zweifelhaft. Vielmehr kann mit dieser Argumentation die Vermutung des § 1360b oftmals unproblematisch widerlegt werden.

532 So auch BGH, Urteil vom 26.6.1968 – IV ZR 601/68, NJW 1968, 1780 (1781); Baumgärtel/Laumen/Prütting/*Aps*, Handbuch der Beweislast, Band 8, BGB Familienrecht, 3. Auflage, 2011, § 1607, Rn. 6; BeckOGK/BGB/*Knörzer*, § 1607 Rn. 21; MüKo/BGB/*Born*, § 1607, Rn. 28; BeckOK/BGB/*Reinken*, § 1607 Rn. 34.

533 Zu dieser Einschränkung siehe Kap. 2 III.

534 BGH, Urteil vom 28.3.1979 – IV ZR 58/78, FamRZ 1979, 475 (476).

Gedankens des Schuldnerschutzes keine weitere Handlung des Ersatzhaftenden erforderlich.[535] Vielmehr geht in diesem Fall die Forderung, sofern der Ersatzhaftende sie erfüllt, auf diesen als neuen Gläubiger über.

Problematisch ist hingegen die Situation, in der die Voraussetzungen des § 1613 Abs. 1 bisher nicht herbeigeführt wurden. Wird die Änderung der Rechtsnatur des Anspruchs vertreten, sodass es sich bei dem vorliegenden Anspruch um keinen Unterhaltsanspruch mehr handelt, kann die Anwendbarkeit des § 1613 als unterhaltsrechtliche Norm generell verneint werden.[536]

Um aber auch hier den Gedanken des Schuldnerschutzes zu wahren, wird teilweise angenommen, dass nun der Ersatzhaftende die Voraussetzungen des § 1613 Abs. 1 herbeiführen muss, um den auf ihn übergegangenen Unterhaltsanspruch geltend zu machen.[537] Ansonsten könne der Unterhaltsberechtigte, der es bisher versäumt hat zu mahnen oder zu klagen, einen nach § 1607 Abs. 2 S. 1 nachrangig verpflichteten Verwandten dazu motivieren, ihm Unterhalt zu zahlen, um so den Unterhaltspflichtigen um diesen Schutz zu bringen.[538] Dies gilt freilich nur, wenn auch die übrigen Voraussetzungen des § 1607 Abs. 2 S. 1 vorliegen. Ansonsten hätte die verabredete Zahlung seitens eines Dritten keinen Forderungsübergang und somit auch nicht die Umgehung des Schuldnerschutzes zur Folge.

Als weiteres Argument für die Anwendung des § 1613 Abs. 1 werden die Protokolle zum BGB herangezogen, die besagen, dass der Anspruch »nur nach Maßgabe des § 1492«[539] auf den Ersatzhaftenden übergehen soll.[540] § 1492 entspricht dem heutigen § 1613. Der Ersatzhaftende sollte demnach nur beim Vorliegen einer Mahnung oder der Rechtshängigkeit den übergegangenen Anspruch geltend machen können. Andernfalls würde der Schuldner aufgrund des gesetzlichen Forderungsübergangs unter den eben dargestellten Umständen stärker belastet werden als sonst.[541] Es sei auch kein Grund für eine solche

535 MüKo/BGB/*Born*, § 1607, Rn. 14.

536 So *Dölle*, Bd. 2, S. 15.

537 OLG Düsseldorf, Urteil vom 28.10.1980 – 6 UF 78/80, FamRZ 1981, 303 (304); OLG Jena, Beschluss vom 6.9.2005 – 1 WF 240/05, FuR 2006, 95 (96); *Ernst von Caemmerer*, Anm. zu BGH, Urteil vom 8.1.1963 – VI ZR 87/62, NJW 1963, 1402 (1403); *Christian Wollschläger*, Die Geschäftsführung ohne Auftrag. Theorie und Rechtsprechung, 1976, S. 139; Staudinger/BGB/*Klinkhammer*, § 1607, Rn. 35a; jurisPK-BGB/*Viefhues*, § 1607, Rn. 41; BeckOK/BGB/*Reinken*, § 1607 Rn. 21; Jauernig/*Budzikiewicz*, Anm. zu §§ 1606–1608, Rn. 12; Erman/*Hammermann*, § 1607, Rn. 17; *Galinsky*, FPR 2013, 529 (530); Koch/*Wellenhofer*, § 6, Rn. 33; *Langheim*, FamRZ 2013, 1529 (1530); im Ergebnis auch RGRK/*Mutschler*, Bd. IV, 3. Teil, § 1607, Rn. 6.

538 *Hegmann*, FamRZ 1973, 435 (437).

539 *Mugdan*, Bd. IV, Protokolle, S. 953.

540 *Mugdan*, Bd. IV, Protokolle, S. 953.

541 Vgl. zu dieser Möglichkeit allgemein: *Ferdinand Regelsberger*, Zwei Beiträge zur Lehre von der Cession, AcP 63 (1880), 157 (206).

Schlechterstellung gegeben.[542] Für diese Ansicht spricht, dass auch die Sozialhilfeträger, die Barzahlungen tätigen, die Voraussetzungen des § 1613 erfüllen müssen, damit der Unterhaltsanspruch auf sie übergeht.[543]

Es gibt jedoch auch Ausnahmen, bei denen eine sogenannte Rechtswahrungsanzeige ausreicht.[544] So geht nach § 37 Abs. 1 BAföG der Unterhaltsanspruch von Auszubildenden gegen deren Eltern auf das Land über. Das Land kann die Eltern, obwohl es die Eltern gemäß § 1613 Abs. 1 weder in Verzug gesetzt noch gemahnt hat, in Anspruch nehmen, sofern die Eltern durch eine Rechtswahrungsanzeige durch das Land in Kenntnis gesetzt und belehrt wurden, vgl. § 37 Abs. 4 Nr. 2 BAföG. Eine ähnliche Regelung besteht für die Sozialhilfe: Auch hier können die Voraussetzungen des § 1613 Abs. 1 dadurch umgangen werden, dass der Sozialhilfeträger die Erbringung der Leistung dem Unterhaltspflichtigen schriftlich mitgeteilt hat, vgl. § 94 Abs. 4 S. 1 SGB XII.

Es ist daher als Grundsatz festzustellen, dass sich der Schuldner, sofern er Kenntnis von den Zahlungen hat, nicht auf § 1613 Abs. 1 berufen kann. Er ist in einem solchen Fall nicht schutzwürdig.[545]

Ebenso argumentiert auch Jan Kropholler, der in der Nichtanwendbarkeit des § 1613 eine zu starke Einschränkung des Schuldnerschutzes sieht.[546] Andererseits könne auch nicht die Besonderheit der Situation des § 1607 Abs. 2 außer Acht gelassen werden. Wenn die Rechtsverfolgung erheblich erschwert oder gar unmöglich ist, sei eine Inverzugsetzung oder Abmahnung des Schuldners für den Ersatzhaftenden nur schwer umzusetzen, sodass die Anwendung des § 1613 Abs. 1 den Schuldner zu sehr schütze.[547] Daher müsse eine vermittelnde Lösung, die beiden Interessen im gerechten Maße entspreche, gefunden werden. Andreas Roth hingegen hält den Schuldner für weniger schutzwürdig und lehnt daher eine (analoge) Anwendung des § 1613 bei einer Ersatzhaftung ab.[548] Ähnlich lässt auch Kropholler die Kenntnis von den Zahlungen des Ersatzhaftenden genügen, um für die Vergangenheit Unterhalt fordern zu können, wobei die Schutzwürdigkeit des Schuldners entfalle.[549] Insoweit sei § 1613 restriktiv auszulegen bzw. teleo-

542 Staudinger/BGB/*Klinkhammer*, § 1607, Rn. 35a.

543 Vgl. BeckOGK/BGB/*Winter*, § 1613, Rn. 19; *Galinsky*, FPR 2013, 529 (531).

544 Vgl. BVerwG, Urteil vom 18.12.1975 – V C 2.75, ZfSH 1977, 77, Rn. 9; BGH, Urteil vom 28.3.1979 – IV ZR 58/78, FamRZ 1979, 475 (476); BGH, Urteil vom 24.4.1985 – IVb ZR 23/84, FamRZ 1985, 793 (793f.); *Brüggemann*, DAVorm 1993, 217 (226).

545 So auch RGRK/*Mutschler*, Bd. IV, 3. Teil, § 1607, Rn. 7, der die Schutzwürdigkeit sogar schon bei grob fahrlässiger Unkenntnis ablehnt.

546 *Kropholler*, FamRZ 1965, 413 (417).

547 *Kropholler*, FamRZ 1965, 413 (417); ebenso OLG Hamburg, Entscheidung vom 1.7.1921 – Bf. V 251/18, LZ 1921, 660 (661).

548 *Roth*, FamRZ 1994, 793 (794).

549 *Kropholler*, FamRZ 1965, 413 (417).

logisch zu reduzieren.[550] Dies sei deshalb zulässig, weil der § 1613 Abs. 1 den Sonderfall des § 1607 Abs. 2 nicht erfasse.[551] Zwar stelle man mit dem Abstellen auf die Kenntnis des Schuldners diesen schlechter, dies sei jedoch »wertungsmäßig erforderlich«[552]. Andere Stimmen in der Literatur lehnen die vorbehaltlose Anwendung des § 1613 ebenfalls ab. Sie lassen den Schuldnerschutz entfallen, wenn sich der Unterhaltspflichtige seiner Pflicht absichtlich entzogen hat.[553]

Heinz Holzhauer stimmt diesem Ergebnis einschränkend zu, indem er allein die Kenntnis von der Bedürftigkeit des Unterhaltsgläubigers als ausreichend erachtet, sofern dem Schuldner fahrlässiges Nichterfüllen der Unterhaltspflicht anzulasten sei.[554] Damit, dass eine andere Person die Zahlungen tätigt, habe der Unterhaltsschuldner zu rechnen.[555] Hier wendet Holzhauer also den Maßstab des § 285 auf das Erfordernis der Kenntnis an.[556] Auch könne vom Unterhaltsberechtigten die Erfüllung der Voraussetzungen des § 1613 nicht erwartet werden. Denn dieser erhalte von dem nach § 1607 Abs. 2 S. 1 Verpflichteten den (teilweisen) Unterhalt, sodass für ihn kein Bedürfnis bestünde, den Unterhaltspflichtigen in Verzug zu setzen oder zu mahnen.[557]

Zu beachten ist darüber hinaus § 1613 Abs. 2, der die Geltendmachung von Unterhaltsansprüchen auch ohne die Voraussetzungen des § 1613 Abs. 1 erlaubt, sofern die Herbeiführung dieser entweder aus rechtlich oder aus tatsächlichen, in dem Verantwortungsbereich des Unterhaltspflichtigen liegenden Gründen nicht möglich war, vgl. § 1613 Abs. 2 Nr. 2 a und b.

Mit einer erheblichen Erschwerung oder Unmöglichkeit der Rechtsverfolgung könnte die Erfüllung der Voraussetzungen des § 1613 Abs. 1 äußerst problematisch sein. Dem kann aber entgegengehalten werden, dass eine erschwerte Rechtsverfolgung nicht gleichzusetzen ist mit einer erschwerten Mahnung bzw. Inverzugsetzung. Gegen das Argument, eine Mahnung oder Klage sei bei einer erschwerten oder unmöglichen Rechtsverfolgung kaum möglich, kann vorgebracht werden, dass die Gründe für die erschwerte Rechtsverfolgung hauptsächlich in der Durchsetzbarkeit liegen und demnach sehr wohl eine Mahnung oder Klage möglich ist. Bei einer fehlenden Anschrift des Unterhaltspflichtigen steht aber noch der Weg der öffentlichen Klageerhebung gemäß § 185 ZPO

550 *Kropholler*, FamRZ 1965, 413 (418).
551 *Kropholler*, FamRZ 1965, 413 (418).
552 *Kropholler*, FamRZ 1965, 413 (418); dem zustimmend *Joachim N. Stolterfoht*, Der Scheinvater-Regress. »Institutionelle Unverträglichkeit« von cessio legis und condictio indebiti im Rahmen des neuen § 1615 b BGB?, FamRZ 1971, 341 (351).
553 MüKo/BGB/*Born*, § 1607, Rn. 14; jurisPK-BGB/*Viefhues*, § 1607, Rn. 47; BeckOK/BGB/*Reinken*, § 1607 Rn. 21; Koch/*Wellenhofer*, § 6, Rn. 33.
554 *Holzhauer*, in: FS Wolf, S. 223 (249f.).
555 *Holzhauer*, in: FS Wolf, S. 223 (249).
556 *Holzhauer*, in: FS Wolf, S. 223 (249).
557 *Holzhauer*, in: FS Wolf, S. 223 (249).

offen,[558] wobei es für diese Handlungen auf die sich daran anschließende Durchsetzbarkeit des Titels nicht ankommt.

Die Herbeiführung der Voraussetzungen des § 1613 Abs. 1 könnte aber auch aus tatsächlichen Gründen, die im Verantwortungsbereich des Unterhaltspflichtigen liegen, verhindert worden sein. Dies ist dann anzunehmen, wenn sich der Unterhaltspflichtige bewusst seiner Pflicht entzogen und damit ein in seinem Verantwortungsbereich liegendes Hindernis für die Erfüllung der Anforderungen des § 1613 Abs. 1 geschaffen hat.

Eine Aufrechterhaltung des Schuldnerschutzes im gleichen Umfang ist nach einem gesetzlichen Forderungsübergang nicht erforderlich und hier auch nicht geboten. Der Schutz des Schuldners ist nur dann nötig, wenn die erschwerte beziehungsweise unmögliche Rechtsverfolgung nicht aufgrund seines Handelns hervorgerufen wurde. Hat sich der Schuldner seiner Unterhaltsverpflichtung absichtlich entzogen, kann er sich nicht mehr auf § 1613 berufen. Denn in diesem Fall überwiegt der Schutz des ersatzweise Leistenden. Der Zahlende deckt ersatzweise den Bedarf des Bedürftigen, sodass sein Interesse, diese Leistungen später ersetzt zu bekommen, schützenswerter ist, als das Interesse desjenigen, der sich seiner Pflicht bewusst entzieht. Auch der Gesetzgeber wollte die Stellung des Ersatzhaftenden stärken.[559] § 1613 ist daher nur anzuwenden, wenn die Voraussetzungen des § 1607 Abs. 2 S. 1 vom Unterhaltspflichtigen nicht selbst herbeigeführt werden.[560]

3. Pfändungsverbot gemäß § 850 b Abs. 1 Nr. 2 ZPO

Ob das Pfändungsverbot des § 850 b Abs. 1 Nr. 2 ZPO auch für den Anspruch aus übergegangenem Recht gemäß § 1607 Abs. 2 S. 2 gilt, ist ebenfalls zu klären. Das Pfändungsverbot schützt den Unterhaltsberechtigten vor Pfändung seiner Unterhaltsansprüche durch Dritte, um seine Existenzgrundlage zu sichern.[561] Bei der Annahme, es handle sich um einen eigenständigen Ersatzanspruch, ist die Anwendung des § 850 b Abs. 1 Nr. 2 ZPO ohnehin fragwürdig, weil sich der Schutz auf den Unterhaltsberechtigten bezieht und nicht auf Inhaber anderer Ansprü-

558 Baumgärtel/Laumen/Prütting/*Aps*, § 1607, Rn. 2; a. A. *Holzhauer*, in: FS Wolf, S. 223 (249), der bezogen auf die öffentliche Zustellung einer Mahnung diese Forderung als unzumutbar einstuft.

559 Zu der Entstehungsgeschichte und den Beweggründen des Gesetzgebers siehe Kap. 5 II. 1. d.

560 Ein mögliches Beispiel ist der Stillstand der Rechtspflege. Die übrigen Konstellationen des § 1607 Abs. 2 S. 1 basieren meist auf den Handlungen des Unterhaltspflichtigen. Der Anwendungsbereich des § 1613 ist damit überschaubar.

561 Vgl. Musielak/Voit/*Becker*, § 850b, Rn. 1.

che.[562] Anders stellt sich die Situation dar, wenn die Rechtsnatur gleich bliebe. Denn dann würde der Wortlaut des § 850 b Abs. 1 Nr. 2 für die Anwendung des Pfändungsverbots sprechen. Über den Wortlaut hinaus muss bei der Betrachtung des Sinns und Zwecks des Verbots[563] – ebenso wie beim familienrechtlichen Ausgleichsanspruch – die Anwendbarkeit des § 850 b Abs. 1 Nr. 2 ZPO verneint werden.[564] Der Regress des ersatzweise Leistenden dient nicht der Deckung seiner Existenzgrundlage. Es ist daher nicht notwendig, diesen Anspruch vor einer Pfändung zu schützen.

4. Abtretung und Aufrechnung

Der Anspruch unterliegt nach überwiegender Ansicht[565] richtigerweise nicht dem Verbot des § 850 b Abs. 1 Nr. 2 ZPO und somit auch nicht dem Abtretungsverbot gemäß § 400 und kann folglich abgetreten werden. Folgt man der Ansicht, dass das Pfändungsverbot des § 850 b Abs. 1 Nr. 2 ZPO nicht gilt, ist das Aufrechnungsverbot des § 394 S. 1 ebenfalls nicht anzuwenden.[566] Damit ist neben der Abtretung und Pfändung auch eine Aufrechnung gegen diesen Anspruch möglich. Dieser Ansicht steht jedoch das Urteil des AG Gummersbach vom 12.11. 1996 entgegen.[567] In dieser Entscheidung ging es nicht um einen Forderungsübergang gemäß § 1607 Abs. 2 S. 2, sondern um den Übergang des Unterhaltsanspruchs auf den Sozialhilfeträger gemäß § 91 BSHG (jetzt: § 94 SGB XII).[568] Bezogen auf den Forderungsübergang gemäß § 1607 Abs. 2 S. 2 ist die Argu-

562 Daher ablehnend Zöller/*Herget*, § 850b, Rn. 3; ebenso *Frisinger*, Anm. zu BAG, Urteil vom 18.2.1971 – 5 AZR 296/70, NJW 1972, 75 (76).

563 Siehe dazu die Ausführungen beim familienrechtlichen Ausgleichsanspruch Kap. 2 IV. 3.

564 Im Ergebnis auch Staudinger/BGB/*Klinkhammer*, § 1607, Rn. 40; BeckOGK/BGB/*Gerlach*, § 1607, Rn. 45; jurisPK-BGB/*Viefhues*, § 1607, Rn. 48; Koch/*Wellenhofer*, § 6, Rn. 35; *Martiny*, Bd. 2, S. 760; *Büte*, FuR 2005, 433 (435).

565 BGH, Urteil vom 24.9.1981 – IX ZR 80/80, FamRZ 1982, 50 (51), bezogen auf den Forderungsübergang des Unterhaltsanspruchs gem. § 1615b, aber mit allgemeinen Ausführungen; Staudinger/BGB/*Klinkhammer*, § 1607, Rn. 40; BeckOGK/BGB/*Gerlach*, § 1607, Rn. 45; Johannsen/Henrich/*Graba/Maier*, § 1607, Rn. 6; MüKo/BGB/*Born*, § 1607, Rn. 13; RGRK/*Mutschler*, Bd. IV, 3. Teil, § 1607, Rn. 8; BeckOK/BGB/*Reinken*, § 1607, Rn. 21; Erman/*Hammermann*, § 1607, Rn. 18; jurisPK-BGB/*Viefhues*, § 1607, Rn. 48; Koch/*Wellenhofer*, § 6, Rn. 35; *Martiny*, Bd. 2, S. 760; *Frisinger*, Anm. zu BAG, Urteil vom 18.2.1971 – 5 AZR 296/70, NJW 192, 75 (76); *Brüggemann*, DAVorm 1993, 217 (218); *Schürmann*, Anm. zu BGH, Beschluss vom 11.1.2017 – XII ZB 565/15, FamRZ 2013, 1205 (1206).

566 Palandt/*Brudermüller*, § 1607, Rn. 14; BeckOGK/BGB/*Gerlach*, § 1607, Rn. 45; jurisPK-BGB/*Viefhues*, § 1607, Rn. 48; a.A. Staudinger/BGB/*Klinkhammer*, § 1607, Rn. 41.

567 AG Gummersbach, Urteil vom 12.11.1996 – 13 F 330/95, FamRZ 1998, 177 (177); ebenso gegen die Aufrechnungsmöglichkeit *Martin Löhnig*, Aufrechnung gegen Unterhaltsforderungen, JA 2013, 707 (708).

568 AG Gummersbach, Urteil vom 12.11.1996 – 13 F 330/95, FamRZ 1998, 177 (177).

mentation aber ebenfalls relevant. Bei dieser Legalzession vertrat das AG die Ansicht, eine Aufrechnung sei nicht möglich, weil der Sozialhilfeträger in den Schutzbereich des § 850 b ZPO einbezogen werden müsse. Demnach sei die Aufrechnungsmöglichkeit des Unterhaltsschuldners zu verneinen, um den Zweck der Legalzession, die Leistungsfähigkeit des Leistenden zu fördern, erreichen zu können.[569] Dieser Meinung hat sich der BGH angeschlossen.[570] Dafür spricht ebenfalls das Argument, den Unterhaltsschuldner durch die cessio legis nicht besserzustellen und ihm nicht die Option der Aufrechnung zuzusprechen.[571]

Richtig ist, dass eine Besserstellung des Schuldners nicht geboten erscheint. Wie aber bereits erläutert, handelt es sich gerade nicht mehr um einen Anspruch zur Bedarfsdeckung, sodass ein Verbot der Pfändung nach § 850 b Abs. 1 Nr. 2 ZPO nicht erforderlich ist. Bei der Abwägung der verschiedenen Interessen muss auch das Interesse des Ersatzleistenden beachtet werden. Dieser hat unter Umständen ein erhebliches Interesse an der Möglichkeit, seinen Ersatzanspruch abzutreten. Dass gegen den Anspruch dann auch aufgerechnet werden kann, ist eine weitere Folge der Pfändbarkeit des Anspruchs. Dieser Umstand ist vom Ersatzhaftenden hinzunehmen. Dem Ersatzhaftenden soll zwar ein Anspruch auf Ersatz zugesprochen werden, um seine Bereitschaft zur Unterhaltsleistung zu fördern, wie jeder Anspruch unterliegt dieser aber den Wertungen des Gesetzes. Mit der Pfändbarkeit ist auch die Aufrechnungsmöglichkeit gegen den Anspruch verbunden. Ein Grund für eine außerplanmäßige Abweichung von diesem Grundsatz ist hier nicht ersichtlich. Damit kann der Argumentation des AG Gummersbach sowie der des BGH nicht gefolgt werden. Der Anspruch kann abgetreten und es kann gegen ihn aufgerechnet werden.

5. Pfändungsvorrecht gemäß § 850 d ZPO

Es ist außerdem umstritten, ob das Pfändungsvorrecht des § 850 d Abs. 1 ZPO auch für den Anspruch aus § 1607 Abs. 2 gilt. § 850 d Abs. 1 ZPO besagt, dass das Arbeitseinkommen wegen Unterhaltsansprüchen pfändbar ist. Grundsätzlich

---

569 AG Gummersbach, Urteil vom 12.11.1996 – 13 F 330/95, FamRZ 1998, 177 (177f.); a.A. LG Heilbronn, Urteil vom 21.9.1989 – 3 S 132/89, FamRZ 1990, 795 (795), das darauf hinweist, dass die Förderung der Leistungsfähigkeit des Leistenden kein Zweck des § 850b Abs. 1 Nr. 2 ZPO sei.

570 BGH, Beschluss vom 8.5.2013 – XII ZB 192/11, FamRZ 2013, 1202 (1204), der aber ebenfalls betont, dass Dritte, denen der Pfändungsschutz des § 850b ZPO nicht mehr zusteht, durchaus die Möglichkeit der Abtretung haben, (1205).

571 So auch *Hermann Plascher*, Anm. zu AG Gummersbach, Urteil vom 12.11.1996 – 3 F 330/95, FamRZ 1998, 178 (178).

wird die Einräumung eines Pfändungsvorrechts für einen Dritten mit dem Verweis auf den höchstpersönlichen Charakter der Unterhaltsansprüche abgelehnt.[572]

Ändert sich die Rechtsnatur des Anspruchs nicht und ist auch der übergegangene Anspruch ein Unterhaltsanspruch, so muss die Anwendbarkeit des Vorrechts für den neuen Gläubiger gleichermaßen bejaht werden.[573] Stefan Smid hält die Rechtsnatur des Anspruches sogar für irrelevant und wendet § 850 d in jedem Fall auch für den neuen Gläubiger an.[574] Andere hingegen möchten, obwohl sie sich für die Rechtsnatur als Unterhaltsanspruch aussprechen, das Vorrecht des § 850 d nicht anwenden,[575] weil die familiäre Bindung zum Schuldner nach dem Forderungsübergang auf den neuen Gläubiger nicht mehr besteht. Ein Argument für die Anwendbarkeit des Pfändungsvorrechtes bildet § 401 Abs. 2.[576] Aus § 401 ergibt sich, dass die Sicherungs- und Vorzugsrechte auf den neuen Gläubiger übergehen. Daher hat der neue Gläubiger dieselben rechtlichen Vorteile hinsichtlich der Zwangsvollstreckung wie der alte Gläubiger.[577] Wendet man den § 412 also konsequent an, hat auch der neue Gläubiger des Unterhaltsanspruchs ein Pfändungsvorrecht.[578]

Des Weiteren ist zu bedenken, dass die Nichtanwendung des Vorrechts zu einer Besserstellung des Schuldners führen würde. Stünde dem neuen Gläubiger kein Pfändungsvorrecht zu, könnte das Arbeitseinkommen des Schuldners nicht mehr wegen Unterhaltsansprüchen gepfändet werden, obwohl dies vor dem Forderungsübergang möglich gewesen wäre. Den Schuldner besserzustellen, weil der Anspruch nicht durchsetzbar ist und daher ein anderer Verwandter im Sinne des § 1607 Abs. 2 S. 1 aushelfen muss, erscheint unangemessen.[579]

Wird auch dem neuen Gläubiger dieses Vorrecht zugesprochen, stellt sich die Frage nach der Rangordnung. § 850 d Abs. 2 ZPO ordnet die Rangfolge entsprechend § 1609 an. Danach hat ein Unterhaltsanspruch des Kindes den ersten Rang, vgl. § 1609 Nr. 1. Bei der Annahme, dass der Anspruch seine Rechtsnatur als Kindesunterhaltsanspruch behält, könnte durchaus argumentiert werden,

---

572 OLG Hamburg, Beschluss vom 13.11.1963 – 6 W 172/36, JW 1937, 51 (52); BeckOK/ZPO/*Riedel*, § 850d, Rn. 6.

573 BAG, Urteil vom 18.2.1971 – 5 AZR 296/70, NJW 1971, 2094 (2094); Zöller/*Herget*, § 850d, Rn. 4; Saenger/*Kemper*, § 850d, Rn. 5; *Kropholler*, FamRZ 1965, 413 (416); *Hegmann*, FamRZ 1973, 435 (438); *Helmut Büttner*, Unterhalt und Zwangsvollstreckung, FamRZ 1994, 1433 (1434); *Brüggemann*, DAVorm 1993, 217 (218); *Hegmann*, FamRZ 1973, 435 (438); *Robert Ramm*, Zwangsvollstreckung von Unterhaltsforderungen in der anwaltlichen Praxis, FuR 2005, 355 (356); im Ergebnis ebenso Jauernig/*Budzikiewicz*, Anm. zu §§ 1606–1608, Rn. 12.

574 MüKo/ZPO/*Smid*, § 850d, Rn. 6.

575 MüKo/BGB/*Born*, § 1607, Rn. 13; so auch jurisPK-BGB/*Viefhues*, § 1607, Rn. 48.

576 So auch BGH, Urteil vom 5.3.1986 – IVb ZR 25/85, NJW 1986, 1688 (1688).

577 MüKo/BGB/*Roth/Kieninger*, § 401, Rn. 1.

578 Ebenso *Büte*, FuR 2005, 433 (435).

579 So auch Staudinger/BGB/*Engler*, § 1607, Rn. 35.

dass auch der Rang gleichbliebe. Die Rangwahrung müsste bei der Annahme der Rechtsnatur eines Ersatzanspruchs abgelehnt werden. Gegen die Rangwahrung – unabhängig von der Rechtsnatur des Anspruchs – spricht der Sinn des § 1609. Mit der festgelegten Rangfolge soll der »absolute Vorrang des Kindesunterhalts«[580] sichergestellt werden. Dies kann auch auf die Pfändung adaptiert werden. Bei dem Regressanspruch geht es nicht mehr um den Kindesunterhalt im eigentlichen Sinn. Auch handelt es sich nicht um rückständigen Kindesunterhalt. Es kann nicht sein, dass bei mehreren Unterhaltsforderungen, für die ein Pfändungsvorrecht geltend gemacht wird, der Regressanspruch den höchsten Rang hat und andere Unterhaltsforderungen entweder nicht bedient werden oder sich das gepfändete Einkommen zumindest mit dem Regressanspruch geteilt werden muss.[581] Eine Rangwahrung nach § 850 d Abs. 2 ZPO i.V.m. § 1609 ist somit abzulehnen.

Eine uneingeschränkte Anwendung scheint nicht geboten. Es handelt sich nicht mehr um den Unterhaltsanspruch des Kindes. Weshalb ein Regressanspruch dieses Vorrecht genießen und damit unter Umständen anderen – tatsächlichen – Unterhaltsansprüchen vorgezogen werden sollte, erschließt sich nicht. Etwas anderes ergibt sich nur aus der Wertung des § 850 d Abs. 1 S. 4. Denn hier soll auch ein Vorrecht außerhalb der zuvor festgelegten zeitlichen Schranke gelten, sofern sich der Unterhaltspflichtige seiner Pflicht entzogen hat. Die Interessen des Berechtigten sind hier gewichtiger. Aus dieser Wertung lässt sich ableiten, dass im Falle einer bewussten Entziehung der Unterhaltspflicht eine Pfändung auch für den Regressanspruch möglich sein sollte. Wer sich bewusst seiner Unterhaltspflicht entzieht, ist nicht schützenswert und muss daher auch das Pfändungsvorrecht gegen sich gelten lassen. Im Übrigen ist ein Pfändungsvorrecht abzulehnen. Unerheblich ist dies bezüglich laufender Unterhaltspflichten. Diese gehen gemäß § 850 d Abs. 1 S. 2 vor, um den Lebensbedarf der aktuell Bedürftigen zu sichern.

6. Verzinsung und Verjährung

Da der übergegangene Anspruch ein eigenständiger Ersatzanspruch ist und seine Rechtsnatur verliert, beginnt die Verzinsung dieses Anspruchs erst mit der Inverzugsetzung beziehungsweise dem Eintritt der Rechtshängigkeit.[582] Die Einrede der Verjährung kann der Schuldner gemäß § 404 auch dem neuen Gläubiger entgegenhalten, und zwar unabhängig von der Frage der Rechtsnatur des An-

580 BT-Drs. 16/1830, S. 23.
581 Im Ergebnis so auch Staudinger/BGB/*Klinkhammer*, § 1607, Rn. 39.
582 Ebenso wie der familienrechtliche Ausgleichsanspruch, vgl. Kap. 2 IV. 3.

spruchs. Der Anspruch aus übergegangenem Recht verjährt folglich nach drei Jahren.[583]

Lediglich die Frage hinsichtlich der Hemmung gemäß § 207 Abs. 1 S. 2 Nr. 2 a bedarf der Klärung. Demnach sind Ansprüche zwischen dem Kind und seinen Eltern bis zur Vollendung des 21. Lebensjahres des Kindes gehemmt. Handelt es sich bei dem Bedürftigen demnach um ein Kind und bei dem Unterhaltspflichtigen um einen Elternteil, ist zu prüfen, ob die Verjährung auch nach Forderungsübergang gehemmt ist. Wird angenommen, es handle sich weiterhin um den Unterhaltsanspruch, wird argumentiert, die Hemmung bleibe weiterhin bestehen.[584] Der übergegangene Anspruch sei weiterhin ein Unterhaltsanspruch des Kindes, den der Ersatzhaftende nun für sich geltend machen kann. Daher gelte auch hier die Hemmung der Verjährung. Bei der Änderung der Rechtsnatur hin zu einem Ersatzanspruch müsste die Anwendbarkeit des § 207 Abs. 1 S. 2 Nr. 2 a wohl verneint werden, denn es handelt sich dann nicht mehr um einen Anspruch zwischen Kind und Eltern.[585] Gegen die Anwendung des § 207 Abs. 1 S. 2 Nr. 2 a wird der Sinn der Vorschrift, den Familienfrieden zu wahren, angeführt.[586] Gerade die Beziehung zwischen Eltern und Kindern ist besonders schützenswert. Diese ist nicht gefährdet, wenn ein beliebiger Dritter Ansprüche geltend macht. Allerdings handelt es sich bei dem Ersatzhaftenden gemäß § 1607 Abs. 2 S. 1 nicht um einen beliebigen Dritten, sondern um einen Verwandten des Bedürftigen – in der Konstellation des familienrechtlichen Ausgleichsanspruchs sogar um gleichrangig haftende Eltern. Der Ersatzhaftende steht also häufig in einem verwandtschaftlichen Verhältnis zum Unterhaltspflichtigen. Wie die Beziehung zwischen Eltern und Kindern ist der Familienfrieden im weiteren Sinne hier schützenswert. Dass der Schutz nicht nur im Verhältnis Eltern-Kind greifen soll, zeigen die übrigen Fälle des § 207. Folglich kann das Argument nicht gänzlich überzeugen.

Für die weitere Hemmung der Verjährung spricht, dass der Schuldner im Falle des Forderungsübergangs stärker geschützt wäre. Die Verjährung des gegen ihn gerichteten Unterhaltsanspruchs des Kindes ist bis zur Vollendung des 21. Lebensjahres des Kindes gehemmt. Leistet nun der nach § 1607 Abs. 2 S. 1 Ersatzhaftende an das Kind mit der Folge eines Forderungsübergangs, würde der Anspruch gegen den Schuldner ohne Anwendung des § 207 Abs. 1 S. 2 Nr. 2 a

583 Noch zu § 197 a. F.: OLG Köln, Beschluss vom 24. 8. 1937 – 4 W 203/37, JW 1937, 3160 (3160).

584 So Scholz/Kleffmann/Doering-Striening/*Grandke*, Teil K, Rn. 18.

585 Vgl. *Deutsches Institut für Vormundschaftswesen*, Geltendmachung des Kindesunterhalts nach Rechtsübergang, Abänderungsmöglichkeit nach Beurkundung, Verjährung – § 7 UVG, § 323 ZPO – DIV-Gutachten vom 29. 10. 1982, DAVorm 1983, 22 (22), wobei hier selbst dann die Hemmung ausgeschlossen wird, wenn der Anspruch auf das Kind zurückübertragen wird.

586 Erman/*Hammermann*, § 1607, Rn. 18; *Brüggemann*, DAVorm 1993, 217 (218).

früher verjähren als sonst. Der Schuldner würde demnach für die Herbeiführung der Erschwerung der Rechtsverfolgung belohnt werden. Ein solcher Vorteil sollte nicht gewährt werden, wenn sich der Unterhaltspflichtige den Zahlungen bewusst entzogen hat. In diesem Fall darf es nicht zu einer früheren Verjährung kommen. Damit wird auch gewährleistet, dass der Ersatzhaftende genügend Zeit hat, diesen in Regress zu nehmen.

Sind die Voraussetzungen des § 1607 Abs. 2 S. 1 allerdings aufgrund anderer Umstände eingetreten, ist eine Hemmung der Verjährung abzulehnen. Denn hier muss dem Umstand Rechnung getragen werden, dass es sich nicht mehr um einen Unterhaltsanspruch des Kindes handelt.

7. Zwischenergebnis

Insgesamt zeigt sich eine grundlegende Tendenz bei der Beurteilung, ob eine Vorschrift anwendbar ist: Bei absichtlicher Entziehung der Unterhaltspflicht ist der Schuldner nicht schützenswert, sodass er sich auf bestimmte Vorschriften nicht berufen kann. Ebenso ist stets zu beachten, dass es sich bei dem Ersatzanspruch nicht mehr um einen originären Unterhaltsanspruch zur Bedarfsdeckung handelt. Diese Dualität muss bei der Entscheidung über die Anwendbarkeit einer Vorschrift stets berücksichtigt werden.

Die Vermutung des § 1360 b ist während der Ehe zu widerlegen, wobei die Anforderungen niedrig sind und dies in der Regel unproblematisch gelingen dürfte. Die Voraussetzungen des § 1613 Abs. 1 sind nur dann vom Ersatzhaftenden zu erfüllen, wenn der Unterhaltsbedürftige dies nicht bereits getan hat und der Unterhaltspflichtige sich seiner Pflicht nicht bewusst entzogen und damit die Voraussetzungen der Ersatzhaftung hervorgerufen hat. Ein Pfändungsverbot für den Ersatzanspruch ist abzulehnen, woraus sich die Möglichkeit der Abtretung und der Aufrechnung gegen den Anspruch ergibt. Ein Pfändungsvorrecht ist dem Ersatzhaftenden nur dann zuzusprechen, wenn sich der Unterhaltspflichtige den Zahlungen bewusst entzogen hat. Bei einem solchen Verhalten ist auch die Hemmung des § 207 Abs. 1 S. 2 Nr. 2 a zu bejahen.

Darüber hinaus ist der Auskunftsanspruch aus § 1605 von dem Forderungsübergang ebenfalls betroffen, obwohl es sich um einen selbstständigen Anspruch handelt.[587] Hier ist dem Umstand Rechnung getragen, dass die Leistungsfähigkeit des Unterhaltspflichtigen nach wie vor relevant bleibt. Denn der Unterhaltspflichtige muss nicht mehr an den Ersatzhaftenden zahlen, als er dem Berechtigten gegenüber verpflichtet gewesen ist. Ist der Anspruch gemäß § 1611 vor dem

587 Vgl. Staudinger/BGB/*Klinkhammer*, § 1605, Rn. 4; offengelassen BGH, Urteil vom 5.3.1986 – IVb ZR 25/85, NJW 1986, 1688 (1688f.).

Übergang der Forderung verwirkt, ist bereits die cessio legis auszuschließen.[588] Nach dem Übergang kann die Forderung aber nicht mehr gemäß § 1611 verwirkt werden. Es handelt sich nicht mehr um einen Unterhaltsanspruch, und die Ausschlussgründe sind auf das Verhältnis zwischen Unterhaltspflichtigem und Ersatzhaftendem nicht mehr anwendbar.

IV. Einordnung der Ausfallhaftung

Im Zusammenhang mit der Nichtleistung der Unterhaltspflicht taucht der Begriff der Ausfallhaftung auf, wobei nicht immer deutlich ist, welche Situation damit beschrieben werden soll.

Teilweise wird eine sogenannte Ausfallhaftung für die Fälle angenommen, in denen vom barunterhaltspflichtigen Elternteil die Unterhaltszahlungen aus anderen Gründen als bei § 1607 Abs. 2 S. 1 nicht zu erlangen sind und daher der andere Elternteil mehr leisten muss, als er nach § 1606 zu leisten verpflichtet wäre.[589] Die Herleitung dieser Ausfallhaftung wird unterschiedlich vorgenommen. Einerseits wird sie aus § 1603 Abs. 3 S. 1, welcher die anteilige Haftung gleichrangig Verpflichteter entsprechend den Erwerbs- und Vermögensverhältnissen anordnet, abgeleitet.[590] Andererseits wird die elterliche Personensorge, die sich aus §§ 1626 Abs. 1, 1631 ergibt, beziehungsweise das allgemeine Eltern-Kind-Verhältnis als Herleitung der Ausfallhaftung herangezogen.[591] Eine solche Ausfallhaftung muss aber kritisch hinterfragt werden. Es sei nicht ersichtlich, wann die Unterhaltsleistungen vom Verpflichteten nicht erlangt werden können, ohne dass die Voraussetzungen des § 1607 Abs. 2 S. 1 vorlägen.[592]

Für eine genaue Untersuchung ist zwischen echter und unechter Ausfallhaftung zu unterscheiden. Bei der echten Ausfallhaftung ist die Leistungsfähigkeit eines Elternteils nicht gegeben, sodass der andere Elternteil die gesamte Unterhaltslast bestreiten muss,[593] was sich aus § 1606 Abs. 3 S. 1 ergibt.[594] Dies gilt

588 Büte/Poppen/Menne/*Büte*, § 1607, Rn. 6a. Zu beachten ist die geringe Relevanz für die hier zu beurteilende Fallgestaltung. Gemäß § 1611 Abs. 2 kann der Anspruch minderjähriger Kinder nicht nach § 1611 Abs. 1 verwirken.

589 Staudinger/BGB/*Klinkhammer*, § 1606, Rn. 64. Die Ausfallhaftung generell bei Ersatzzahlungen des anderen Elternteils annehmend Johannsen/Henrich/*Graba/Maier*, § 1606, Rn. 10.

590 Wohl Wendl/Dose/*Wönne*, § 2, Rn. 917.

591 Bezogen auf die elterliche Sorge: Staudinger/BGB/*Klinkhammer*, § 1606, Rn. 64; auf das Eltern-Kind-Verhältnis abstellend: Johannsen/Henrich/*Graba/Maier*,§ 1606, Rn. 10.

592 So Erman/*Hammermann*, § 1607, Rn. 13.

593 MüKo/BGB/*Born*, § 1606, Rn. 43; Weinreich/Klein/*Eder*, § 1607, Rn. 6; *Soyka*, FPR 2003, 631 (631).

594 jurisPK-BGB/*Viefhues*, § 1607, Rn. 8; *Holzhauer*, in: FS Wolf, S. 223 (227f.).

freilich nur, sofern diesem Elternteil der notwendige Selbstbehalt bleibt.[595] Im Übrigen beschreibt die echte Ausfallhaftung den Fall des § 1607 Abs. 1.[596] Mangels Leistungsfähigkeit ist ein näherer Verwandter nicht unterhaltspflichtig mit der Folge, dass ein nachrangig haftender Verwandter unterhaltspflichtig ist. Nach § 1606 Abs. 1 und Abs. 2 bestimmt sich die Rangfolge der Verpflichteten.[597] Ist der Vorrangige nicht unterhaltspflichtig, muss ein nachstehender Verwandter für den Unterhalt einstehen. Dies mit dem Begriff »echte Ausfallhaftung« zu beschreiben, kann durchaus irreführen. Letztendlich handelt es sich um den klassischen Fall, dass, bezogen auf die rangnähere Person, eine Voraussetzung des Unterhaltsanspruchs, hier die Leistungsfähigkeit, nicht vorliegt und somit keine Unterhaltspflicht für diese Person, aber für den nach § 1606 Abs. 1 oder Abs. 2 nachstehenden Verwandten besteht. Regressmöglichkeiten existieren hier nicht.[598] Eine Herleitung der Ausfallhaftung ist hier also unnötig. Dieser Fall ist insbesondere von der oben beschriebenen Situation zu unterscheiden, denn dort ist der eine Elternteil zwar leistungsfähig und damit unterhaltspflichtig, kann aber nicht zur Leistung des Unterhalts herangezogen werden.

Die unechte Ausfallhaftung betrifft den Fall, dass der eine Elternteil aufgrund fiktiver Einkünfte leistungsfähig ist, aber tatsächlich keine Leistungen erbracht werden können, sodass auch hier der andere Elternteil leisten muss.[599] Damit wird der Fall des § 1607 Abs. 2 S. 1 beschrieben[600], denn hier geht es um die erschwerte Rechtsverfolgung wegen der nicht vorhandenen Vollstreckungsmöglichkeit in das Vermögen.[601] Auch hier bedarf es keiner gesonderten Herleitung einer Haftung.

V. Zusammenfassung

Insgesamt lässt sich daher sagen, dass eine Konstruktion der echten und unechten Ausfallhaftung nicht notwendig ist. Beide beschriebenen Fälle können mittels § 1606 Abs. 3 S. 1 beziehungsweise § 1607 Abs. 2 S. 1 gelöst werden.

Neben den erläuterten Fällen kommt lediglich noch eine weitere Konstellation, bei der jemand für einen anderen Unterhalt leisten muss, in Betracht: die Situation des familienrechtlichen Ausgleichsanspruchs. Der eine Elternteil ist

595 *Büte*, FuR 2005, 433 (433f.).
596 So auch *Wittko*, S. 56; Weinreich/Klein/*Eder*, § 1607, Rn. 6.
597 Koch/*Wellenhofer*, § 6, Rn. 6; *Dölle*, Bd. 2, S. 14.
598 Vgl. Scholz/Kleffmann/Doering-Striening/*Grandke* Teil K, Rn. 12; Koch/*Wellenhofer*, § 6, Rn. 6.
599 MüKo/BGB/*Born*, § 1606, Rn. 44.
600 Weinreich/Klein/*Eder*, § 1607, Rn. 10.
601 Vgl. Kap. 4 I. 2.

leistungsfähig und somit unterhaltspflichtig, sodass die echte Ausfallhaftung ausscheidet. Es existiert aber ein Hindernis bei der Geltendmachung. Der andere Elternteil kann den rückständigen Kindesunterhalt nicht mehr für das Kind gerichtlich geltend machen, weil die prozessualen Voraussetzungen nicht mehr vorliegen.[602] Damit drängt sich für die Fallkonstellation des familienrechtlichen Ausgleichsanspruchs die Frage nach der Herleitung eines solchen Anspruchs aus der Ersatzhaftung geradezu auf, die im Folgenden beantwortet wird.

602 Siehe hierzu Kap. 2 I. 1. und Kap. 3 II. 2.

5. Kapitel: Die historische Entwicklung – Herleitung des Anspruchs aus der Ersatzhaftung nach § 1607 Abs. 2 BGB

Ob sich die Fallkonstellationen des familienrechtlichen Ausgleichsanspruchs[603] unter das Durchsetzungsproblem des § 1607 Abs. 2[604] fassen lässt, ist zu untersuchen. Sollte die direkte Anwendung abzulehnen sein, ist daran anschließend die Möglichkeit der analogen Anwendung in Betracht zu ziehen. Bei der Herleitung des Ersatzanspruchs aus § 1607 Abs. 2 wird insbesondere die historische Entwicklung der Ersatzhaftung von entscheidender Bedeutung sein.

Fasst man die Voraussetzungen zusammen, so wird der Sinn des § 1607 Abs. 2 deutlich. Ein anderer Verwandter zahlt ersatzweise den Unterhalt an den Unterhaltsberechtigten, weil dieser den Unterhaltsanspruch gegen den leistungsfähigen Unterhaltsberechtigten nicht durchsetzen kann.[605] Auch bei der Situation des familienrechtlichen Ausgleichsanspruchs zahlt der Elternteil, der nicht barunterhaltspflichtig ist. Eine Möglichkeit, den Kindesunterhalt als Vertreter oder Verfahrensstandschafter geltend zu machen, gibt es durch Obhutswechsel oder Eintritt der Volljährigkeit nicht. Hier besteht ebenso der Unterhaltsanspruch, er kann aber (gerichtlich) nicht durchgesetzt werden. Daher wird vereinzelt die Anwendbarkeit des § 1607 Abs. 2 neben dem familienrechtlichen Ausgleichsanspruch befürwortet.[606]

603 Siehe hierzu die Ausführungen in Kap. 2 I. 1.

604 Zu den Voraussetzungen des § 1607 Abs. 2 siehe Kap. 4 I.

605 So auch Staudinger/BGB/*Klinkhammer*, § 1607, Rn. 1; MüKo/BGB/*Born*, § 1607, Rn. 7; BeckOGK/BGB/*Gerlach*, § 1607 Rn. 32; HK-BGB/*Kemper*, § 1607, Rn. 4; Jauernig/*Budzikiewicz*, Anm. zu §§ 1606–1608, Rn. 10.

606 Wendl/Dose/*Klinkhammer*, § 2, Rn. 773; Johannsen/Henrich/*Graba/Maier*, § 1607, Rn. 10; wohl auch Erman/*Hammermann*, § 1607, Rn. 34; a. A. *Wever*, Rn. 774; *Wohlgemuth*, FamRZ 2009, 1873 (1873 f.); RGRK/*Mutschler*, Bd. IV, 3. Teil, § 1607, Rn. 11; *Galinsky*, FPR 2013, 529 (529); wohl auch *Dethloff*, § 11, Rn. 72.

I. Direkte Anwendung

Zunächst ist festzustellen, ob eine direkte Anwendung des § 1607 Abs. 2 S. 1 möglich ist, mit der Folge, dass dem zahlenden Elternteil der Kindesunterhaltsanspruch aus übergegangenem Recht gemäß § 1607 Abs. 2 S. 2 zusteht.[607]

Kennzeichnend für die beiden Hauptanwendungsfälle des familienrechtlichen Ausgleichsanspruchs ist die fehlende Möglichkeit einer gerichtlichen Geltendmachung des rückständigen Kindesunterhalts. Es mangelt an den Voraussetzungen für eine Vertretung oder eine Verfahrensstandschaft, sodass der Elternteil, der neben der Betreuung zusätzlich (teilweise) den Barunterhalt leistet, den rückständigen Kindesunterhalt prozessual nicht geltend machen kann.[608] Können diese Fälle unter § 1607 Abs. 2 S. 1 gefasst werden?

Der bisher betreuende Elternteil ist tauglicher Ersatzpflichtiger im Sinne des § 1607 Abs. 2 S. 1.[609] Auch die Leistungsfähigkeit des Barunterhaltspflichtigen ist in den Konstellationen des familienrechtlichen Ausgleichsanspruchs gegeben. Würde diese verneint werden, so wäre die Barunterhaltspflicht insgesamt abzulehnen, weil die Leistungsfähigkeit eine der Voraussetzungen des Unterhaltsanspruchs ist, vgl. § 1603 Abs. 1, wodurch ein rückständiger Kindesunterhalt nicht entstehen könnte. Die Leistungsfähigkeit ist folglich sowohl beim familienrechtlichen Ausgleichsanspruch als auch bei der Ersatzhaftung gemäß § 1607 Abs. 2 S. 1 Voraussetzung. Darüber hinaus ergeben sich aber mehrere Probleme bei einer Zuordnung der Fälle des familienrechtlichen Ausgleichsanspruchs zu § 1607 Abs. 2, die in diesem Zusammenhang zu untersuchen sind:

1. Rechtsverfolgung

Als problematisch erweist sich die in § 1607 Abs. 2 S. 1 geforderte Voraussetzung, dass die Rechtsverfolgung unmöglich oder erheblich erschwert sein muss, die auch beim familienrechtlichen Ausgleichsanspruch gegeben sein müsste. Denn nur bei Vorliegen dieser Voraussetzung ordnet § 1607 Abs. 2 S. 1 eine Ersatzhaftung und die damit einhergehende cessio legis nach § 1607 Abs. 2 S. 2 an.

Der Begriff Rechtsverfolgung im Sinne des § 1607 Abs. 2 S. 1 meint gerade die gerichtliche Geltendmachung.[610] Wie bereits dargestellt wird eine erschwerte oder unmögliche Rechtsverfolgung immer dann angenommen, wenn ein pro-

607 So vertreten von LG Bielefeld, Urteil vom 14.6.1972 – 2 S 135/72, BeckRS 9998, 108269 (108269); OLG Celle, Urteil vom 25.10.1973 – 16 U 87/73, NJW 1974, 504 (504).

608 Vgl. Kap. 2 I. 1.

609 Dass § 1607 Abs. 2 S. 1 auf gleichrangig haftende Verwandte und somit auch auf das Verhältnis der Eltern zueinander anwendbar ist, wurde bereits erläutert, vgl. Kap. 4 I. 1.

610 Vgl. Kap. 4 I. 2.

zessuales Hindernis auftritt, in dessen Folge der Unterhaltsberechtigte die Leistungen vom Barunterhaltspflichtigen nicht erhalten kann. Überlegt werden könnte, ob nicht das aufgrund des Obhutswechsels oder des Eintritts der Volljährigkeit eintretende prozessuale Hindernis unter die erschwerte oder unmögliche Rechtsverfolgung gefasst werden kann.

Auch in diesem Fall kann der betreuende Elternteil den rückständigen Kindesunterhalt nicht mehr geltend machen, weil er aufgrund des Obhutswechsels oder des Eintritts der Volljährigkeit weder als Vertreter noch als Verfahrensstandschafter fungieren kann. Es fehlt an den Voraussetzungen des § 1629 Abs. 2 S. 2 beziehungsweise Abs. 3. Ein Hindernis auf prozessualer Ebene ist gegeben.

Damit ist allerdings noch nicht gesagt, dass sich beide Hindernisse – die des § 1607 Abs. 2 und die Fälle des familienrechtlichen Ausgleichsanspruchs – entsprechen.

a. Gründe für das Hindernis

Es handelt sich zwar sowohl bei den Fällen des § 1607 Abs. 2 S. 1 als auch bei denen des familienrechtlichen Ausgleichsanspruchs um prozessuale Hindernisse. Allerdings sind die Gründe für diese Hindernisse zu untersuchen und zu vergleichen.[611]

Diese sind für eine unmögliche oder erschwerte Rechtsverfolgung vielfältig.[612] Eines haben sie jedoch gemein: Der Unterhaltsberechtigte kann die Leistungen aufgrund tatsächlicher Gegebenheiten nicht erlangen. Die Hindernisse entstehen dadurch, dass der Barunterhaltspflichtige häufig umzieht, der Aufenthaltsort unbekannt oder kein vollstreckungsfähiges Vermögen vorhanden ist. Es liegt also am Verhalten oder an Umständen in der Sphäre des Barunterhaltspflichtigen, dass eine gerichtliche Geltendmachung nicht oder nur erschwert möglich ist. Davon ausgenommen sind die Fälle, in denen aufgrund höherer Gewalt oder Stillstand der Rechtspflege eine Rechtsverfolgung nicht möglich ist. Diese Sonderfälle, die wegen ihres absoluten Ausnahmecharakters äußerst selten sind, können hier vernachlässigt werden.[613] Im Übrigen handelt es sich um tatsächliche, in der Person des Barunterhaltspflichtigen liegende Gründe.

Beim familienrechtlichen Ausgleichsanspruch scheitert die Geltendmachung des rückständigen Kindesunterhalts an § 1629 Abs. 2 S. 2 oder Abs. 3, denn die Voraussetzungen für die Vertretung beziehungsweise Verfahrensstandschaft liegen nicht vor. Nicht wie oben ausgeführt aus tatsächlichen, sondern aus

611 Vgl. so auch das Vorgehen des BGH, Urteil vom 28.10.1964 – IV ZR 238/63, NJW 1965, 581 (582).

612 Für eine detaillierte Aufzählung siehe Kap. 4 I. 2.

613 Zumal die Durchsetzung jedes Anspruchs wegen höherer Gewalt oder bei Stillstand der Rechtspflege nicht mehr möglich ist.

rechtlichen, im Gesetz liegenden Gründen kann der rückständige Kindesunterhalt nicht mehr für das Kind geltend gemacht werden. Diese Voraussetzungen liegen aber deshalb nicht vor, weil das Kind entweder in die Obhut des Barunterhaltspflichtigen gewechselt oder volljährig geworden ist. Die Nichtanwendbarkeit des § 1629 Abs. 2 S. 2 könnte auf tatsächlichen Gründen basieren. Ob dies ausreicht, um ein Hindernis in Gestalt von tatsächlichen Gründen annehmen zu können, kann unterschiedlich bewertet werden. Einerseits beruhen die Hauptanwendungsfälle auf zwei Situationen, die durch tatsächliche Umstände in Bezug auf das Kind ausgelöst werden. Weder der Obhutswechsel noch der Eintritt der Volljährigkeit werden durch rechtsgeschäftliche Handlungen oder gesetzliche Vorgaben hervorgerufen. Allein der Obhutswechsel könnte durch Handlungen des Barunterhaltspflichtigen, der das Kind in seine Obhut holt, verursacht werden, nicht aber der Eintritt der Volljährigkeit, sodass dieses Argument nicht uneingeschränkt gilt. Andererseits scheitert die Geltendmachung an den Voraussetzungen des § 1629 Abs. 2 S. 2 oder Abs. 3. Dass die Voraussetzungen einer Norm nicht vorliegen, hat immer bestimmte, nicht selten tatsächliche Gründe. Es könnte also häufig von einem rechtlichen Hindernis auf einen tatsächlichen Grund geschlossen werden. Daher ist der Grund des Hindernisses in Bezug auf den familienrechtlichen Ausgleichsanspruch fraglich. Diese Gründe resultieren darüber hinaus nicht aus der Sphäre des Barunterhaltspflichtigen, sondern vielmehr aus der des Kindes. Dieses wechselt seinen gewöhnlichen Aufenthaltsort oder erreicht die Volljährigkeit. Dem Barunterhaltspflichtigen kann mithin das Vorliegen eines prozessualen Hindernisses nicht angelastet werden.[614]

Die unmögliche oder erschwerte Rechtsverfolgung stützt sich bei § 1607 Abs. 2 S. 1 auf tatsächliche, in der Sphäre des Barunterhaltspflichtigen liegende Gründe. Ob es sich bei der Situation des familienrechtlichen Ausgleichsanspruchs um rechtliche oder tatsächliche Gründe handelt, verschwimmt und kann daher unterschiedlich beurteilt werden. Dennoch haben sie ihren Ursprung nicht in der Sphäre des Barunterhaltspflichtigen. Das allein reicht nicht aus, um einen Unterschied zu bejahen, weshalb noch weitere Untersuchungen folgen müssen.

b. Überwindbarkeit des Hindernisses

Des Weiteren muss überprüft werden, ob die Hindernisse hinsichtlich der Geltendmachung unüberwindbar sind oder umgangen werden können. Bezogen auf § 1607 Abs. 2 S. 1 ergeben sich keine Alternativen für die gerichtliche Geltend-

614 Ob der Barunterhaltspflichtige im Fall des Obhutswechsels eventuell mittelbar, z. B. durch die bereitwillige Aufnahme des Kindes in den Haushalt, beteiligt war, ist hier nicht entscheidend. Würde man jede mittelbare Handlung anderer Personen einbeziehen, so würde dies ausufern.

machung. Sofern der Barunterhaltspflichtige ständig seinen Wohnsitz ändert oder sich der Pflicht entzieht, stehen dem Unterhaltsbedürftigen keine äquivalenten Möglichkeiten zur Verfügung, um die Leistungen zu erlangen.

Bei den Situationen des familienrechtlichen Ausgleichsanspruchs gibt es solche Alternativen. Sofern das Kind in die Obhut des Barunterhaltspflichtigen wechselt, kann ein Ergänzungspfleger bestellt werden. Freilich müssen dafür die Voraussetzungen des § 1909 S. 1 vorliegen.[615] Bei Eintritt der Volljährigkeit hingegen kann das Kind als Unterhaltsberechtigter nun selbst mittels Klage den rückständigen Kindesunterhalt fordern. Hier ergibt sich wiederum das Problem der Konkurrenz des familienrechtlichen Ausgleichsanspruchs zum Kindesunterhalt.[616] Dennoch bleibt festzuhalten, dass das prozessuale Hindernis nicht unüberwindbar ist, sondern andere Möglichkeiten verbleiben, um den rückständigen Unterhalt geltend zu machen.

2. Betroffene Person

Darüber hinaus muss die Rechtsverfolgung für den Unterhaltsberechtigten unmöglich oder erheblich erschwert sein.[617] Der Unterhaltsberechtigte kann den Unterhaltsanspruch nicht oder nur erheblich erschwert geltend machen, sodass die Ersatzhaftung einen Anderen verpflichtet, um die Bereitstellung des Unterhalts dennoch zu gewährleisten. Im Falle des familienrechtlichen Ausgleichsanspruchs ist aber die Geltendmachung für den ersatzweise Zahlenden problematisch, denn als Unterhaltsberechtigter konnte das Kind den Barunterhalt durch die Vertretung oder im Wege einer Verfahrensstandschaft des betreuenden Elternteils vorher geltend machen. Nach Obhutswechsel oder Eintritt der Volljährigkeit ist zum Beispiel durch die Bestellung eines Ergänzungspflegers die gerichtliche Durchsetzung des rückständigen Barunterhalts weiterhin möglich.[618] Dieses prozessuale Hindernis betrifft beim familienrechtlichen Ausgleichsanspruch also nicht das Kind, sondern den leistenden Elternteil. Folglich sind andere Personen von dem prozessualen Hindernis betroffen. Aus diesem Grund scheint es sich nicht um exakt dasselbe Hindernis zu handeln.

615 Siehe hierzu BeckOK/BGB/*Bettin*, § 1909, Rn. 7–10; Schulz/Hauß/*Kemper*, § 1909, Rn. 3–7.
616 Zu der Problematik und den verschiedenen Lösungsansätzen siehe Kap. 3 I.
617 Vgl. Kap. 4 I.
618 Auch hier stellt sich wieder das Konkurrenzproblem von rückständigem Kindesunterhalt und familienrechtlichem Ausgleichsanspruch.

3. Zeitliche Abfolge

Außerdem muss die zeitliche Abfolge der Ereignisse beachtet werden. Bei § 1607 Abs. 2 S. 1 ist die Geltendmachung des Kindesunterhalts nicht möglich, weshalb der nachrangig haftende Verwandte den Unterhalt leistet und der Anspruch in Höhe der geleisteten Zahlungen auf diesen übergeht. Bei den Hauptanwendungsfällen des familienrechtlichen Ausgleichsanspruchs zahlt der betreuende Elternteil zu einem Zeitpunkt, an dem die gerichtliche Geltendmachung des Kindesunterhalts noch möglich ist. Erst später wechselt das Kind in die Obhut des anderen Elternteils oder wird volljährig und erst mit dem Eintritt eines dieser Ereignisse wird die gerichtliche Geltendmachung unmöglich. Das heißt, dass der betreuende Elternteil nicht aufgrund eines Hindernisses bei der Rechtsverfolgung den Barunterhalt vorstreckt, sondern dieses Hindernis erst später eintritt. Dementsprechend haftet der betreuende Elternteil nicht infolge eines prozessualen Hindernisses, sondern kann das Geleistete nur wegen eines späteren Ereignisses (Obhutswechsel beziehungsweise Eintritt der Volljährigkeit) nicht mehr geltend machen. Der zeitliche Verlauf der Ereignisse ist also ein anderer.

4. Zwischenergebnis

Die Untersuchung der prozessualen Hindernisse bei § 1607 Abs. 2 S. 1 und beim familienrechtlichen Ausgleichsanspruch zeigt, dass sie sich nicht exakt decken. Die Gründe für die Entstehung dieser Hindernisse sind unterschiedlich, ebenso wie deren Überwindbarkeit. Bei § 1607 Abs. 2 S. 1 verursacht grundsätzlich der Barunterhaltspflichtige das prozessuale Hindernis, nicht jedoch bei den Konstellationen des familienrechtlichen Ausgleichsanspruchs. Das prozessuale Hindernis beim Ausgleichsanspruch kann im Gegensatz zu dem des § 1607 Abs. 2 S. 1 überwunden werden. Die unmögliche oder erhebliche Erschwerung der Rechtsverfolgung erfasst daher nicht genau die Hauptanwendungsfälle des familienrechtlichen Ausgleichsanspruchs.

Ein weiterer Unterschied besteht auch bezüglich der Bezugsperson. Das prozessuale Hindernis tritt bei der Ersatzhaftung für den Unterhaltsbedürftigen – hier das Kind – auf. Im Fall des familienrechtlichen Ausgleichsanspruchs hingegen kann das Kind bei Eintritt der Volljährigkeit den Kindesunterhaltsanspruch selbst, bei Obhutswechsel durch Hinzuziehen eines Ergänzungspflegers geltend machen.[619] Nicht für das Kind, sondern für den bisher betreuenden

619 Freilich stellt sich hier erneut die Konkurrenzproblematik. Siehe zu den Lösungsmöglichkeiten Kap. 3 I. 1.–4.

und gleichzeitig leistenden Elternteil stellt sich die Problematik der gerichtlichen Geltendmachung.

Auch die zeitliche Abfolge der Ereignisse deckt sich nicht exakt. Bei der Ersatzhaftung muss das prozessuale Hindernis von Beginn an bestehen. Erst in dessen Folge leistet der Ersatzhaftende und erlangt daraufhin die Forderung durch die cessio legis. Bei den Konstellationen des familienrechtlichen Ausgleichsanspruchs jedoch bestanden im Zeitpunkt der vorgestreckten Unterhaltszahlungen noch keine Schwierigkeiten bezüglich der Geltendmachung des rückständigen Kindesunterhalts. Diese treten erst später ein.

Folglich kann die Konstellation des familienrechtlichen Ausgleichsanspruchs nicht unter § 1607 Abs. 2 S. 1 gefasst werden. Für dieses Ergebnis spricht auch die anders gelagerte Schutzrichtung der beiden Konstruktionen.[620] Bei § 1607 Abs. 2 S. 1 wird sichergestellt, dass der Unterhaltsbedürftige, der seinen Anspruch nicht beziehungsweise nur erheblich erschwert durchsetzen kann, auf andere Weise – nämlich durch die Ersatzzahlungen – unterhalten wird. Die Bedarfsdeckung des Bedürftigen wird damit sichergestellt.[621] Um dem Ersatzhaftenden einen Anreiz für diese Leistungen zu geben, wird diesem in Höhe der Leistungen ein Anspruch gegen den Barunterhaltspflichtigen zugesprochen, vgl. § 1607 Abs. 2 S. 2. Bei dem familienrechtlichen Ausgleichsanspruch deckt der zahlende Elternteil ebenfalls den Bedarf des Kindes. Dies könnte allerdings auch durch eine gerichtliche Geltendmachung des Kindesunterhalts erreicht werden, weil zu diesem Zeitpunkt noch kein prozessuales Hindernis existiert. Es besteht demnach die Möglichkeit, die Bedarfsdeckung durch den Barunterhaltspflichtgen zu erreichen. Mit den Zahlungen an das Kind kommt der familienrechtliche Ausgleich aber nicht zustande, es bedarf vielmehr noch des Obhutswechsels oder des Eintritts der Volljährigkeit.[622] Der familienrechtliche Ausgleichsanspruch dient daher nicht – zumindest nicht primär – der Sicherstellung der Bedarfsdeckung des Kindes, sondern dem gerechten Ausgleich im Innenverhältnis der Eltern.[623]

5. Direkte Anwendung durch Auslegung

Die Konstellationen des familienrechtlichen Ausgleichsanspruchs lassen sich nicht unter § 1607 Abs. 2 S. 1 fassen. Somit scheidet eine direkte Anwendung eigentlich aus. Bestehen aber weitere methodische Möglichkeiten, um dennoch

620 Siehe zu dem Sinn und Zweck der beiden Ansprüche auch Kap. 5 II. 1. c.
621 Zu dem Normzweck siehe auch Kap. 4.
622 Ohne das Hinzutreten dieser Tatsachen bleibt dem zahlenden Elternteil weiterhin die Möglichkeit, den rückständigen Kindesunterhalt geltend zu machen, um auf diese Weise einen Ausgleich zu erhalten.
623 Vgl. hierzu die Ausführungen des BGH, die in Kap. 1 II. 2.f. erläutert werden.

zu einer direkten Anwendung zu gelangen? Einen Anknüpfungspunkt hierfür bietet die juristische Hermeneutik Savignys, dessen Verständnis hinsichtlich der Auslegung[624] eine direkte Anwendung ermöglichen könnte.[625] Denn für Savigny war Auslegung »die Reconstruction des dem Gesetze inwohnenden Gedankens«[626]. Nun könnte hieraus geschlossen werden, dass die Ermittlung des Gedankens, also die Rekonstruktion,[627] eine direkte Anwendung ermöglichen würde, sofern sich der Gedanke auch auf das nicht unmittelbar geregelte Problem übertragen lässt. Allerdings hat Savigny erkannt, dass bei bestehenden Rechtsinstituten eine neue Rechtsfrage entstehen kann. Diese löst Savigny, indem sich das Gesetz »aus sich selbst«[628] heraus ergänzt. Das Ausfüllen dieser Lücke[629] nennt Savigny »Analogie«[630]. Zu beachten ist, dass Savigny zwei Stufen der Analogie unterscheidet. Die erste Stufe der Analogie bildet Recht neu, die zweite Stufe hingegen füllt die Lücke mit bereits bestehendem Recht.[631] Hier könnte es sich um die zweite Stufe der Analogie handeln, denn es wird kein neues Recht gebildet, sondern ein neu entstandenes rechtliches Problem durch die Anwen-

624 Zu den einzelnen Auslegungskriterien siehe Kap. 5 II. 1. Savigny hat selbst hat die vier Elemente – grammatisch, logisch, historisch und systematisch – als gleichrangig betrachtet, *Savigny*, System des heutigen römischen Rechts, Band 1, 1840, S. 213–215; vgl. zu den canones insbesondere *Stephan Meder*, Mißverstehen und Verstehen. Savignys Grundlegung der juristischen Hermeneutik, 2004, S. 206–210; auch *Jan Schröder*, Zur Aequitas/Billigkeit in der Rechtstheorie des 19. Jahrhunderts, in: H. Haferkamp, T. Repgen (Hrsg.), Wie pandektistisch war die Pandektistik? Symposium aus Anlass des 80. Geburtstags von Klaus Luig am 11. Spetember 2015, 2007, S. 289 (303). Diese sollten dazu dienen, den Standpunkt des Gesetzgebers nachvollziehen zu können, *Friedrich Carl von Savigny*, Methodologie (1809), in: A. Mazzacane (Hrsg.), Vorlesungen über juristische Methodologie 1802–1842, neue, erweiterte Auflage, 2004, S. 217; vgl. auch *Christoph-Eric Mecke*, »Regeln werden nur den Schwachköpfen dienen, um sie des eigenen Denkens zu überheben« – Puchtas und Savignys juristische Hermeneutik im Vergleich, in: S. Meder, G. Carlizzi, C. Mecke, C. Sorge (Hrsg.), Juristische Hermeneutik zwischen Vergangenheit und Zukunft, 2013, S. 37 (40f.).

625 Der weit gefassten objektiven Auslegungstheorie, welche sich vom Gedanken des Gesetzes entfernt, ist nicht – zumindest nicht bedingungslos – zu folgen, um ein Ausufern der Interpretationsmöglichkeiten des Gesetzes zu vermeiden, vgl. hierzu auch *Meder*, Mißverstehen und Verstehen, S. 120–130; die objektive Theorie gänzlich ablehnend *Rüthers/Fischer/Birk*, Rn. 794. Ebenso wenig kann aber auch der strikten subjektiven Theorie gefolgt werden, um zum Beispiel Veränderungen in der Gesellschaft nicht gänzlich außer Acht zu lassen. Siehe zu dem Streit allgemein *Benjamin Herzog*, Anwendung und Auslegung von Recht in Portugal und Brasilien. Eine rechtsvergleichende Untersuchung aus genetischer, funktionaler und postmoderner Perspektive. Zugleich ein Plädoyer für mehr Savigny und weniger Jhering, 2014, S. 8f.

626 *Savigny*, System, Bd. 1, S. 213.

627 Zur Rekonstruktion siehe ausführlich *Meder*, Mißverstehen und Verstehen, S. 21–27 und 175f.

628 *Savigny*, System, Bd. 1, S. 290.

629 Vgl. *Savigny*, System, Bd. 1, S. 290f.; ebenso *Savigny*, Methodologie, in: Vorlesungen, S. 226.

630 *Savigny*, System, Bd. 1, S. 291.

631 Vgl. zu den Stufen der Analogie *Savigny*, System, Bd. 1, S. 291. Siehe hierzu vertiefend *Meder*, Mißverstehen und Verstehen, S. 154–157.

dung einer Regelung beziehungsweise deren Wertung gelöst. Die Besonderheit dieser Auslegungslehre ist, dass Savigny die Analogie als Teil der Auslegung versteht.[632] Eine Unterscheidung zwischen Auslegung einerseits und Analogie als Teil der Rechtsfortbildung andererseits, wie sie heute häufig vorgenommen wird, trifft Savigny nicht.[633] Demnach würde auch eine Auslegung nach Savigny nicht zu einer direkten, sondern zu einer analogen Anwendung in Form der zweiten Stufe führen.

Im Ergebnis scheint daher eine Analogie geboten. Zu fragen ist allerdings, ob diese – als Element der Auslegung nach Savigny – ausgewiesen werden muss oder ob eine Ergänzung des Gesetzes aus sich selbst ohne Hinweis auf die Analogie ausreichend ist. Über diese Frage lässt sich gewiss streiten. Als Beitrag zur Rechtssicherheit dürfte der Hinweis auf eine analoge Anwendung aber unumgänglich sein. Zum einen bedarf es stets bestimmter Voraussetzungen für eine Analogie, die geprüft werden müssen. Ohne Hinweis auf die analoge Anwendung könnte dies unterbleiben, sodass die unbestimmte und weite Anwendung der Normen ohne genaue Prüfung ermöglicht würde. Zum anderen sind nicht alle Normen analogiefähig.[634] Dementsprechend bedarf es auch diesbezüglich Ausführungen, die sich bei einer Anwendung ohne Hinweis hinsichtlich der Analogie erübrigen könnten. Der Zusatz, dass eine Norm analog angewendet wird, darf daher nicht fehlen. Gerade diese zweite Stufe der Analogie muss hier geprüft werden. Kann die aufgezeigte Lücke[635] – die Fallkonstellationen des familienrechtlichen Ausgleichsanspruchs – durch eine Ergänzung aus dem Gesetz selbst geschlossen werden?

II. Analoge Anwendung

Überprüft werden muss folglich, ob eine analoge Anwendung des § 1607 Abs. 2 möglich ist.[636] Eine Analogie bedarf einer planwidrigen Regelungslücke und einer vergleichbaren Interessenlage.[637] Diese Voraussetzungen sind zwingend, um eine

632 Vgl. *Savigny*, System Bd. 1, S. 291 f. Vgl. hierzu *Meder*, Mißverstehen und Verstehen, S. 151. Daher spricht Meder auch von »auslegender Analogie«, vgl. *Meder*, Mißverstehen und Verstehen, S. 158. Es ist zuzustimmen, dass die Bezeichnung – ob Analogie, auslegende Analogie oder gesetzesimmanente Rechtsfortbildung – unerheblich ist. Gemeint ist damit die Lösung für Lücken mit Hilfe des Gesetzes zu finden, vgl. ebenso *Herzog*, S. 12, 80 f.

633 Für Savigny sind beide Stufen der Analogie Teil der Auslegung, siehe so ebenfalls *Meder*, Mißverstehen und Verstehen, S. 156; im Ergebnis ebenso *Larenz/Canaris*, S. 187 f.

634 So auch *Savigny*, System, Bd. 1, S. 293.

635 Zu der umfassenden Darstellung der planwidrigen Regelungslücke siehe Kap. 5 II. 1.

636 Die Analogie hat auch heute noch ihre Berechtigung in der Jurisprudenz und wird weiterhin praktiziert. Die Analogie als entscheidendes Instrument zur Schließung von Lücken bezeichnend, *Ernst A. Kramer*, Juristische Methodenlehre, 5. Auflage, 2016, S. 203. Beispielhaft

Norm, in diesem Fall § 1607 Abs. 2, auf einen nicht geregelten Fall anzuwenden.[638] Von der Analogiefähigkeit[639] des § 1607 Abs. 2 ist auszugehen,[640] denn ein gesetzliches Verbot für eine Analogie besteht für diese Norm nicht.

1. Planwidrige Regelungslücke

Zunächst ist zu untersuchen, ob bei den Fallgestaltungen des familienrechtlichen Ausgleichsanspruchs eine Regelungslücke besteht und ob diese planwidrig ist.[641] Eine Regelungslücke wird immer dann angenommen, wenn der Gesetzgeber den Fall nicht ausdrücklich geregelt hat.[642] Die Situation des familienrechtlichen

---

hierfür seien folgende Urteile und Beschlüsse genannt, welche allein im Januar 2019 ergingen: OLG München, Urteil vom 23. 1. 2019 – 7 U 2822/17, juris, Rn 37; AG Euskirchen, Urteil vom 22. 1. 2019 – 27 C 259/16, juris, Rn. 30; LG Wuppertal, Beschluss vom 7. 1. 2019 – 16 T 232/17, juris, Rn. 9–11; BGH, Beschluss vom 7. 1. 2019 – IV ZA 5/18, juris, Rn. 1; OLG Köln, Beschluss vom 3. 1. 2019 – 18 U 70/18, MDR 2019, 222 (223); OLG Braunschweig, Beschluss vom 2. 1. 2019 – 9 U 32/18, juris, Rn. 31, 66.

637 BGH, Urteil vom 4. 8. 2010 – XII ZR 118/08, MDR 2010, 1254 (1254 f.); OLG Stuttgart, Urteil vom 30. 3. 2016 – 9 U 171/15, WM 2016, 742 (744); *Reinhold Zippelius*, Juristische Methodenlehre, 11. Auflage, 2012, S. 55; *Franz Reimer*, Juristische Methodenlehre, 2016, Rn. 562; *Franz Bydlinski*, Grundzüge der juristischen Methodenlehre, 2005, S. 63; *Wendehorst*, Jura 2004, 505 (509); zum Begriff siehe auch *A. W. Heinrich Langhein*, Das Prinzip der Analogie als juristische Methode: ein Beitrag zur Geschichte der methodologischen Grundlagenforschung vom ausgehenden 18. bis zum 20. Jahrhundert, 1992, S. 15; *Wolfgang Fikentscher*, Methoden des Rechts in vergleichender Darstellung, Band 4: Dogmatischer Teil, Anhang, Tübingen 1977, S. 284; *Karl Engisch*, Einführung in das juristische Denken, 12. Auflage, 2018, S. 203–205; im Ergebnis auch *Thomas M. J. Möllers*, Juristische Methodenlehre, 2017, § 6, Rn. 92 f.; ebenso *Christoph Luther*, Die juristische Analogie, Jura 2013, 449 (453), der aber erst die vergleichbare Interessanlage prüfen möchte; vgl. *Elmar Bund*, Juristische Logik und Argumentation, 1983, S. 190, der die Voraussetzungen auch alternativ anwendet.

638 Da sich die Analogie nur auf eine einzelne Norm bezieht, handelt es sich um eine Gesetzesanalogie, vgl. hierzu *Markus Würdinger*, Die Analogiefähigkeit von Normen. Eine methodologische Untersuchung über Ausnahmevorschriften und deklaratorische Normen, AcP 206, 946 (953 f.); *Reimer*, Rn. 558; *Bydlinski*, S. 66 f.

639 Siehe zur Analogiefähigkeit *Engisch*, S. 208; *Reimer*, Rn. 563.

640 Ebenso *Holzhauer*, in: FS Wolf, S. 223 (232); *Walter Selb*, Mehrheit von Gläubigern und Schuldnern, in: J. Gernhuber (Hrsg.), Handbuch des Schuldrechts, Band 5, 1984, S. 141.

641 Der Begriff der planwidrigen Regelungslücke ist durchaus problematisch beziehungsweise missverständlich. Im Gegensatz zu den Naturrechtskodifikationen, insbesondere dem Allgemeinen Landrecht für die Preußischen Staaten, hat das BGB von 1900 gerade keinen Anspruch auf Vollständigkeit. Siehe vertiefend zu der Problematik *Stephan Meder*, Ius non scriptum – Traditionen privater Rechtsetzung, 2. Auflage, 2009, S. 132–147. Regelungslücken sind also fester Bestandteil der Gesetzgebung. Ob diese Lücken aber bewusst (planmäßig) oder unbewusst (planwidrig) gelassen wurden, kann gewiss geprüft werden.

642 *Helmut Coing*, Juristische Methodenlehre, Berlin, 1972, S. 52; *Claus-Wilhelm Canaris*, Die Feststellung von Lücken im Gesetz: Eine methodologische Studie über Voraussetzungen und Grenzen der richterlichen Rechtsfortbildung praeter legem, 2. Auflage, 1983, S. 39; *Würdinger*, AcP 206, 946 (950); *Wendehorst*, Jura 2004, 505 (509).

Ausgleichsanspruchs hat keinen normativen Niederschlag gefunden. Ausdrücklich ist im Bürgerlichen Gesetzbuch kein Ersatzanspruch für geleistete, nicht geschuldete Unterhaltszahlungen an das Kind geregelt, welche aber im Falle des Obhutswechsels oder dem Eintritt der Volljährigkeit nicht mehr geltend gemacht werden können. Eine direkte Anwendung des § 1607 Abs. 2 scheidet – wie geprüft[643] – aus. Ob bei einer solchen Situation schuldrechtliche Ansprüche anwendbar sind, ist äußerst umstritten.[644] Im Familienrecht lässt sich keine Anspruchsgrundlage finden, mit deren Hilfe ein familienrechtlicher Ausgleichsanspruch geltend gemacht werden kann. Eine Regelungslücke ist zu bejahen.[645]

Voraussetzung für die Planwidrigkeit ist, dass der Gesetzgeber bewusst die konkrete Situation gesetzlich regeln wollte, dies aber nicht getan hat.[646] Ob der Gesetzgeber den Fall des familienrechtlichen Ausgleichsanspruchs nicht bewusst ungeregelt gelassen hat, lässt sich durch Auslegung[647] ermitteln.

a. Wortlaut

Auf den ersten Blick ist in der Vorschrift des § 1607 Abs. 2 S. 1 nicht erkennbar, ob die Voraussetzungen vom Sprachgebrauch[648] auch für den Fall des familienrechtlichen Ausgleichsanspruchs erfüllt sind. So ist zunächst unklar, was unter der Rechtsverfolgung zu verstehen und wann diese unmöglich oder zumindest

---

643 Vgl. Kap. 5 I.

644 Zu der Herleitung des Anspruchs aus schuldrechtlichen Normen siehe Kap. 6. Von dieser Prüfung wird hier abgesehen, um die Konkurrenzen des § 1607 Abs. 2 und des familienrechtlichen Ausgleichsanspruch zu den schuldrechtlichen Ansprüchen zusammenhängend prüfen zu können. Beide Konkurrenzprüfungen sind in ihrer Argumentation derart ähnlich und problematisieren die gleichen Voraussetzungen, dass sich eine getrennte Prüfung verbietet. Sie wäre überdies zu unübersichtlich und würde das Wesentliche dieses Kapitels in den Hintergrund drängen. Darüber hinaus muss bei der Beurteilung bezüglich des Vorliegens der Voraussetzungen der Wille des Gesetzgebers beachtet werden, der aber erst in der historisch/genetischen Auslegung erläutert wird. Im Ergebnis ist zumindest der Aufwendungsersatzanspruch aus der Geschäftsführung ohne Auftrag tatbestandlich gegeben. Dieser wird aber nur unter Hinzufügen besonderer unterhaltsrechtlicher Normen (wie den § 1613) angenommen. Diese Modifikation zeigt, dass es keinen gesetzlich normierten Anspruch für diese Fälle gibt, sondern stets bestimmte Wertungen und Anpassungen vorgenommen werden müssen, um diese Lücke zu schließen, weshalb eine Regelungslücke bejaht werden muss, vgl. zu einer derartigen Lücke *Larenz/Canaris*, S. 193f.

645 Im Ergebnis so auch Ehinger/Griesche/Rasch/Schwonberg/Siede/*Schwonberg*, Rn. 8.97.

646 BGH, Urteil vom 13.11.2001 – X ZR 134/00, GRUR, 2002, 238 (241); *Luther*, Jura 2013, 449 (450f.); *Reimer*, Rn. 568; *Thomas Kuhn*, Argumentation bei Analogie und teleologische Reduktion in der zivilrechtlichen Klausurpraxis, JuS 2016, 104 (104).

647 Zu den Auslegungskriterien siehe insbesondere *Savigny*, System, Bd. 1, S. 213–215; *Peter Schwacke*, Juristische Methodik, mit Technik der Fallbearbeitung, 5. Auflage, 2011, S. 88; *Patrick Meier/Felix Jocham*, Wie man Argumente gewinnt. Die Kunst, dogmatisch und überzeugend zu begründen, JuS 2015, 490 (491f.).

648 Zur Wortlautauslegung siehe insbesondere *Larenz/Canaris*, S. 141–145.

erheblich erschwert ist. Eine Erklärung findet sich nicht im Gesetz. Der Begriff »Rechtsverfolgung« wird im BGB durchaus verwendet. Auch an diesen Stellen ist die gerichtliche Geltendmachung gemeint.[649] Das Vorliegen der Voraussetzungen im Fall des familienrechtlichen Ausgleichsanspruchs kann weder bejaht noch verneint werden. Ob der Gesetzgeber hier den familienrechtlichen Ausgleichsanspruch bewusst ausklammern wollte, lässt sich anhand des Wortlauts nicht belegen.

b. Systematik

Die Systematik der Norm, also ihre Stellung im Gesetz[650], lässt auch nicht eindeutig auf eine Planwidrigkeit schließen. Die Ausgestaltung des Kindesunterhalts macht deutlich, dass die Eltern zum einen die Unterhaltslast im Innenverhältnis gerecht verteilen müssen, vgl. § 1606 Abs. 3 S. 1. Eindeutig erkennbar ist auch, dass diejenigen, die den Unterhalt zahlen, obwohl sie nicht primär verpflichtet sind, einen Anspruch gegen den nicht zahlenden Barunterhaltspflichtigen haben sollen, vgl. § 1607 Abs. 2 und Abs. 3. Dass der zahlende Elternteil im Fall des familienrechtlichen Ausgleichsanspruchs also die Unterhaltslast nicht allein tragen muss, sondern ihm ein Anspruch gegen den Barunterhaltspflichtigen zusteht, entspricht der Ausgestaltung des Kindesunterhalts.[651] Weshalb dieser Fall aber nicht geregelt ist, bleibt unklar und scheint für eine Planwidrigkeit zu sprechen. Im Übrigen ergeben sich bei den Normen des BGB, die einen gesetzlichen Forderungsübergang anordnen,[652] Fälle, in denen eine analoge Anwendung anerkannt wird.[653] Dem BGB ist daher eine Planwidrigkeit und damit eine analoge Anwendung der cessio legis nicht fremd.

649 Vgl. Erman/*Ebbing*, § 939, Rn. 2; MüKo/BGB/*Schürnbrand*, Münchener Kommentar, BGB, Band 3a, 7. Auflage, 2017, § 497, Rn. 27; BeckOK/BGB/*Henrich*, § 204, Rn. 1.

650 Vgl. *Savigny*, System, Bd. 1, S. 214; *Möllers*, § 4, Rn. 94; *Ingeborg Puppe*, Kleine Schule des juristischen Denkens, 3. Auflage, 2014, S. 124; *Schwacke*, S. 95; *Larenz/Canaris*, S. 145–149.

651 Daher geht bei dem vom Staat gezahlten Unterhaltsvorschuss der Unterhaltsanspruch des Unterhaltsberechtigten auch mittels cessio legis auf den Staat über, vgl. § 7 Abs. 1 S. 1 UVG. Ein solcher Mechanismus scheint somit typisch für diese Fallkonstellation zu sein.

652 Zum Beispiel § 268 Abs. 3 S. 1 oder § 774 Abs. 1 S. 1.

653 Vgl. Staudinger/BGB/*Bittner*, Kommentar zum Bürgerlichen Gesetzbuch, Buch 2: Recht der Schuldverhältnisse, §§ 255–304 (Leistungsstörungsrecht 1), Neubearbeitung 2014, § 268, Rn. 28. So wird § 268 Abs. 3 analog angewendet, wenn der Fall nicht unter die Voraussetzung des § 268 Abs. 1 S. 1 subsumiert werden kann, aber eine vergleichbare Interessenlage vorliegt, vgl. OLG Karlsruhe, Urteil vom 10.12.1991 – 18a U 230/90, NJW-RR 1992, 713 (713). Siehe zur analogen Anwendung auch Staudinger/BGB/*Horn*, Kommentar zum Bürgerlichen Gesetzbuch, Buch 2: Recht der Schuldverhältnisse, §§ 662–675b (Auftrag und Geschäftsbesorgung), Neubearbeitung 2017, § 774, Rn. 60; Erman/*Böttcher*, § 426, Rn. 8.

c. Telos

Diese Auslegung befasst sich mit dem Sinn und Zweck der auszulegenden Norm.[654] Zu prüfen ist daher, ob nach dem Telos dieser Norm der nicht geregelte Sachverhalt hätte mitgeregelt werden müssen. Mit der Ersatzpflicht des § 1607 Abs. 2 sollen zweierlei Zwecke erfüllt werden:[655]

Zum einen soll die Versorgung des Unterhaltsberechtigten sichergestellt werden. Dieser muss stets mit den entsprechenden finanziellen Mitteln ausgestattet sein, um seinen Lebensbedarf decken zu können. Daher wird der Ersatzhaftende dazu verpflichtet, diese Zahlungen zu leisten. Dagegen besteht nach Maßgabe des familienrechtlichen Ausgleichsanspruchs keine Verpflichtung zur Leistung. Dieser Anspruch verpflichtet den betreuenden Elternteil nicht zu Zahlungen. Der Zahlende sieht sich vielmehr aufgrund der gegebenen Situation gezwungen, die Barunterhaltspflicht zu übernehmen. Allerdings leistet dieser auch nicht freiwillig. Denn dies würde der Voraussetzung des familienrechtlichen Ausgleichsanspruchs, in der Absicht gezahlt zu haben, die Leistungen vom Anderen ersetzt zu verlangen, widersprechen.[656]

Zum anderen fördert § 1607 Abs. 2 ebenso die Bereitschaft, die Unterhaltsleistungen zu übernehmen, indem § 1607 Abs. 2 S. 2 einen Forderungsübergang anordnet und dem Ersatzhaftenden damit einen Anspruch zuspricht. Die cessio legis bezweckt grundsätzlich entweder eine erleichterte Rückgriffsmöglichkeit oder die Vermeidung einer mehrfachen Inanspruchnahme.[657] Die Ersatzhaftung nach § 1607 Abs. 2 betrifft folglich den Fall der erleichterten Rückgriffsmöglichkeit.[658] Dies bezweckt auch der familienrechtliche Ausgleichsanspruch. Hier geht es ebenfalls darum, dem zahlenden Elternteil eine Rückgriffsmöglichkeit einzuräumen.

Zusammenfassend ist demnach der Zweck des § 1607 Abs. 2 die Aufrechthaltung der Barunterhaltsleistungen und als Kompensation hierfür die erleichterte Rückgriffsmöglichkeit. Diese Kompensationsmöglichkeit ist ebenfalls Sinn und Zweck des familienrechtlichen Ausgleichsanspruchs, wohingegen die Bereitstellung des Barunterhalts nicht bezweckt wird.[659] Allein diese Gemeinsamkeit reicht allerdings nicht aus, um eine Planwidrigkeit zu bejahen.

---

654 Zum Zweck des Rechts siehe *Rudolf von Jhering*, Der Zweck im Recht, Bd. 1, 1884, S. VIII, der den Zweck als Schöpfer des Rechts verstand; den Sinn des Gesetzes daher als Ziel der Auslegung verstehend *Larenz/Canaris*, S. 139; zu der teleologischen Auslegung *Larenz/Canaris*, S. 153–159; *Marco Staake*, Das Ziel der Auslegung, Jura 2011, 177 (182).

655 Siehe dazu schon Kap. 4.

656 Vgl. zu dem Inhalt dieser Voraussetzung Kap. 2 II. 2.

657 *Coester-Waltjen*, Jura 1997, 609 (609).

658 *Coester-Waltjen*, Jura 1997, 609 (610).

659 Der familienrechtliche Ausgleichsanspruch soll lediglich eine gerechte Verteilung im Innenverhältnis ermöglichen. Siehe hierzu schon Kap. 5 I. 4.

d. Genetisch/Historisch

Ob der Gesetzgeber wirklich den Fall des familienrechtlichen Ausgleichsanspruchs bewusst nicht regeln wollte oder ob es sich um eine planwidrige Regelungslücke handelt, kann letztlich nur durch eine detaillierte Analyse der Entstehungsgeschichte[660] festgestellt werden.[661] Im Folgenden sollen sowohl der Wille des Gesetzgebers als auch die Materialien, die vorherige Normen sowie Literatur und Rechtsprechung untersucht werden. Ausgangspunkt für diese Untersuchung bilden die Entwürfe zum BGB, insbesondere die Motive der Ersten Kommission von 1888 und die Protokolle der Zweiten Kommission von 1895.

(1) Motive

Bereits der Erste Entwurf ordnet bei Ausschluss oder erheblicher Erschwerung der Rechtsverfolgung eine Ersatzhaftung an, vgl. § 1487 Abs. 2.[662] Auch in den Motiven wurde der bereits erläuterte Zweck der Ersatzhaftung des § 1607 Abs. 2 S. 1 festgestellt. Eine derartige Ersatzhaftung diene der schnellen Umsetzung des Unterhaltsanspruchs.[663] Es war also beabsichtigt, die Leistung an den Unterhaltsberechtigten sicherzustellen. Diese Verpflichtung trete allerdings nur zukünftig ein.[664] Gemeint ist hiermit, dass die Ersatzhaftung erst ab dem Zeitpunkt eintritt, ab dem die Rechtsverfolgung ausgeschlossen oder erheblich erschwert ist. Hier wird das bereits angesprochene Problem der zeitlichen Abfolge deutlich.[665]

Einen Regressanspruch enthält der Erste Entwurf allerdings nicht, vgl. § 1486.[666] Die Motive verweisen auf das Sächsische Gesetzbuch und den Hessischen Entwurf, in denen ein solcher Regressanspruch normiert war, und verzichten auf eine entsprechende Regelung. Als Begründung für diesen Verzicht wurde eine Reihe von Argumenten angeführt.[667] Zwar erfülle der Ersatzhaftende

---

660 Die genetische und historische Auslegung werden teilweise voneinander abgegrenzt, so *Möllers*, § 4 Rn. 147,149 und 156, teilweise miteinander verbunden, so *Schwacke*, S. 97f. Savigny verstand unter der historischen Auslegung das Berücksichtigen des Zustandes zur Zeit der Gesetzgebung, vgl. *Savigny*, System, Bd. 1, S. 214. Nur eine zusammenhängende Darstellung kann eine genaue und ausführliche Auslegung garantieren. Daher werden beide Begriffe – genetisch und historisch – verwendet. Zur historischen Auslegung allgemein, siehe *Emilio Betti:* Zur Grundlegung einer allgemeinen Auslegungslehre, in: W. Kunkel, H. Wolff (Hrsg.), Geschichte der antiken Rechte und allgemeine Rechtslehre, Festschrift für Ernst Rabel, Band 2, 1954, S. 79 (143).

661 So auch *Coing*, S. 52; *Puppe*, S. 175.

662 *Mugdan*, Bd. IV, S. LXXIII.

663 *Mugdan*, Bd. IV, Motive, S. 369.

664 *Mugdan*, Bd. IV, Motive, S. 369.

665 Siehe hierzu die Erläuterungen in Kap. 5 I. 3.

666 *Mugdan*, Bd. IV, S. LXXIII.

667 *Mugdan*, Bd. IV, Motive, S. 369.

eine fremde Verbindlichkeit, doch könne dieser auch in der irrigen Annahme handeln, er würde seine eigene Pflicht erfüllen. Daher sei eine »unbedingte Ersatzpflicht«[668] nicht geboten. In einem solchen Fall würde auch ein Anspruch aus Geschäftsführung ohne Auftrag oder aus Bereicherungsrecht verneint werden. Daher sei ein Regressanspruch nicht angebracht. Darüber hinaus könne ein solcher Anspruch zu grober Härte führen, wenn der Barunterhaltspflichtige im Zeitpunkt der Inregressnahme durch den Ersatzpflichtigen nicht mehr leistungsfähig sei. In den Motiven wurde weiter ausgeführt, dass in ähnlich gelagerten Fällen das Risiko bestünde, dass aus dem normierten Regressanspruch geschlossen werden könnte, für andere Fälle sei kein Regressanspruch gegeben. Weil die Gefahr eines solchen Umkehrschlusses vermieden werden sollte, entschloss sich die Erste Kommission, die Ausgestaltung des Regressanspruchs der Wissenschaft und der Praxis zu überlassen.[669]

(2) Protokolle

Die Zweite Kommission hatte bezüglich des § 1607 über drei Anträge zu entscheiden:[670] Der erste Antrag betraf Absatz 1 des § 1607, der für den Ersatzanspruch ebenso wie für den Regressanspruch irrelevant und somit zu vernachlässigen ist. Der zweite Antrag forderte, den § 1607 Abs. 2 dahin zu ergänzen, dass ein gesetzlicher Forderungsübergang normiert werden solle. Dieser Antrag wurde angenommen. Da es sich hierbei um eine Regelung handelte, die die Erste Kommission noch ausdrücklich abgelehnt hatte, bedurfte es einer ausführlichen Begründung. Zunächst stellte die Zweite Kommission fest, die in Aussicht genommene cessio legis sei eine Anspruchsgrundlage zusätzlich zu den schuldrechtlichen Ansprüchen.[671] Gerade der Aufwendungsersatzanspruch aus der Geschäftsführung ohne Auftrag sei häufig gegeben. Mit seinen Leistungen erfülle der Ersatzhaftende die Pflicht des Barunterhaltspflichtigen. Anders liege der Fall, wenn der Zahlende keine Kenntnis von der Barunterhaltspflicht des Anderen habe.[672] Ein Anspruch aus ungerechtfertigter Bereicherung sei ebenfalls unwahrscheinlich, weil zum einen keine Bereicherung und zum anderen – im Fall der Annahme einer Bereicherung – eine Entreicherung anzunehmen sei. Um dem Ersatzpflichtigen diese Probleme nicht zuzumuten, sei ein gesetzlicher Forderungsübergang in den § 1607 Abs. 2 aufzunehmen.[673] Die Zweite Kom-

668 *Mugdan*, Bd. IV, Motive, S. 369.
669 *Mugdan*, Bd. IV, Motive, S. 369.
670 *Mugdan*, Bd. IV, Protokolle, S. 953.
671 *Mugdan*, Bd. IV, Protokolle, S. 953.
672 Dies dürfte darin begründet sein, dass bei Unkenntnis von der Verpflichtung des Anderen die Tilgung einer fremden Schuld und damit ein fremdes Geschäft und der Fremdgeschäftsführungswille abzulehnen ist.
673 *Mugdan*, Bd. IV, Protokolle, S. 953.

mission sah zudem ebenso wie die Erste Kommission die Gefahr eines Umkehrschlusses. Im Gegensatz zur Ersten Kommission wurde jedoch nicht auf den Umkehrschluss einer Regressregelung abgestellt. Vielmehr sah die Zweite Kommission das Problem, aus dem Fehlen einer mit § 1492[674] (jetzt: § 1613) vergleichbaren, allgemeinen Norm, die den Unterhalt für die Vergangenheit nur bei Mahnung, Inverzugsetzung oder Rechtshängigkeit zulässt, könne gefolgert werden, dass ein Regressanspruch aus schuldrechtlichen Ansprüchen verneint würde.[675] Einen Regressanspruch wollte die Zweite Kommission nicht dem »schwankenden Boden«[676] der schuldrechtlichen Ansprüche überlassen. Für die ausdrückliche Normierung spreche auch, dass der Ersatzpflichtige in diesem Fall aufgrund des ausdrücklich normierten Ersatzanspruchs gegen den Barunterhaltspflichtigen eher zur Leistung bereit wäre.[677] Eine grobe Härte, wie sie die Erste Kommission befürchtete, könne nicht entstehen. Dies folge zum einen aus dem § 1492 und zum anderen aus dem Umstand, dass der Regress nur insoweit erfolgen kann, als der Barunterhaltspflichtige vom Unterhaltsberechtigten ohnehin in Anspruch genommen werden könne.[678]

Mit dem dritten Antrag wurde ein eigener Ersatzanspruch vorgeschlagen. Dieser hätte dem Ersatzpflichtigen unabhängig vom Anspruch des Unterhaltsberechtigten gegenüber dem Barunterhaltspflichtigen einen Ersatzanspruch zugesprochen. Der dritte Antrag wurde mit der Begründung abgelehnt, der unbedingte Ersatzanspruch sei zu weitreichend und unbillig. Würde ein solcher Ersatzanspruch stets angenommen, so würde damit ausgedrückt, dass ein Anspruch aus Geschäftsführung ohne Auftrag stets gegeben sei.[679] Dies widerspreche aber der Wertung des § 612.[680] Um den Barunterhaltspflichtigen vor einer plötzlichen Inanspruchnahme bei mangelnder Leistungsfähigkeit zu schützen (in diesem Zusammenhang verweisen die Protokolle auch auf den § 1482[681]), sei eine unbedingte Ersatzpflicht abzulehnen.

---

674 *Mugdan*, Bd. IV, S. LXXIV.
675 *Mugdan*, Bd. IV, Protokolle, S. 953.
676 *Mugdan*, Bd. IV, Protokolle, S. 953.
677 *Mugdan*, Bd. IV, Protokolle. S. 953.
678 *Mugdan*, Bd. IV, Protokolle, S. 953.
679 *Mugdan*, Bd. IV, Protokolle, S. 953.
680 *Benno Mugdan*, Die gesamten Materialien zum Bürgerlichen Gesetzbuch für das Deutsche Reich, Band II, Recht der Schuldverhältnisse, 1979, S. CXXXVI; *Ders.*, Bd. IV, Protokolle, S. 954.
681 *Mugdan*, Bd. IV, S. LXXII.

(3) *Vorläufige Zusammenfassung*

Als deutlichster Unterschied in den Ausführungen der Kommissionen, fällt als erstes der zunächst abgelehnte, später eingefügte Regressanspruch auf. Während er in den Motiven noch vehement abgelehnt wurde,[682] führen die Protokolle eine Vielzahl von Argumenten für die Aufnahme eines Regressanspruchs in Form einer cessio legis an.[683] Bei genauerer Betrachtung finden sich weitere Unterschiede, aber auch einige Gemeinsamkeiten, die für die Beurteilung bezüglich der Planwidrigkeit und damit der Analogie wesentlich sind.

Beide Kommissionen lehnen eine unbedingte Ersatzpflicht ab.[684] Dies entspricht auch der heutigen Rechtsauffassung der §§ 1601ff., denn allein die Barunterhaltszahlung eines nicht primär Verpflichteten löst noch keine Ersatzpflicht des Barunterhaltsverpflichteten aus. Hinzukommen müssen die Voraussetzungen des § 1607 Abs. 2 S. 1, der Geschäftsführung ohne Auftrag, des Bereicherungsrechts oder des familienrechtlichen Ausgleichsanspruchs.

Trotz der einhelligen Ablehnung der unbedingten Ersatzpflicht[685] bejahen beide Kommissionen eine Ersatzpflicht unter bestimmten Voraussetzungen. So wird sowohl in den Motiven als auch in den Protokollen deutlich, dass der Ersatzhaftende eine fremde Pflicht erfüllt.[686] Damit ist der Ausgleich über die Vorschriften der Geschäftsführung ohne Auftrag und des Bereicherungsrechts grundsätzlich eröffnet. Beide verneinen den Ausgleichsanspruch aus der Geschäftsführung ohne Auftrag nur bei Unkenntnis der fremden Verbindlichkeit.[687] Die Zweite Kommission sieht in Bezug auf das Bereicherungsrecht eine fehlende Bereicherung sowie eine Gefahr der Entreicherung. Sie ordnet aber ausdrücklich an, die cessio legis sei ein zusätzlicher Anspruch zu den schuldrechtlichen Ansprüchen.[688] Hierbei sei auf zwei Auffälligkeiten hingewiesen. Zum einen bejahen beide Kommissionen unproblematisch die Erfüllung einer fremden Verbindlichkeit. Die (heutzutage diskutierte) Frage, ob es sich um ein fremdes Geschäft handelt und ob der Barunterhaltspflichtige etwas erlangt hätte[689], ist somit vom Gesetzgeber bereits positiv beantwortet worden. Zum anderen verneinen beide Kommissionen einen Ausgleich bei fehlender Kenntnis bezüglich der fremden

---

682 Die Argumentation bezieht sich hauptsächlich auf eine unbedingte Ersatzpflicht, vgl. *Mugdan*, Bd. IV, Motive, S. 369, dennoch wird ein Regressanspruch insgesamt abgelehnt.
683 *Mugdan*, Bd. IV, Protokolle, S. 953.
684 Wobei die Zweite Kommission das Argument der Ersten Kommission, eine unbedingte Ersatzpflicht könne zu grober Härte führen, nicht teilte. Im Ergebnis sind sich aber beide Kommissionen einig.
685 Siehe *Mugdan*, Bd. IV, Motive S. 369 und Protokolle, S. 953.
686 Vgl. *Mugdan*, Bd. IV, Motive, S. 369 und Protokolle, S. 953.
687 *Mudgan*, Bd. IV, Motive, S. 369 und Protokolle, S. 953.
688 Siehe *Mugdan*, Bd. IV, Protokolle, S. 953.
689 Auf diese Problematik und auf die heute vertretenen Meinungen wird später noch ausführlich eingegangen, siehe Kap. 6 I. 1. a.

Verbindlichkeit. Dies entspricht den Voraussetzungen des familienrechtlichen Ausgleichsanspruchs, der die Erfüllung einer dem Anderen obliegenden Pflicht und die Absicht, Ersatz zu verlangen, fordert. Irrt sich der Zahlende dahin, dass er sich selbst für verpflichtet hält, weiß er nicht, dass er die Pflicht eines Anderen erfüllt und leistet daher auch nicht mit der Absicht, diesen in Regress zu nehmen. Bei Unkenntnis über die Fremdheit der Verbindlichkeit wäre also auch der familienrechtliche Ausgleichsanspruch nicht gegeben. Daher unterscheidet sich die rechtliche Wertung nicht. In den Fällen, in denen die Kommissionen einen Ersatzanspruch ablehnen, würde auch der familienrechtliche Ausgleichsanspruch scheitern. Einen weitergehenden Schutz bietet der familienrechtliche Ausgleichsanspruch diesbezüglich nicht.

Auffällig ist weiterhin, dass beide Kommissionen bemüht waren, durch ihre Regelungen einen Umkehrschluss zu vermeiden. Die Motive sehen in der normierten cessio legis die Gefahr, dass bei ähnlich gelagerten Konstellationen, die nicht unter die Voraussetzungen fallen, ein Regressanspruch abgelehnt werden würde.[690] Dies spricht eindeutig für die Planwidrigkeit und somit für die analoge Anwendung des § 1607 Abs. 2.

Der Gesetzgeber hat erkannt, dass es viele verschieden geartete Fälle gibt, in denen dem Ersatzhaftenden ein Ersatzanspruch zustehen soll. Um dies nicht auf bestimmte (normierte) Fälle zu beschränken, sondern auch für andere, wertungsgleiche Fallgestaltungen eine Ersatzpflicht zuzulassen, sollten keine Voraussetzungen für den Regressanspruch in das Gesetz aufgenommen werden. Damit zeigt sich, dass die Erste Kommission sehr genau erkannt hat, dass es viele verschiedene Fallkonstellationen gibt, bei denen der Leistende einen Regressanspruch haben muss. Es soll gerade nicht von dem Nichtvorliegen der Voraussetzungen auf die Ablehnung des Regressanspruchs geschlossen werden. Eine bewusste Ausklammerung einer bestimmten Fallkonstellation – abgesehen von der Unkenntnis der fremden Verpflichtung, bei der jede Anspruchsgrundlage abgelehnt wird – hat demnach nicht stattgefunden beziehungsweise stattfinden sollen. Die Motive sprechen daher unzweifelhaft für den Regressanspruch bei ähnlich gelagerten Fällen durch eine analoge Anwendung der cessio legis.[691] Die Protokolle sehen in dem Fehlen einer mit § 1492 vergleichbaren Norm im Schuldrecht ein mögliches Argument für die Verneinung eines Regressanspruchs.[692] Dies verdeutlicht einmal mehr, dass die Kommissionen einen schuldrechtlichen Anspruch grundsätzlich bejaht haben und sehr darauf bedacht

690 *Mugdan*, Bd. IV, Motive, S. 369.

691 Ob der familienrechtliche Ausgleichsanspruch ein solcher ähnlich gelagerter Fall ist, bei dem der Regressanspruch ebenfalls bejaht werden soll, ist unter dem Punkt »vergleichbare Interessenalge« zu untersuchen. Siehe zu diesen Ausführungen Kap. 5 II. 2.

692 *Mugdan*, Bd. IV, Protokolle, S. 953.

waren, mögliche Verneinungen des Regressanspruchs (bei solchen Konstellationen) auszuschließen.

Überdies formulieren beide Kommissionen den Sinn der Vorschrift. Wenngleich sich die Erste Kommission, welche einen Regressanspruch ablehnt, auf die Gewährleistung und die Fortdauer der Unterhaltsleistung beschränkt,[693] zeigt die Zweite Kommission auf, dass mit der Schaffung der cessio legis die Leistungsbereitschaft des Ersatzhaftenden gefördert werden soll.[694] Beide Zwecke lassen sich aber nur dann vollumfänglich verwirklichen, wenn sich die Norm auf verschiedene Fallkonstellationen anwenden lässt. Der Eindruck, der Gesetzgeber habe den Fall des familienrechtlichen Ausgleichsanspruchs unbewusst nicht geregelt, sodass eine planwidrige Regelungslücke zu bejahen ist, manifestiert sich weiter.

An dieser Stelle könnte die Analyse der Entstehungsgeschichte beendet und die Planwidrigkeit bejaht werden.[695] Dies wäre allerdings eine unvollständige und damit unzureichende Untersuchung der historischen Entwicklung. In den Motiven und Protokollen finden sich einige Verweise auf frühere, vergleichbare Regelungen, wie zum Beispiel § 1339 des Sächsischen Gesetzbuches.[696] Die Problematik der nicht geleisteten Unterhaltsleistungen und des Rückgriffs des Ersatzleistenden scheint also schon im 19. Jahrhundert bekannt und (eventuell) auch diskutiert worden zu sein. Somit muss die Untersuchung der historischen Entwicklung fortgeführt werden, um ein umfassendes Bild zeichnen zu können.[697]

(4) *Beratungen zum BGB*

Die Motive und die Protokolle wurden bereits untersucht. Es handelt sich hierbei aber nicht um die einzigen Entwürfe. Während der Entstehungsphase des BGB sind eine Vielzahl von Entwürfen entwickelt worden. Diese werden im Folgenden untersucht, um nachvollziehen zu können, weshalb sich der Zweite vom Ersten Entwurf – bezogen auf den Forderungsübergang – unterscheidet.

Den Ersten Entwurf für das Familienrecht legte Gottlieb Planck[698] der Ersten BGB-Kommission 1880 vor.[699] Es handelt sich um die sogenannten Vorentwürfe

693 *Mugdan*, Bd. IV, Motive, S. 369.

694 *Mugdan*, Bd. IV, Protokolle, S. 953.

695 So *Fritz*, S. 127 f.; *Brodhun*, S. 34–36, hingegen bezieht sich bei der Frage nach einer Gesetzeslücke (bei der dieser scheinbar die Planwidrigkeit indiziert) überhaupt nicht auf den Willen des Gesetzgebers; ebenso *Wittko*, S. 100, 103, welcher bei der Prüfung der Regelungslücke den gesetzgeberischen Willen gleichermaßen außer Acht lässt.

696 Siehe *Mugdan*, Bd. IV, Motive, S. 369.

697 So auch *Möllers*, § 4, Rn. 144, 149.

698 Zur Person Gottlieb Planck (24.6.1824–20.5.1910), siehe insbesondere *Stephan Meder*, Gottlieb Planck und die Kunst der Gesetzgebung, 2010, S. 17–28; *Michael Coester*, Gottlieb

des Redaktoren, welche auch als Teilentwürfe (im vorliegenden Fall abgekürzt: TE-FamR) bezeichnet werden.[700] Die Ausfallhaftung und die Ersatzpflicht finden sich in § 269 TE-FamR wieder.[701] Dort wird eine Ersatzpflicht angeordnet, wenn der Barunterhaltspflichtige »in Deutschland mit Erfolg nicht belangt werden kann«[702], vgl. § 269 Abs. 2 TE-FamR. Dies hat zur Folge, dass dem »ersatzweise Herangezogenen ein Ersatzanspruch gegen den zunächst Verpflichteten«[703], vgl. § 269 Abs. 3 TE-FamR zusteht. An dieser Stelle sei darauf hingewiesen, dass der Absatz 3 einen Ersatzanspruch und keinen Forderungsübergang normiert. Planck begründet die Ersatzhaftung mit dem Zweck der schnellen Durchführung des Unterhaltsanspruchs.[704] Diese Argumentation wird später auch in den Motiven übernommen.[705] Laut Planck soll die Ersatzhaftung immer dann eintreten, wenn der Unterhaltsanspruch an sich besteht, aber nicht durchgesetzt werden kann. Dies könne bei Schwierigkeiten in der Zwangsvollstreckung »oder aus anderen Gründen«[706] der Fall sein. Auffallend ist, dass Planck die Ersatzhaftung gerade nicht nur für einen bestimmten Fall entwickelt hat, sondern es vielmehr offen lässt, aus welchen Gründen der Unterhaltsanspruch nicht durchgesetzt werden kann. Der Fall des familienrechtlichen Ausgleichsanspruchs sollte daher nicht bewusst ausgeklammert werden. Für die Fälle, in denen eine Ersatzhaftung nach § 269 Abs. 2 TE-FamR eintritt, sah Planck die Notwendigkeit eines Regresses. Dies folge aus der Erfüllung einer fremden Verbindlichkeit durch den Ersatzhaftenden.[707] Ein Regress sei nur ausgeschlossen, sofern der Unterhalt freiwillig geleistet wurde.[708] Dies deckt sich wiederum mit dem familienrechtlichen Ausgleichsanspruch, der bei freiwilligen Leistungen ebenfalls ausscheidet.[709] Darüber hinaus bestehe der Regress nur in Höhe des vom Ersatzhaftenden geleisteten Unterhalts und nur, soweit der Unterhaltsanspruch des Bedürftigen auch tatsächlich gegeben war.[710] Hier zeigt sich eine weitere Parallele zum fa-

---

Planck (1824–1910). Ein Vater des neuen bürgerlichen Rechts, in: F. Loos (Hrsg.), Rechtswissenschaft in Göttingen: Göttinger Juristen aus 250 Jahren, 1987, S. 299–302.

699 *Schubert*, Die Vorlagen der Redaktoren für die erste Kommission zur Ausarbeitung des Entwurfs eines Bürgerlichen Gesetzbuches – Familienrecht: Teil 1: Eingehung und Wirkung der Ehe, Eheverträge, Berlin 1983, S. XI.

700 *Jakobs/Schubert*, Die Beratung des Bürgerlichen Gesetzbuches. In systematischer Zusammenstellung der unveröffentlichten Quellen, Familienrecht II, 1989, S. IX.

701 *Planck*, in: Schubert, Die Vorlagen der Redaktoren, Familienrecht, Teil 2, S. 71.

702 *Planck*, in: Schubert, Die Vorlagen der Redaktoren, Familienrecht, Teil 2, S. 71.

703 *Planck*, in: Schubert, Die Vorlagen der Redaktoren, Familienrecht, Teil 2, S. 71.

704 *Planck*, in: Schubert, Die Vorlagen der Redaktoren, Familienrecht, Teil 2, S. 319.

705 Vgl. *Mugdan*, Bd. IV, Motive, S. 369.

706 *Planck*, in: Schubert, Die Vorlagen der Redaktoren, Familienrecht, Teil 2, S. 320.

707 *Planck*, in: Schubert, Die Vorlagen der Redaktoren, Familienrecht, Teil 2, S. 320.

708 *Planck*, in: Schubert, Die Vorlagen der Redaktoren, Familienrecht, Teil 2, S. 320.

709 Vgl. Kap. 2 II. 2.

710 *Planck*, in: Schubert, Die Vorlagen der Redaktoren, Familienrecht, Teil 2, S. 320.

milienrechtlichen Ausgleichsanspruch. Planck führt darüber hinaus mehrere Rechtsquellen an, die sich ebenfalls mit einem Regressanspruch auseinandersetzen. Das italienische und das Sächsische Gesetzbuch, sowie die gemeinrechtliche und preußische Praxis würden einen Regressanspruch im Falle der ersatzweisen Unterhaltszahlungen auch kennen.[711] Im Übrigen stellt Planck später fest, dass dem Ersatzhaftenden ein Anspruch aus Geschäftsführung ohne Auftrag zustehe.[712] In den Abänderungsanträgen Plancks, die der Ersten BGB-Kommission circa 1884 vorgelegt wurden, wollte Planck den zweiten Absatz geringfügig abwandeln. Durch den Zusatz »der Anspruch auf Unterhalt«[713] wird deutlich, worum es bei der Ersatzpflicht geht. Darüber hinaus wurde »Deutschland« durch »im Inlande«[714] und »belangt« durch »geltend gemacht«[715] ersetzt.

Auf Grundlage dieses Vorentwurfs beriet die Erste BGB-Kommission am 15. 1. 1886 in ihrer 507. Sitzung über die Ersatzhaftung. Neben dem Vorentwurf und dem Abänderungsantrag Plancks lagen noch ein Antrag von Karl Dietrich Adolf Kurlbaum zu Absatz 3, der eine andere Formulierung für den Ersatzanspruch forderte, und ein Antrag von Gustav von Mandry zu Absatz 1 vor.[716] Die Begründung Plancks, weshalb die Ersatzhaftung des § 269 Abs. 2 TE-FamR notwendig sei, überzeugte die Kommission.[717] Allerdings wollte sie die Voraussetzung »mit Erfolg« hervorheben und schlug daher mit Verweis auf die §§ 669 Ziffer 2 und 671 Ziffer 2 des Kommissionsentwurfs vor, die Ersatzhaftung zu bejahen, wenn »die Rechtsverfolgung im Inlande ausgeschlossen oder erheblich erschwert ist«[718]. Beide Normen beziehen sich auf die Bürgschaft und enthalten auch den Hinweis auf etwaige Schwierigkeiten im Falle des geänderten Wohnsitzes oder Aufenthalts des Hauptschuldners.[719] Auch an dieser Stelle wurde im Zuge der Beratungen der Begriff »Rechtsverfolgung« gebraucht.[720] Eine Definition des

711 *Planck*, in: Schubert, Die Vorlagen der Redaktoren, Familienrecht, Teil 2, S. 319 f.

712 *Planck*, in: Schubert, Die Vorlagen der Redaktoren, Familienrecht, Teil 2, S. 322.

713 *Planck*, in: W. Schubert (Hrsg.), Die Vorlagen der Redaktoren für die erste Kommission zur Ausarbeitung des Entwurfs eines Bürgerlichen Gesetzbuches – Familienrecht: Teil 3: Anlagen und Abänderungsanträge zum Familienrechtsentwurf. Freiwillige Gerichtsbarkeit. Familienrechtliche Vorlage 1875–1877, 1983, S. 324.

714 *Planck*, in: Schubert, Die Vorlagen der Redaktoren, Familienrecht, Teil 3, S. 324.

715 *Planck*, in: Schubert, Die Vorlagen der Redaktoren, Familienrecht, Teil 3, S. 324.

716 *Jakobs/Schubert*, Die Beratung des Bürgerlichen Gesetzbuchs, Familienrecht II, S. 256.

717 Entscheidend für das Verständnis ist, dass der Verweis der Kommission auf die »Motive« nicht den Ersten Entwurf, der auch Motive genannt wird, meint. Dieser wurde erst später entwickelt. Die Kommission beziehen sich mit diesem Verweis vielmehr auf die Begründung Plancks zu dem Vorentwurf.

718 *Erste Kommission*, in: Jakobs/Schubert, Die Beratung des Bürgerlichen Gesetzbuchs, Familienrecht II, S. 258.

719 *Schubert*, Die Vorlagen der Redaktoren, Anlagen, S. 179 f.

720 Vgl. die Änderung des § 675 (§ 669 KE) und des § 677 (§ 671 KE), *Mugdan*, Bd. II, S. CXV f.

Begriffs fehlt aber auch hier. In den Motiven wird lediglich deutlich, dass nicht jede Erschwerung unter diese Voraussetzung zu subsumieren ist. Gemeint ist aber ebenso die erschwerte beziehungsweise unmögliche Rechtsverfolgung, wenn von der »Ausklagung des Hauptschuldners«[721] gesprochen wird.[722] Damit ist in beiden Fällen ein Hindernis in der Durchsetzbarkeit des Anspruchs beschrieben. Der Gebrauch des Begriffs auch im Familienrecht scheint daher der Einheitlichkeit des Gesetzbuches geschuldet.

Im Folgenden setzte sich die Kommission detailliert mit der von Planck entwickelten und von Kurlbaum umformulierten Ersatzhaftung auseinander. Eine Ersatzhaftung sollte erst mit Eintritt der Voraussetzungen entstehen und nicht der Bereitstellung vergangenen Unterhalts dienen.[723] Die Erste BGB-Kommission hatte sich also aufgrund des Vorentwurfs mit der unbedingten Ersatzpflicht auseinandergesetzt und diese abgelehnt.[724] Die Begründung wurde später in den Motiven beinahe wörtlich übernommen und veröffentlicht.[725] Anzumerken ist, dass sich diese Begründung nur auf eine unbedingte Ersatzpflicht, nicht auf eine cessio legis bezieht.[726] Die Kommission lässt in Bezug auf eine Ersatzpflicht offen, ob sich eine solche nicht aus allgemeinen Grundsätzen ergeben könnte.[727]

Heinrich Eduard Pape verdeutlicht in seinen Redaktionsvorlagen noch einmal mit der Feststellung, die Verpflichtung des Unterhaltspflichtigen bleibe bei Absatz 2 aufgrund der vorliegenden Leistungsfähigkeit bestehen, den Unterschied zwischen Absatz 1 und 2.[728] Planck stellt zudem in den Bemerkungen zu seinen Redaktionsvorlagen erneut fest, dass der Ersatzhaftende eine fremde Schuld erfülle.[729] Aufgrund dieser Beratungen wurde von der Ersten BGB-Kommission der sogenannte Kommissionsentwurf verfasst. Die Ersatzpflicht ist nun in § 1451 KE zu finden.[730] Zum einen wurde in diesem Entwurf der Zweck der Ersatzpflicht durch den Zusatz »zu Gunsten des Bedürftigen«[731] hervorgehoben. Zum anderen stellt er in Übereinstimmung mit den vorherigen Ausführungen der Kommis-

721 *Mugdan*, Bd. II, Motive, S. 375.
722 Vgl. *Mugdan*, Bd. II, Motive, S. 375.
723 *Jakobs/Schubert*, Die Beratung des Bürgerlichen Gesetzbuchs, Familienrecht II, S. 257.
724 Vgl. *Jakobs/Schubert*, Die Beratung des Bürgerlichen Gesetzbuchs, Familienrecht II, S. 258.
725 Dies erklärt, weshalb die Motive eine unbedingte Ersatzpflicht überhaupt thematisieren.
726 Ein gesetzlicher Forderungsübergang war zu diesem Zeitpunkt auch noch nicht vorgeschlagen. Ob sich eine solche Auseinandersetzung aber aus den Verweisen Plancks hätte ergeben können, werden die nachfolgenden Erläuterungen zeigen.
727 *Jakobs/Schubert*, Die Beratung des Bürgerlichen Gesetzbuchs, Familienrecht II, S. 258.
728 *Pape*, in: Jakobs/Schubert, Die Beratung des Bürgerlichen Gesetzbuchs, Familienrecht II, S. 274.
729 *Planck*, in: Jakobs/Schubert, Die Beratung des Bürgerlichen Gesetzbuchs, Familienrecht II, S. 281.
730 Vgl. *Jakobs/Schubert*, Die Beratung des Bürgerlichen Gesetzbuchs, Familienrecht II, S. 284.
731 Vgl. *Jakobs/Schubert*, Die Beratung des Bürgerlichen Gesetzbuchs, Familienrecht II, S. 284.

sionsmitglieder klar, dass der Unterhaltsverpflichtete verpflichtet bleibt, indem von dem »des Unterhaltes verpflichteten Verwandten«[732] gesprochen wird. Darüber hinaus – und hier zeigen sich die wesentlichen Abweichungen von den bisherigen Entwürfen – wird der von der Kommission vorgeschlagene Begriff »Rechtsverfolgung« in den Absatz 2 eingefügt und der Regressanspruch ersatzlos gestrichen. Damit normiert der Kommissionsentwurf zwar eine Ersatzhaftung, einen Anspruch des Ersatzhaftenden spricht er aber nicht ausdrücklich zu. Dies korrespondiert mit der Argumentation der Ersten Kommission. Eine Auseinandersetzung mit einem Forderungsübergang fand bislang nicht statt, sodass das Fehlen eines solchen an dieser Stelle nicht verwundert. Dieser Kommissionsentwurf wurde wiederum diskutiert, was allerdings zu keiner Änderung[733] führte, sodass der Erste Entwurf dem Kommissionsentwurf glich.

Die Zweite BGB-Kommission beriet am 28.2.1894 in der 301. Sitzung über diesen Entwurf. Hierbei stellte von Mandry den Antrag (Nr. 109,4), den Absatz 2 dahin zu ergänzen, den Unterhaltsanspruch in Höhe des geleisteten Unterhalts auf den Ersatzhaftenden übergehen zu lassen.[734] Mit diesem Vorschlag wurde die cessio legis in die Überlegungen eingebracht. Bereits in der 303. Sitzung vom 6.3.1894 wurde dieser Vorschlag aufgegriffen und die Regelung entsprechend ergänzt.[735] Die bereits erläuterten Erwägungen[736] der Zweiten Kommission führten dazu, dass die cessio legis beibehalten und folglich Teil der Ersatzhaftung wurde.

(5) Vorherige Praxis

Es wurde bereits angedeutet, dass im Zuge der Beratungen zum BGB auf frühere Regelungen bezüglich der Ersatzhaftung und der Regressmöglichkeiten verwiesen wurde. Daher sollen im Folgenden diese Regelungen und zudem ausgewählte Rechtsansichten des 19. Jahrhunderts[737] untersucht werden, mit deren

732 Vgl. *Jakobs/Schubert*, Die Beratung des Bürgerlichen Gesetzbuchs, Familienrecht II, S. 284.

733 Abgesehen von der geänderten Rechtschreibung des »unterhaltsverpflichteten« Verwandten, die aber inhaltlich keine Bedeutung hat. Vgl. § 1487 bei *Mugdan*, Bd. IV, S. LXXIII.

734 *Jakobs/Schubert*, Die Beratung des Bürgerlichen Gesetzbuchs, Familienrecht II, S. 292.

735 *Jakobs/Schubert*, Die Beratung des Bürgerlichen Gesetzbuchs, Familienrecht II, S. 295.

736 Vgl. *Mugdan*, Bd. IV, Protokolle, S. 953f.

737 Anfang des 19. Jahrhunderts herrschte in den deutschsprachigen Gebieten keine Rechtseinheit, sondern eine Vielzahl von Partikularrechten. Der Kodifikationsstreit entbrannte, ebenso wie der Konflikt zwischen Romanisten und Germanisten. Zu dieser Problematik siehe insbesondere *Stephan Meder*, Rechtsgeschichte. Eine Einführung, 6. Auflage, 2017, S. 300–302 und S. 310; *Ders.*, Der Streit um die Kodifikation von Recht und Schreibung. Seine Konsequenzen für die geplante Reform der Rechtschreibung, JZ 1997, 190 (190f.); *Joachim Rückert*, Kodifikationsstreit, in: A. Cordes, H. Lück, D. Werkmüller, C. Bertelsmeier-Kierst (Hrsg.), Handwörterbuch der deutschen Rechtsgeschichte, Band 2: Geistliche Gerichtsbarkeit – Konfiskation, 2. Auflage, 2012, Sp. 1930 (1930–1934).

Hilfe sich die Rechtspraxis hinsichtlich vorgestreckter Unterhaltszahlungen[738] und einem daraus resultierenden eventuellen Regress vor Inkrafttreten des BGB darstellen lässt.

Bereits einer der Vorgänger des BGB, das Sächsische BGB von 1865[739], erwähnte einen Regressanspruch für den Fall, dass der Vater als vorrangig Verpflichteter, vgl. § 1837 Sächs. BGB, nicht belangt werden konnte, weshalb die Mutter den Unterhalt zahlen musste, vgl. § 1838 Sächs. BGB. Entsprechend wurde auch den übrigen Verwandten ein Regressanspruch zugesprochen, sofern auch die Mutter nicht belangt werden konnte, vgl. § 1839 S. 1 Sächs. BGB. Der Regressanspruch selbst fand aber keinen Einzug in das Familienrecht. Ein solcher wurde nur bejaht, sofern der zahlende Verwandte keine Schenkungsabsicht hatte.[740] Auch in den Motiven zum Sächsischen BGB wurde auf den Regressanspruch nicht näher eingegangen.[741] Ebenso kannte das italienische Recht den Regressanspruch. Gemäß Art. 145 Abs. 3 Codice Civile del regno d'Italia von 1865 konnte die Ersatzhaftung im Notfall gerichtlich angeordnet werden, wobei dem Ersatzhaftenden ein Regressanspruch vorbehalten wurde.

Auch in der Rechtsprechung wurde diese Problematik behandelt. Die Ersatzpflicht wurde schon damals für den Fall bejaht, dass der eigentlich Unterhaltspflichtige im Ausland lebte.[742] Die Bedürftigkeit des Unterhaltsberechtigten wurde aber nicht nur bei Leistungsunfähigkeit oder Auslandswohnsitz des eigentlich Unterhaltspflichtigen anerkannt, sondern auch bei Verweigerung der Unterhaltsleistungen seitens des Verpflichteten.[743] Die Sachverhalte, die in § 1607 Abs. 1 und Abs. 2 S. 1 BGB beschrieben werden, existierten also bereits im 19. Jahrhundert. Nicht nur, dass solche Ersatzhaftungen auferlegt wurden, es wurde dem Ersatzhaftenden auch ein Ersatzanspruch zugesprochen. Voraussetzung für einen solchen Anspruch war aber, dass der Leistende eine dem Unterhaltspflichtigen obliegende Verbindlichkeit erfüllt haben musste[744] und der Leistende die Absicht hatte, ein Geschäft eines Anderen zu führen[745]. Bemerkenswert ist an diesen Urteilen die Parallele zu einer der Voraussetzungen des

738 Zu der Entwicklung der Alimentationspflicht insgesamt siehe *Gustav von Mandry*, Das gemeine Familiengüterrecht – mit Ausschluss des ehelichen Güterrechtes, Band 1, 1871, S. 246–248.

739 Vgl. *Meder*, Rechtsgeschichte, S. 342f.

740 *Siebenhaar*, Bd. III, §§ 1838, 1839.

741 Vgl. *Hattenhauer/Schäfer*, Materialien zum Sächs. BGB, §§ 1837–1845, Kap. J, II., Rn. 11, abrufbar unter: http://www.saechsisches-bgb.de/jportal/portal/t/cod/bs/22/page/sammlung.psml?doc.hl=1&doc.id=CUST000008712&documentnumber=7&numberofresults=17&doctyp=%3AEDPSaecBGB&showdoccase=1&doc.part=S&paramfromHL=true#focuspoint, zuletzt abgerufen am: 21.2.2019.

742 Vgl. OAG Dresden, Seufferts Archiv, Bd. III, 1815, Nr. 266, S. 288 (288).

743 Vgl. OAG Darmstadt, Seufferts Archiv, Bd. XXVIII, 1873, Nr. 228, S. 381 (382).

744 Vgl. Obertribunal zu Stuttgart, Seufferts Archiv, Bd. XIV, 1861, Nr. 145, S. 241 (241).

745 Vgl. OAG Darmstadt, Seufferts Archiv, Bd. XVII, 1864, Nr. 49, S. 77 (77).

familienrechtlichen Ausgleichsanspruchs. Sogar die Formulierung hinsichtlich der dem Anderen obliegenden Verbindlichkeit wird vom Grundsatzurteil des BGH im Jahre 1959 übernommen.[746] Auch beruhe der Ersatzanspruch auf dem Rechtsverhältnis zwischen Verpflichtetem und Ersatzhaftendem, welches durch die Geschäftsführung des Leistenden im Wege der Zahlungen entstünde.[747] Ob damit das Verhältnis der Parteien aus der Geschäftsführung ohne Auftrag gemeint ist, bleibt offen.

Bereits aus den Verweisen Plancks ergibt sich, dass sich auch die rechtliche Praxis mit diesem Thema auseinandersetzte. So verweist er bei der Ausführung, dass im Falle der Ersatzhaftung eine fremde Verbindlichkeit erfüllt wird, auf Bernhard Windscheid.[748] In der von Planck angegebenen Stelle erörtert Windscheid, dass ein Aufwendungsersatzanspruch aus der Geschäftsführung ohne Auftrag auch möglich ist, wenn ein Correal- oder Solidarschuldner[749] zahlt, obwohl materiell ein Anderer dazu allein oder vorrangig verpflichtet ist.[750] Mit seinen Verweisen stellt Windscheid klar, dass ein Regress immer dann gegeben ist, wenn entweder im Rahmen der Correalobligation durch eine Leistung auch dem anderen Schuldner ein Vorteil verschafft[751] oder im Rahmen der Solidarität über die Verpflichtung hinaus mehr geleistet wird[752]. Insgesamt findet sich bei Windscheid der Grundsatz, dass demjenigen, der primär nicht beziehungsweise nicht in diesem Umfang zu der Leistung verpflichtet ist, ein Regressanspruch entweder aus Geschäftsführung ohne Auftrag oder aus Bereicherungsrecht zusteht.[753] Einem solchen Regressanspruch stimmt auch Rudolf von Jhering zu, indem er sowohl für Solidar- als auch für Correalschuldner, die über ihre Ver-

746 Vgl. BGH, Urteil vom 9.12.1959 – IV ZR 178/59, FamRZ 1960, 194 (195).
747 Vgl. Obertribunal zu Stuttgart, Seufferts Archiv, Bd. XIV, Nr. 145, S. 241 (241f.).
748 *Planck*, in: Schubert, die Vorlagen der Redaktoren, Familienrecht II, S. 320.
749 Zu der Correalobligation und der Solidarität siehe *Friedrich Suffrian*, Die Korrealobligation nach den Grundsätzen des heutigen römischen Rechts, 1876, S. 6–14; *Bernhard Windscheid*, Lehrbuch des Pandektenrechts, Band 2, 5. Auflage, 1879, §§ 293–298, S. 135–156. Ob gleich nahe Verwandte solidarisch oder gemeinschaftlich haften, wurde unterschiedlich beurteilt, vgl. *Heinrich Dernburg*, Deutsches Familienrecht, 4. Auflage, 1908, S. 252; *Ernst Eck*, Vorträge über das Recht des Bürgerlichen Gesetzbuchs, Band 2, 1. und 2. Auflage, 1904, Bd. 2, S. 478. Dies kann hier aber dahinstehen, weil es für die zugrundeliegende Wertung unerheblich ist und sich die gezogenen Schlüsse nicht unterscheiden. Endscheidend ist, dass Einer allein oder vorrangig verpflichtet ist. Darüber hinaus kann aus dem von Windscheid angenommenen Anspruch zwischen zwei Schuldnern erst recht auf einen Anspruch zwischen einem Verpflichteten und einem Ersatzhaftenden geschlossen werden. Die Reihenfolge der Unterhaltspflichtigen insgesamt war umstritten. Zu den Ansichten siehe *von Mandry*, Bd. 1, S. 252, Fn. 9.
750 *Windscheid*, Bd. 2, § 431, Fn. 12.
751 *Windscheid*, Bd. 2, § 294, Fn. 3.
752 *Windscheid*, Bd. 2, § 298, S. 154.
753 Vgl. *Windscheid*, Bd. 2, § 294, Fn. 3, § 299, Fn. 3.

pflichtung hinaus zahlen, einen Regressanspruch annimmt.[754] Diesen Grundgedanken hat Planck aufgegriffen und bejaht damit die Ersatzpflicht des Ersatzhaftenden gemäß § 296 Abs. 2, Abs. 3 TE-FamR.[755]

Von Mandry, der später in der Zweite Kommission den Antrag für die cessio legis stellte, entschied in seinem Lehrbuch über das Familiengüterrecht noch nicht, ob und inwiefern dem vorleistenden Verwandten ein Ersatzanspruch gegen den eigentlich Verpflichteten zustehen sollte. Er hielt dies nicht für eine Frage des Familienrechts, sondern nahm ebenfalls einen möglichen Regress nach den Vorschriften der Geschäftsführung ohne Auftrag und gegebenenfalls des Bereicherungsrechts an.[756] Mit seinen Verweisen in den Fußnoten zeigt von Mandry aber, wann ein solcher Regress abzulehnen wäre:[757] Wesentlich für die Frage, ob ein Ersatzanspruch zugesprochen wird, sei die Absicht des Ersatzleistenden.[758] Leiste dieser nicht mit Schenkungsabsicht, so könne ein Regressanspruch bejaht werden.[759]

Den Ersatzanspruch aus der Geschäftsführung ohne Auftrag gegen den eigentlich Verpflichteten bejaht auch Heinrich Dernburg für Dritte, die den Unterhalt vorgestreckt haben.[760] Aber nicht nur Dritte können diese Leistungen ersetzt verlangen. Vielmehr nimmt Dernburg auch einen Rückgriff für gleichrangig Verpflichtete an.[761] Damit vertritt Dernburg eine Meinung, die grundlegend in den heutigen Absätzen 2 und 3 des § 1607 BGB enthalten ist. Nach Inkrafttreten des BGB ändert Dernburg seine Ansicht nicht. Allerdings verweist er nicht auf § 1607.[762] Ob Dernburg den Regress weiterhin nach den Vorschriften über die Geschäftsführung ohne Auftrag durchführen möchte oder § 1607 für eindeutig und damit nicht erwähnenswert hält, erschließt sich nicht. Sollte Dernburg die Geschäftsführung ohne Auftrag weiterhin angenommen haben, so deutet der Verweis auf § 1613[763] darauf hin, dass der Aufwendungsersatzanspruch nur unter den Voraussetzungen des § 1613 möglich ist.

Den Ersatzanspruch des Vorleistenden, obwohl ein Anderer verpflichtet und leistungsfähig war, nimmt auch Robert Buengner an. Er arbeitet heraus, dass nur

754 *Rudolf von Jhering*, Die Reflexwirkung oder die Rückwirkung rechtlicher Thatsachen auf dritte Personen, Jahrbücher für die Dogmatik des heutigen römischen und deutschen Privatrechts, Band 10, 1871, S. 245 (343–345).

755 Vgl. *Planck*, in: Schubert, Die Vorlagen der Redaktoren, Familienrecht, Teil 2, S. 71.

756 *Von Mandry*, Bd. 1, S. 266.

757 *Von Mandry*, Bd. 1, S. 266, Fn. 20.

758 Vgl. *Christian Friedrich Glück*, Ausführliche Erläuterungen der Pandecten nach Hellfeld, 28. Theil, 2. Abtheilung, 1827, S. 300.

759 *Windscheid*, Bd, 2, § 430, Fn. 15; *Glück*, 28. Theil, 2. Abtheilung, S. 300.

760 *Dernburg*, Bd. 2, 1. Aufl., 1886, § 31, S. 88.

761 *Heinrich Dernburg*, Pandekten, Bd. 3, 1. Aufl., 1887, § 37, S. 71.

762 Vgl. *Heinrich Dernburg*, Pandekten, Bd. 2, 6. Aufl., 1900, § 31, S. 92, Fn. 5; *Ders.*, Pandekten, Bd. 3, 6. Aufl., 1901, § 37, S. 71, Fn. 5.

763 Vgl. *Dernburg*, Bd. 2, 6. Aufl., § 31, S. 92, Fn. 5.

im Falle einer dem Anderen obliegenden Leistung ein Anspruch zulässig sei.[764] Auch Buengner verneint einen Anspruch im Falle der Schenkungsabsicht, geht aber noch einen Schritt weiter, indem er die Schenkungsabsicht als wahrscheinlich bezeichnet, sofern Leistender und Leistungsempfänger verwandt sind.[765] Hiermit wird eine Voraussetzung geschaffen, die sich so im familienrechtlichen Ausgleichsanspruch nicht auf den ersten Blick erkennen lässt. Bezüglich der Absicht des Anspruchstellers, vom Anderen Ersatz zu verlangen, kann in dieser Voraussetzung eine Entsprechung gesehen werden. Würde der Leistende mit Schenkungsabsicht zahlen, so hätte er nicht die Absicht, vom Anderen Ersatz zu verlangen. Damit geht die Forderung von Buengner nicht weiter als der familienrechtliche Ausgleichsanspruch. Eine solche Voraussetzung existiert hingegen bei der Ersatzhaftung und dem Forderungsübergang nach § 1607 Abs. 2 BGB nicht.

Darüber hinaus ordnete auch das Nassauische Familien- und Vormundschaftsrecht einen Ersatzanspruch aus Geschäftsführung ohne Auftrag an, sofern Unterhalt geleistet wurde, obwohl ein Anderer verpflichtet war.[766] Mithin steht dies mit der allgemeineren Wertung aus dem Nassauischen Privatrecht in Einklang, das einen Anspruch aus Geschäftsführung ohne Auftrag bei Übernahme einer fremden Verpflichtung annimmt, weil dies mit der Zahlung einer fremden Schuld gleichzusetzen sei.[767] Hierbei wird auch der spezielle Fall der Unterhaltszahlung angesprochen, bei dem ein Anspruch aber nur abzulehnen sei, wenn die Leistung aus Liebe und damit mit Schenkungsabsicht erfolgte.[768] Ein Aufwendungsersatzanspruch wurde sogar dann zugesprochen, wenn der Unterhaltspflichtige die Zahlungen des Ersatzleistenden verboten hatte.[769]

(6) Schlussfolgerungen

Schon vor Inkrafttreten des BGB war das Problem der vorgestreckten Unterhaltsleistungen und der Frage nach einem möglichen Rückgriff bekannt. Die Pandektenliteratur setzt sich mit dem möglichen Rückgriff auseinander und arbeitet hierbei bereits die wesentlichen Voraussetzungen heraus, die auch heute noch gelten. So kann ein Leistender, der mit Schenkungsabsicht Unterhalt zahlte, keinen Rückgriff vom Unterhaltspflichtigen verlangen. Es wurde schon im 19. Jahrhundert vorausgesetzt, dass es sich bei den Leistungen um eine dem Anderen obliegende Verpflichtung handeln muss und der Leistende in der Ab-

764 *Robert Buengner*, Zur Theorie und Praxis der Alimentationspflicht mit Berücksichtigung particulärer Rechte, 1879, S. 61.
765 *Buengner*, S. 62.
766 *Philipp Bertram*, Das nassauische Familien- und Vormundschaftsrecht, 1876, § 290.
767 *Philipp Bertram*, Das nassauische Privatrecht, 1873, § 1185, S. 412f.
768 *Bertram*, nass. Privatrecht, § 1185, S. 413.
769 *Bertram*, nass. Privatrecht, § 1186, S. 413f.

sicht, Ersatz zu fordern – also ohne Schenkungsabsicht –, zahlen musste.[770] Dieser Ersatzanspruch wurde über die Anwendung der Vorschriften der Geschäftsführung ohne Auftrag erreicht.[771] Teilweise wurde auch ein Anspruch aus dem Bereicherungsrecht zugesprochen.[772] Die vorgestreckten Unterhaltsleistungen stellten demnach einen typischen Anwendungsfall der Geschäftsführung ohne Auftrag dar. Um diesen Fall auch gesetzlich zu normieren und so seine Existenz zu verdeutlichen, nahm Planck diesen Anspruch in den Teilentwurf des Familienrechts auf – allerdings ohne die entsprechenden Voraussetzungen deutlich zu machen. Daher lehnte die Erste Kommission einen »unbedingten« Ersatzanspruch ab und verwies auf die Vorschriften der Geschäftsführung ohne Auftrag. Dass hier ein Anwendungsfall dieser Vorschriften als spezielle Ausgestaltung in das Familienrecht aufgenommen werden sollte, wurde anscheinend nicht erkannt. Um den Interessen der Beteiligten gerecht zu werden und den Ersatzhaftenden nicht auf einen sich aus allgemeinen Vorschriften ergebenden Anspruch zu beschränken, nahm die Zweite Kommission den Vorschlag bezüglich des Forderungsübergangs auf, sodass dem Ersatzhaftenden ein gesonderter Anspruch – allerdings in veränderter Gestalt – zugesprochen wurde.[773]

Die rechtshistorische Untersuchung zeigt, dass sich der Forderungsübergang des § 1607 Abs. 2 S. 2 aus dem Ersatzanspruch aus der Geschäftsführung ohne Auftrag entwickelt hat. Diese enge Verknüpfung erklärt auch die wiederholte Feststellung, der Leistende erfülle eine fremde Verbindlichkeit.

Fraglich ist, ob die Ersatzhaftung und der damit verbundene Forderungsübergang nun auf bestimmte Fälle beschränkt werden sollte, sodass eine Planwidrigkeit der Regelungslücke verneint werden muss. Hier zeigen aber schon die Ausführungen Plancks, dass die schwierige Belangung des eigentlich Unter-

---

770 Vgl. Obertribunal zu Stuttgart, Seufferts Archiv, Bd. XIV, Nr. 145, S. 241 (241); OAG Darmstadt, Seufferts Archiv, Bd. XVII, Nr. 49, S. 77 (77); *Buengner*, S. 61 f.

771 *Dernburg*, Bd. 2, 1. Aufl., § 31, S. 88; *von Mandry*, Bd. 1, S. 266; *Bertram*, nass. Familien- und Vormundschaftsrecht, § 290.

772 *Von Mandry*, Bd. 1, S. 266.

773 In den darauffolgenden Jahren wurden Fälle mit solchen Konstellationen von Rechtsprechung und Literatur über die cessio legis gelöst, vgl. insbesondere RG, Urteil vom 22. 12. 1942 – VI 95/42, RGZ 170, 252 (253); OLG Köln, Beschluss vom 24. 8. 1937 – 4 W 203/37, JW 1937, 3160 (3160); *Gottlieb Planck*, Bürgerliches Gesetzbuch nebst Einführungsgesetz, Band 2: Recht der Schuldverhältnisse, 1. und 2. Auflage, 1900, S. 362; Enneccerus/Kipp/Wolff/*Kipp*, Lehrbuch des Bürgerlichen Rechts, Band 2, 2. Abteilung: Das Familienrecht, 4. Bearbeitung, 1923, S. 391 f.; *Goldmann/Lilienthal/Sternberg*, Das Bürgerliche Gesetzbuch systematisch dargestellt, 3. Band: Familienrecht, 1921, S. 224 f. Die Ersatzhaftung und der damit verbundene Forderungsübergang geriet folglich nicht in Vergessenheit, was das Entwickeln eines neuen Anspruchs durch den BGH hätte erklären können. So wurde auch im Familiengesetzbuch der Deutschen Demokratischen Republik ein Forderungsübergang für den Fall angeordnet, dass ein anderer unterhaltspflichtiger Verwandter für den Barunterhaltspflichtigen eintritt, vgl. § 21 Abs. 1 FGB, welcher keine zusätzlichen Voraussetzungen normierte, sodass diese Vorschrift wohl direkt anzuwenden gewesen wäre.

haltspflichtigen aus verschiedenen Gründen bejaht werden kann.[774] Dass sich dieser Anspruch auf Fälle wie Auslandswohnsitz des Unterhaltspflichtigen oder Stillstand der Rechtspflege beschränken sollte, ergibt sich auch nicht aus der Literatur des 19. Jahrhunderts. Vielmehr wurde auf das Prinzip, dass Leistungen, zu denen der Zahlende nicht verpflichtet war, ersetzt werden können, abgestellt. Die Voraussetzungen für einen familienrechtlichen Ausgleichsanspruch wurden damals unter den Ersatzanspruch aus der Geschäftsführung ohne Auftrag gefasst. Dass dieser dann – in veränderter Gestalt dahin, dass es sich nunmehr um eine übergegangene Forderung handelt – in § 1607 Abs. 2 seinen Niederschlag gefunden hat, zeigt, dass der familienrechtliche Ausgleichsanspruch von diesem umfasst werden sollte,[775] aber dort nicht geregelt wurde. Explizit ausgeschlossen wurde er bei den Beratungen nicht.

e. Zwischenergebnis

Der genetisch/historischen Auslegung kann nur Indizwirkung zugesprochen werden.[776] Keinesfalls ist mit dem Ergebnis der geschichtlichen Analyse der Norm zwingend auf das (Nicht-) Vorhandensein der Planwidrigkeit zu schließen. Denn die Rechtsauffassung und Richtlinien können sich mit der Zeit geändert haben,[777] und der Wille des Gesetzgebers könnte dann lediglich eine untergeordnete Rolle bei der Auslegung spielen. Vorliegend ist dies aber nicht der Fall. Es sollen vorgestreckte Unterhaltsleistungen für den eigentlich Barunterhaltspflichtigen nach wie vor von diesem ersetzt werden, was durch die Anwendung des familienrechtlichen Ausgleichsanspruchs deutlich wird. Dass dem ersatzweise Zahlenden, der keine Schenkungsabsicht hatte, in jedem Fall ein Regress zustehen muss, ist unbestritten. Der ermittelte Wille des Gesetzgebers und die übrigen Erkenntnisse der rechtshistorischen Untersuchung sind also nach wie

774 Vgl. *Planck*, in: Schubert, Die Vorlagen der Redaktoren, Familienrecht, Teil 2, S. 320.

775 So auch *Hoppenz*, FamRZ 1985, 437 (439), der den familienrechtlichen Ausgleichsanspruch ebenfalls als Ausprägung der Ansprüche aus Geschäftsführung ohne Auftrag und aus Bereicherungsrecht sieht. Damit hätte sich die Problematik, ob eine Rechtsfortbildung überhaupt notwendig bzw. möglich war, geradezu aufdrängen müssen. Anstatt die Notwendigkeit der Rechtsfortbildung und die Anwendbarkeit der §§ 677ff. bzw. §§ 812ff. zu diskutieren, stellt *Hoppenz*, FamRZ 1985, 437 (440), lediglich fest, dass die Frage nach der Anwendbarkeit des § 1606 Abs. 3 als Anspruchsgrundlage und nach dem Vorliegen einer Regelungslücke nicht mehr beantwortet werden müsse, weil der BGH den Ausgleichsanspruch schon geschaffen hat. Doch müssen Urteile auch stets kritisch hinterfragt werden und können nicht »blind« übernommen werden.

776 Dies entspricht auch Savignys Lehre von den canones, welche gleichrangig nebeneinander stehen, vgl. *Savigny*, System, Bd. 1, S. 213–215.

777 Der reinen subjektiven Auslegungstheorie ist daher – ebenso wenig wie der objektiven Theorie – nicht zu folgen. Im Ergebnis so auch *Staake*, Jura 2011, 177 (181).

vor aktuell und müssen bei der Auslegung als entscheidender Hinweis berücksichtigt werden.

Folglich handelt es sich bei den Konstellationen des familienrechtlichen Ausgleichsanspruchs um ein Problem, das eigentlich geregelt werden sollte, aber nicht geregelt wurde.[778] Eine Planwidrigkeit muss daher bejaht werden.

2. Vergleichbare Interessenlagen

Neben der Planwidrigkeit bedarf es auch einer vergleichbaren Interessenlage.[779] Dabei ist zu untersuchen, ob der geregelte und der planwidrig nicht geregelte Fall rechtlich gleich zu bewerten sind.[780] Nicht ausreichend für eine Analogie ist, dass in der gesetzlich nicht geregelten Situation ein ähnliches Interesse einer Partei besteht wie das Interesse der Partei, deren Fall gesetzlich geregelt ist. Es bedarf vielmehr eines umfassenderen Interessenvergleichs.[781] Auch diese Voraussetzung ist erfüllt.

Schon die Beleuchtung der Interessenlage des ersatzweise Leistenden zeigt eine eklatante Vergleichbarkeit. Hier besteht zwischen dem Ersatzhaftenden nach § 1607 Abs. 2 S. 1 und dem Elternteil, welcher die Unterhaltsleistungen vorstreckt, bezüglich der Interessen kein Unterschied. Beide leisten Barunterhalt, obwohl ein Anderer hierzu verpflichtet ist. Sie haben eine enge Bindung zum Unterhaltsberechtigten und demnach auch ein eigenes Interesse an dessen Bedarfsdeckung. Dennoch leistet keiner von ihnen in Schenkungsabsicht. Denn die Motivation der Zahlenden ist eine andere. Der Unterhaltsverpflichtete leistet nicht, sodass der ersatzweise Leistende einspringen muss. Bei dem Ersatzhaftenden ist diese Pflicht in § 1607 Abs. 2 S. 1 normiert. Bei dem betreuenden Elternteil ergibt sich die Leistung aus den Umständen. Zwar ist hier die Pflicht nicht gesetzlich normiert, aber der Unterhalt des Kindes ist derart aufgeteilt, dass beide Elternteile (nach ihren Einkommens- und Vermögensverhältnissen) einen Teil der Unterhaltslast tragen. Erfüllt einer seinen Teil nicht, so kann die Bedarfsdeckung nur erfolgen, wenn der Andere auch diesen Teil übernimmt.[782] In beiden Fällen – dem Fall des § 1607 Abs. 2 und dem des familienrechtlichen

---

778 Zu der Argumentation bezüglich der direkten Anwendbarkeit des § 1607 Abs. 2 S. 1 siehe Kap. 5 I.

779 Vgl. BGH, Urteil vom 11.12.1958 – II ZR 73/57, NJW 1959, 144 (145); BGH, Urteil vom 25.5.2016 – IV ZR 205/15, NJW 2016, 2566 (2566); *Kuhn*, JuS 2016, 104 (104).

780 *Larenz/Canaris*, S. 202.

781 BGH, Urteil vom 31.1.1990 – VIII ZR 280/88, NJW 1990, 2546 (2548); *Hans-Martin Pawlowski*, Methodenlehre für Juristen. Theorie der Norm und des Gesetzes. Ein Lehrbuch, 3. Auflage, 1999, § 11, Rn. 482; *Reimer*, Rn. 577; *Würdinger*, AcP 206, 946 (952).

782 Vgl. auch *Götz*, FF 2013, 225 (226).

Ausgleichsanspruchs – basiert die Pflicht daher auf der Nichtleistung des Unterhaltspflichtigen. Da sie nicht zu diesen Leistungen verpflichtet sind und dem Unterhaltsberechtigten die Zahlungen auch nicht schenken möchten, haben beide ein großes Interesse an einem Regress gegen den Unterhaltspflichtigen. Somit ist das Interesse dieser Parteien vergleichbar.

Aber auch die Interessenlage der übrigen Beteiligten ist ähnlich: Der Unterhaltsberechtigte sieht sich in beiden Fällen dem gleichen Problem ausgesetzt. Es besteht ein Bedarf, der durch den Unterhaltspflichtigen nicht gedeckt wird. Daher leistet ein Anderer. Dass im Folgenden dem ersatzweise Zahlenden ein Anspruch in der geleisteten Höhe gegen den Unterhaltspflichtigen zugesprochen wird, steht in beiden Fällen nicht im Widerspruch zu den Interessen des Unterhaltsberechtigten. Dessen Bedarf wurde erfüllt, sodass ein Vorgehen des ursprünglich Berechtigten gegen den Verpflichteten, wodurch eine zweifache Leistung des Unterhalts erreicht werden würde, nicht angemessen ist. Es ist vielmehr interessengerecht, dass derjenige, der die Unterhaltszahlungen ersatzweise vornimmt, hierfür vom Verpflichteten Ersatz verlangen kann. Denn dadurch wird zum einen der Anspruch auf Unterhalt des Unterhaltsberechtigten erfüllt und zum anderen muss sich dieser nicht mit der Geltendmachung des Unterhalts gegen den Verpflichteten auseinandersetzen. Im Übrigen besteht auch eine Ähnlichkeit der Fälle mit Blick auf den Unterhaltsverpflichteten. Dieser möchte sich in beiden Fällen den Zahlungen entziehen, sodass ein anderer seine Verpflichtung übernehmen muss.

Die Ähnlichkeit der Fallgestaltungen des § 1607 Abs. 2 und des familienrechtlichen Ausgleichsanspruchs ist bei der genauen Untersuchung der Interessen aller Beteiligten augenscheinlich.[783] An einer vergleichbaren Interessenlage besteht somit kein Zweifel.

III. Zusammenfassung

Mit Vorliegen der planwidrigen Regelungslücke und einer vergleichbaren Interessenlage muss die analoge Anwendung des § 1607 Abs. 2 für den familienrechtlichen Ausgleichsanspruch bejaht werden.[784]

783 So auch *Holzhauer*, in: FS Wolf, S. 223 (232f.).

784 Im Ergebnis ebenso OLG Stuttgart, Urteil vom 15.5.1959 – 4 U 29/59, S. 7; *Holzhauer*, in: FS Wolf, S. 223 (234); *Hoppenz*, FamRZ 1985, 437 (439); *Zwirlein*, FamRZ 2015, 896 (899); zumindest für möglich haltend LG Ulm, Urteil vom 23.1.1959 – 2 O 113/58, S. 8; ebenso BVerfG, Beschluss vom 2.7.1969 – 1 BvR 669/64, NJW 1969, 1617 (1619). A.A. *Wittko*, S. 6, 120, der die cessio legis für kein hinreichendes Äquivalent hält, weil auch der neue Gläubiger die Durchsetzungsprobleme hätte. *Wittko*, S. 122, verkennt, dass bei der analogen Anwendung die Hindernisse, die der Leistende bei der Geltendmachung im Fall des familien-

Mit der analogen Anwendung kann die Fallgestaltung des familienrechtlichen Ausgleichsanspruchs, bei dem die Geltendmachung eines Regresses infolge des Obhutswechsels oder des Eintritts der Volljährigkeit nicht möglich ist, unter den Begriff der erschwerten oder unmöglichen Rechtsverfolgung gefasst werden. Die Hindernisse dieser Fälle bei der Durchsetzbarkeit werden gleichgesetzt. Die Unterschiede – zum Beispiel hinsichtlich der Gründe für die Hindernisse und der unterschiedlichen zeitlichen Abfolge – können mit der Analogie überwunden werden.[785] Ein Festhalten an diesen Unterschieden und dem außer Acht lassen der vergleichbaren Interessenlage sowie der planwidrigen Regelungslücke wäre zu starr und daher verfehlt.

Zahlt demnach ein Elternteil den Barunterhalt, wozu er nicht verpflichtet ist, und hat er dabei die Absicht, diese Zahlungen von dem Verpflichteten zurückzuverlangen, so leistet er ersatzweise analog § 1607 Abs. 2 S. 1. Damit geht der Anspruch des Berechtigten gegen den Verpflichteten analog § 1607 Abs. 2 S. 2 in Höhe der getätigten Zahlungen auf den Leistenden über. Es handelt sich bei dem Anspruch um einen Ersatzanspruch. Bei diesem sind einige spezielle Vorschriften entsprechend dem Ergebnis hinsichtlich des § 1607 Abs. 2 anwendbar, so ist zum Beispiel die Vermutung des § 1360 b zu widerlegen. Bei bewusster Entziehung der Pflicht durch den Unterhaltspflichtigen ist die Einschränkung des § 1613 nicht zu beachten, wohingegen das Pfändungsvorrecht des Ersatzhaftenden und die Hemmung des § 207 Abs. 1 S. 2 Nr. 2 a zugesprochen werden muss. Dieser Anspruch unterliegt auch nicht dem Pfändungsverbot; die Abtretung und Aufrechnung gegen ihn ist möglich. Ein eigenständiger, vom BGH entwickelter ungeschriebener Ersatzanspruch ist mithin überflüssig.[786]

rechtlichen Ausgleichsanspruchs hätte, durch die cessio legis überwunden werden. Damit bietet diese Lösung durchaus ein hinreichendes Äquivalent. Auch der Einwand, die Analogie ließe sich nicht mit dem gesetzgeberischen Willen vereinen, konnte durch die historisch/genetische Auslegung entkräftet werden. Ablehnend ebenfalls *Langheim*, FamRZ 2013, 1529 (1530).

785 Vgl. zu den Unterschieden die Ausführungen in Kap. 5 I. 1.–3.

786 Vgl. BGH, Urteil vom 26.4.1989 – IVb ZR 42/88, NJW 1989, 2816 (2816f.), der dies erkennt, aber statt mit § 1607 Abs. 2 das geschriebene Recht anzuwenden, unerklärlicherweise dem familienrechtlichen Ausgleichsanspruch den Vorzug gibt.

6. Kapitel: Herleitung des Anspruchs aus anderen Normen – Konkurrenzprobleme und Anwendungsbereiche

Bereits im Grundsatzurteil wurde die Frage aufgeworfen, ob der Ausgleichsanspruch auch durch die Anwendung schuldrechtlicher Normen erreicht werden könnte.[787] Im Folgenden soll die Herleitung des Regresses aus den schuldrechtlichen Normen untersucht werden und auch die Konkurrenz des § 1607 Abs. 2 neben den schuldrechtlichen Normen geklärt werden. Hierbei werden sich einige Parallelen in der Argumentation zeigen, sodass eine zusammenhängende Erläuterung der Konkurrenzprobleme bezüglich anderer Normen - insbesondere für die Verständlichkeit - erforderlich ist. Im Übrigen soll auch auf den Kindergeldausgleich als Sonderfall des familienrechtlichen Ausgleichsanspruchs eingegangen werden, bei dem sich ebenfalls die Frage nach der Herleitung aus anderen Normen stellt.

Ein vertraglicher Regressanspruch ist in den Konstellationen des familienrechtlichen Ausgleichsanspruchs auszuschließen. Die Eltern haben keine vertragliche Abrede des Inhalts geschlossen, dass ein Rückgriff bei einer unterhaltsrechtlichen Zuvielleistung bestehen soll. Auch ein gesetzlicher, unbedingter Ausgleichsanspruch, der einen Ausgleich für eben diesen Fall vorsieht, existiert im Familienrecht nicht. Ein solcher Anspruch wurde zwar bei den Beratungen zum BGB vorgeschlagen, jedoch von der Zweiten Kommission abgelehnt.[788]

Vorliegend könnte sich ein gesetzlicher Ausgleichsanspruch aus § 426 Abs. 1 ergeben. Bei der Befriedigung durch einen Elternteil würde dann ein gesetzlicher Forderungsübergang vom Unterhaltsberechtigten auf den Ersatzhaftenden gemäß § 426 Abs. 2 erfolgen, wodurch ein zusätzlicher Regressanspruch bestehen würde.[789] Die Anwendung des § 426 setzt aber eine Gesamtschuld der Eltern

787 Vgl. BGH, Urteil vom 9.12.1959 - IV ZR 178/59, FamRZ 1960, 194 (195); ebenso BGH, Urteil vom 26.6.1968 - IV ZR 601/68, NJW 1968, 1780 (1781). Später werden die Normen als mögliche Anspruchsgrundlage sowohl abgelehnt, vgl. BGH, Urteil vom 20.5.1981 - IVb ZR 558/80, NJW 1981, 2348 (2349), als auch als konkurrierende Ansprüche angenommen, BGH, Urteil vom 11.5.1988 - IVb ZR 89/87, FamRZ 1988, 834 (834).

788 *Mugdan*, Bd. IV, Protokolle, S. 953f.

789 Zu dem Gesamtschuldnerausgleich siehe *Wendehorst*, Jura 2004, 505 (506).

voraus. Wie bereits erläutert haften die Eltern hinsichtlich des Kindesunterhalts aber teil- und nicht gesamtschuldnerisch.[790] Zudem hat das Kind auch kein Wahlrecht. Es kann sich nicht aussuchen, ob es den Barunterhalt von dem einen oder dem anderen Elternteil bekommt. Vielmehr steht das Bestimmungsrecht den Eltern zu, vgl. § 1612 Abs. 2 S. 1 und S. 2. Das Wahlrecht des Gläubigers ist aber eine der Charakteristiken des Gesamtschuldverhältnisses.[791] Folglich kommt ein gesetzlicher Ausgleichsanspruch gemäß § 426 Abs. 2 nicht in Betracht.[792]

Aus § 826 könnte sich ein Anspruch auf Schadensersatz ergeben. Hierfür müsste der Unterhaltspflichtige aber eine sittenwidrige vorsätzliche Schädigung hervorgerufen haben. Dies ist zum Beispiel dann anzunehmen, wenn der Unterhaltspflichtige bei einem Anderen den Irrtum hervorruft, dieser sei unterhaltspflichtig und diesen so zu Zahlungen bringt.[793] Dies entspricht nicht der Konstellation des familienrechtlichen Ausgleichsanspruchs. Hier weiß der Zahlende von der Verpflichtung des anderen Elternteils. Allerdings ist es möglich, dass das Verhalten des Unterhaltspflichtigen auch unter § 826 subsumiert werden kann. Da die Voraussetzungen für ein solches deliktisches Verhalten, unter anderem das Vorliegen des Vorsatzes, eng gefasst sind und nicht die typische Fallgestaltung des familienrechtlichen Ausgleichsanspruchs beschreiben, kann von einem Äquivalent zum Rechtsinstitut des BGH nicht die Rede sein.

I. Anwendbarkeit neben dem familienrechtlichen Ausgleichsanspruch

Zu prüfen ist, ob sich der Anspruch auch aus der Geschäftsführung ohne Auftrag oder dem Bereicherungsrecht ergibt. Bei dieser Prüfung geht es allein um den familienrechtlichen Ausgleichsanspruch und dessen Herleitung aus anderen Normen. Die Argumentation, dass diese Fälle auch unter § 1607 Abs. 2 analog subsumiert werden können, ist in diesem Fall nicht zu beachten. Eine derartige

790 Vgl. Kap. 1 I. 3.

791 Ebenso *Stolterfoht*, FamRZ 1971, 341 (343).

792 RGZ 57, 69 (75), wobei hier noch von einer vorrangigen Verpflichtung des Vaters ausgegangen wird, welche kurz darauf aufgrund des Gleichberechtigungsgesetzes entfallen ist; Staudinger/BGB/*Klinkhammer*, § 1607, Rn. 42; Erman/*Hammermann*, § 1607, Rn. 8, 19; *Dieter Schwab*, Familienrecht, Rn. 1046; *Roth*, FamRZ 1994, 793 (794); a. A. *Beitzke*, in: FS Hedemann, S. 1 (20–22), der sich für eine gesamtschuldnerische Haftung der Eltern ausspricht und daher auch einen Ausgleich gemäß § 426 bejaht; ebenso *Schrade*, FamRZ 1957, 342 (348), der die Gesamtschuld bei Identität des Leistungsgegenstandes, wie zum Beispiel einer Geldrente, annimmt.

793 *Hegmann*, FamRZ 1973, 435 (436).

Prüfung findet erst im nächsten Schritt statt.[794] Die Anwendbarkeit dieser Normen neben dem familienrechtlichen Ausgleichsanspruch ist bis heute umstritten.[795]

1. Berechtigte Geschäftsführung ohne Auftrag

Die historisch/genetische Auslegung hat gezeigt, dass die Fallgestaltungen im 19. Jahrhundert oftmals über die Vorschriften der Geschäftsführung ohne Auftrag gelöst wurden. Bei Fällen, in denen eine andere Person die Zahlungen für den Schuldner übernimmt, drängt sich die Anwendbarkeit der berechtigten Geschäftsführung ohne Auftrag geradezu auf. Vorausgesetzt, der Geschäftsführer besorgt ein fremdes Geschäft ohne Auftrag oder sonstige Berechtigung und dieses Tätigwerden liegt auch im Interesse und Willen des Geschäftsherrn, können die entstandenen Aufwendungen ersetzt werden, vgl. §§ 677, 683 S. 1, 670.[796]

Nicht all diese Voraussetzungen sind im Einzelnen umstritten beziehungsweise werden in der Literatur und Rechtsprechung verneint. Daher beschränkt sich die folgende Untersuchung auf diejenigen Voraussetzungen, die kontrovers behandelt werden.[797]

794 Mit dieser Aufteilung der Prüfung wird folgendes bezweckt: Zunächst soll dargelegt werden, dass die Fälle des familienrechtlichen Ausgleichsanspruch unter schuldrechtliche Normen subsumiert werden können und es des familienrechtlichen Ausgleichsanspruchs nicht bedarf.

795 Diese Darstellung des Streits hinsichtlich der Anwendbarkeit ist für eine umfassende Darstellung des familienrechtlichen Ausgleichsanspruchs unumgänglich und darf nicht aufgrund der analogen Anwendung des § 1607 Abs. 2 übergangen werden. Daher ist vorerst die Herleitung des familienrechtlichen Ausgleichsanspruchs aus schuldrechtlichen Normen ohne Bezug zu § 1607 Abs. 2 analog zu untersuchen. Für die Anwendbarkeit insbesondere: Johannsen/Henrich/*Graba/Maier*, § 1606, Rn. 11; RGRK/*Mutschler*, Bd. IV, 3. Teil, § 1606, Rn. 26; Büte/Poppen/Menne/*Menne*, § 1606, Rn. 18; *Armasow*, MDR 2004, 307 (308); *Hoppenz*, FamRZ 1985, 437 (439); wohl für GoA BeckOGK/BGB/*Thole*, § 677, Rn. 66; für Bereicherungsrecht *Roth*, FamRZ 1994, 793 (796f.). Dagegen insbesondere: Weinreich/Klein/*Müting*, § 1607, Rn. 66; Scholz/Kleffmann/Doering-Striening/*Kühner*, Teil K, Rn. 701; *Wever*, Rn. 776f.; *Beitzke*, in: FS Hedemann, S. 1 (4f.); *Friedrich Strohal*, Unterhaltsrechtliche Fragen bei Wechsel des Kindes, DAVorm 1997, 251 (254).

796 Zu den einzelnen Voraussetzungen und ihren Definitionen siehe insbesondere: Staudinger/BGB/*Bergmann*, § 677, Rn. 13; BeckOK/BGB/*Gehrlein*, § 677, Rn. 9–18; BeckOK/BGB/*Gehrlein*, § 683, Rn. 2,3; HK-BGB/*Schulze*, § 677, Rn. 2–7.

797 Eine umfassende Darstellung der einzelnen – teilweise umstrittenen – Voraussetzungen und Fallgestaltungen der Geschäftsführung ohne Auftrag würde an dieser Stelle zu weit gehen und dem Verständnis der vorliegenden Untersuchung abträglich sein.

a. Fremdes Geschäft

Ob es sich bei den Unterhaltszahlungen des betreuenden Elternteils um ein fremdes Geschäft handelt, wird unterschiedlich beurteilt, muss im Ergebnis aber bejaht werden.[798] Die Verneinung des fremden Geschäfts wird unter anderem damit begründet, dass die Zahlung des Barunterhalts für den betreuenden Elternteil eine eigene Pflicht sei, die sich aus der Unterhaltspflicht selbst ergebe.[799] Dem kann nicht zugestimmt werden. Da die Eltern den Unterhalt als Teil- und nicht als Gesamtschuldner schulden,[800] erfüllt der betreuende Elternteil seinen Teil der Unterhaltsschuld allein durch die Betreuung des Kindes. Der Barunterhalt hingegen gehört zum Pflichtenkreis des anderen Elternteils. Mit den Zahlungen an das Kind wird demnach kein eigenes Geschäft getätigt.

Im Zuge dessen wird auch diskutiert, ob die Zahlungen den klassischen Fall eines fremden Geschäfts in Form der Begleichung einer fremden Schuld darstellen.[801] Für die Fremdheit des Geschäfts kann es letztendlich nicht darauf ankommen, ob Erfüllung eingetreten ist.[802] Entscheidend ist, ob es sich bei der Tätigkeit an sich – und eben nicht bei der Herbeiführung der damit verbundenen möglichen Rechtsfolge – um die Pflicht eines Anderen handelte[803], was bereits für die Barunterhaltszahlungen bejaht wurde. Darüber hinaus müsste auch der familienrechtliche Ausgleichsanspruch abgelehnt werden, wenn die Fremdheit verneint wird. Voraussetzung für diesen Anspruch ist die Erfüllung einer dem Anderen obliegenden Pflicht.[804] Ob »Erfüllung« – wie es der BGH im Grundsatzurteil schreibt[805] – im Sinne des § 362 interpretiert werden kann, sei dahingestellt. Wesentlich ist, dass mit dieser Voraussetzung deutlich wird, dass die Zahlungen nicht Pflicht des betreuenden, sondern die des anderen Elternteils

---

798 ebenso *Wittko*, S. 88f.

799 So Weinreich/Klein/*Eder*, § 1607, Rn. 64.

800 Würde man hingegen eine Gesamtschuld annehmen, so könnte es sich um ein sogenanntes auch-fremdes Geschäft handeln. Der Fremdgeschäftsführungswille ist allerdings zweifelhaft. In jedem Fall würde § 426 einen Ausgleich bieten. Dazu vertiefend BeckOGK/BGB/*Thole*, § 677, Rn. 118.

801 Für Erfüllung *Hoppenz*, FamRZ 1985, 437 (439); gegen Erfüllung *Wittko*, S. 91f., der sich aber im Ergebnis für die Fremdheit des Geschäfts ausspricht, weil es bei der Unterhaltspflicht auf den Zweck, nämlich die Bedarfsdeckung des Bedürftigen, ankäme und dieser Zweck durch die Zahlungen erreicht würde. Dies basiert auf der Frage hinsichtlich der Tilgungsbestimmung. Verneint man diese, so wurde keine fremde Schuld erfüllt. Zur Tilgungsbestimmung siehe Kap. 6 I. 2.

802 Im Ergebnis so auch *Hans Berg*, Hauptprobleme der Geschäftsführung ohne Auftrag, JuS 1975, 681 (683), der den Handlungsinhalt, nicht den Erfüllungszweck für entscheidend hält.

803 RG, Urteil vom 29.10.1919 – I 125/19, RGZ 97, 61 (65f.); *Michael Martinek/Uwe Theobald*, Grundfälle zum Recht der Geschäftsführung ohne Auftrag, JuS 1997, 612 (613); *Karl-Heinz Gursky*, Der Tatbestand der Geschäftsführung ohne Auftrag, AcP 185, 13 (15).

804 Siehe zu dieser Voraussetzung Kap. 2 II. 1.

805 Vgl. BGH, Urteil vom 9.12.1959 – IV ZR 178/59, FamRZ 1960, 194 (195).

sind. Daher muss bei der zu untersuchenden Fallkonstellation das Vorliegen eines objektiv fremden Geschäfts bejaht werden.[806]

b. Fremdgeschäftsführungswille

Das Bewusstsein und der Wille, für einen Anderen tätig zu werden,[807] ist eine der umstrittensten Voraussetzungen. Bei einem objektiv fremden Geschäft wird der Fremdgeschäftsführungswille vermutet, sodass es für eine Ablehnung beider Elemente einer Widerlegung bedarf. Eine derartige Widerlegung ist in der vorliegenden Fallkonstellation des familienrechtlichen Ausgleichsanspruchs aber nicht möglich.

Das Bewusstsein, für einen Anderen Zahlungen zu tätigen, kann nur dann verneint werden, wenn dargelegt und bewiesen wird, dass der Zahlende keine Kenntnis von der Verpflichtung des anderen Elternteils zur Barunterhaltsleistung hatte.[808] Hier würde er in der irrigen Annahme leisten, er erfülle eine eigene Verbindlichkeit. Dann müsste mangels Fremdgeschäftsführungswillens der Aufwendungsersatzanspruch verneint werden. Hier würde aber auch der familienrechtliche Ausgleichsanspruch scheitern. Denn dann läge die Voraussetzung, dass der Zahlende in der Absicht, vom Anderen Ersatz zu verlangen, leistete, nicht vor. Wer denkt, er leiste aufgrund einer eigenen Verpflichtung, hat nicht die Absicht, hierfür von einem Anderen Ersatz zu verlangen. Wer umgekehrt aber von der Verpflichtung des Anderen weiß und für die Zahlungen auch Ersatz verlangen möchte, handelt mit Fremdgeschäftsführungswillen.

Dem steht auch nicht die Widerlegung der Vermutung des § 1360 b entgegen. Im Falle des familienrechtlichen Ausgleichsanspruchs muss – zumindest bei bestehender Ehe – gezeigt werden, dass der zahlende Elternteil den Anderen nicht begünstigen, sondern Ersatz verlangen wollte.[809] Es handelt sich hierbei jedoch um keinen Widerspruch zum Fremdgeschäftsführungswillen. Der Fremdgeschäftsführungswille setzt nicht die Absicht voraus, dem Geschäftsherrn einen Gefallen zu tun und diesen in irgend einer Form zu bereichern. Vielmehr kann der Wille, für einen Anderen tätig zu werden, auch vorliegen, wenn Aufwendungen ersetzt werden sollen.[810] Würde man den Willen zur Be-

806 Anders *Giesen*, Jura, 1996, 225 (231), der ein auch-fremdes Geschäft annimmt. Die folgenden Ausführungen gelten aber im Ergebnis gleichermaßen für ein auch-fremdes Geschäft.
807 Zum Fremdgeschäftsführungswillen siehe *Martinek/Theobald*, JuS 1997, 612 (613); *Dieter Giesen*, Grundsätze der Konfliktlösung im Besonderen Schuldrecht. Das Recht der fremdnützigen Geschäftsbesorgung (Teil 2a – Geschäftsführung ohne Auftrag – Die echte berechtigte GoA), Jura 1996, 225 (229).
808 Ebenso *Wollschläger*, S. 133; *Roth*, FamRZ 1995, 793 (794).
809 Zu dieser Vermutung siehe Kap. 2 II. 2.
810 So auch *Volker von Borzeszkowski*, Der Rückgriff im Unterhaltsrecht, 1994, S. 77.

sorgung eines fremden Geschäfts mit dem Argument verneinen, der Geschäftsführer habe den Geschäftsherrn nicht begünstigen wollen, sondern mit der Absicht gehandelt, Ersatz zu verlangen, würde der Aufwendungsersatzanspruch leerlaufen. Denn dann würde die Voraussetzung bei jeder berechtigten Geschäftsführung ohne Auftrag verneint werden und die Aufwendungen würden nie ersetzt. Somit greift das Argument, der Leistende wolle den Barunterhaltspflichtigen nicht begünstigen und daher sei der Fremdgeschäftsführungswille zu verneinen, nicht.[811] Die Motivation des Handelnden ist unerheblich.[812] Demnach schadet es auch nicht, dass der leistende Elternteil auch im Interesse des unterhaltbedürftigen Kindes gehandelt hat. Der Geschäftsführer kann durchaus eigennützig oder im Interesse eines Dritten handeln, ohne dass die Geschäftsführung ohne Auftrag abgelehnt wird.[813] Auch bei den Fallgruppen der Geschäftsführung ohne Auftrag ist es allgemein anerkannt, dass es sich hierbei um Selbsthilfe handeln kann.[814] Andernfalls würde dies zu einer nicht hinnehmbaren Einschränkung des Anwendungsbereichs führen[815] und dem Zweck dieses Rechtsinstituts, das altruistische Handeln in der Gesellschaft zu fördern,[816] widersprechen.

Die Leistungen des Barunterhalts erfolgten – in der Fallgestaltung des familienrechtlichen Ausgleichsanspruchs – in dem Bewusstsein und dem Willen, dem Kind das zukommen zu lassen, was dieses eigentlich vom Barunterhaltspflichtigen erlangt haben sollte. Der leistende Elternteil wollte also bewusst mit den Zahlungen die Pflicht des Anderen übernehmen.[817] Daher kann die Vermutung

---

811 So aber Weinreich/Klein/*Eder*, § 1607, 65; Wendl/Dose/Klinkhammer, § 2, Rn. 771.

812 *Planck*, Bd. 2, S. 427; BeckOGK/BGB/*Thole*, § 677, Rn. 97.

813 *Mugdan*, Motive, Bd. II, S. 478.

814 Vgl. MüKo/BGB/*Schäfer*, Münchener Kommentar, BGB, Band 5–2, 7. Auflage, 2017, § 677, Rn. 55f.

815 So auch *Mugdan*, Motive, Bd. II, S. 485.

816 *Andreas Bergmann*, Die Geschäftsführung ohne Auftrag als Subordinationsverhältnis. Die Rechtsinstitute der negotiorum gestio in subordinationsrechtlicher Betrachtungsweise, 2010, S. 18; *Planck*, Bd. 2, S. 425.

817 A.A. *Bergmann*, S. 417f., der einen solchen Willen verneint. Bergmann begreift die Zahlung fremder Unterhaltsschuld allerdings als Sondervorschrift und spricht dem Leistenden einen privilegierten Rückgriffsanspruch zu, der keine weiteren – außer den in §§ 683 S. 2, 679 2. Alt normierten – Voraussetzungen habe. Dass der Leistende in diesem Fall ausschließlich für das Kind tätig werden wollte, ist abzulehnen. Es handelt sich gerade nicht um Schenkungen. Vielmehr war sich der Leistende der Umstände bewusst und handelte in der Absicht, den Verpflichteten in Regress zu nehmen. Zudem wird mit § 679 nur die Voraussetzung umgangen, dass die Tätigkeit dem Willen des Geschäftsherrn entsprechen muss. Im Ergebnis macht es aber keinen Unterschied, weil Bergmann ebenfalls einen Regressanspruch bejaht, sodass auch nach seiner Ansicht der familienrechtliche Ausgleichsanspruch entbehrlich wäre.

des Fremdgeschäftsführungswillens bei den für den familienrechtlichen Ausgleichsanspruch typischen Fallkonstellationen nicht widerlegt werden.[818]

c. Aufwendungen

Selbst wenn die Voraussetzungen der §§ 677, 683 S. 1 angenommen werden, wird der Aufwendungsersatzanspruch aufgrund seiner Rechtsfolge abgelehnt.[819] Hier geht es im Grunde um die Frage, ob die Leistungen freiwillig sind.[820] An dieser Stelle ist eine Abgrenzung zum Schaden vorzunehmen, der – als Korrelat zur Aufwendung – unfreiwillig erfolgt.[821] Davon, dass der betreuende Elternteil die Barunterhaltspflicht gern erfüllt und somit sein Vermögen gern gemindert hat, kann grundsätzlich nicht ausgegangen werden. Damit scheidet die Freiwilligkeit aber nicht aus.[822]

Die Freiwilligkeit bezieht sich nicht auf die Geschäftsbesorgung.[823] Es ist keine Voraussetzung der §§ 677, 683, dass die Geschäftsbesorgung für einen Anderen freiwillig oder gar mit Vergnügen erfolgte.[824] Vielmehr bezieht sich die Freiwilligkeit auf die Rechtsfolge des § 670, also die Minderung des Vermögens. Es ist daher irrelevant, ob die Barunterhaltsleistungen an das Kind freiwillig erfolgten. Dies entspricht auch den bisherigen Erläuterungen, nach denen es nicht auf die Motivation des Geschäftsführers ankommt. Entscheidend ist allein, ob die Minderung des Vermögens freiwillig erfolgte. Die Freiwilligkeit wird auch angenommen, wenn das Vermögensopfer eine notwendige oder unentbehrliche Folge der Geschäftsbesorgung ist.[825] Die Vermögensminderung des betreuenden Elternteils war ein notwendiges Resultat der Barunterhaltszahlungen. Hätte der Barunterhaltspflichtige seine Pflicht erfüllt und an das Kind gezahlt, wäre eine Vermögensminderung ebenfalls eingetreten. Dem zahlenden Elternteil war bewusst, dass die finanzielle Unterstützung des Kindes die Folge haben würde, dass

818 Wird eine Tilgungsbestimmung angenommen, kann aus dieser auf einen Fremdgeschäftsführungswillen geschlossen werden, so *Holzhauer*, in: FS Wolf, S. 223 (241). Für die Tilgungsbestimmung wohl ebenfalls OLG Frankfurt, Beschluss vom 18.9.1998 – 1 WF 185/98, FamRZ 1999, 1450 (1450) Obligatorisch ist eine Tilgungsbestimmung für die Annahme eines Fremdgeschäftsführungswillen jedoch nicht. Zur Tilgungsbestimmung siehe Kap. 6 I. 2.

819 So *Galinsky*, FPR 2013, 529 (529).

820 Dass es sich bei den Zahlungen des Barunterhalts um ein Vermögensopfer handelt, wird nicht bestritten.

821 MüKo/BGB/*Schäfer*, § 670, Rn. 11.

822 Im Ergebnis so aber *Galinsky*, FPR 2013, 529 (529).

823 Vgl. *Dieter Giesen*, Das Recht der fremdnützigen Geschäftsbesorgung. Teil 1 – Geschäftsbesorgung aufgrund eines Vertrages, Jura 1994, 352 (357).

824 *Bergmann*, S. 61f.

825 BeckOGK/BGB/*Riesenhuber*, § 670, Rn. 15; Erman/*Berger*, § 670, Rn. 8.

eine Vermögensminderung eintritt. Damit handelt es sich bei dem Vermögensopfer um ein freiwilliges.[826]

d. Zwischenergebnis

Die dargelegten Argumente, mit denen ein Ersatzanspruch aus Geschäftsführung ohne Auftrag abgelehnt wird, können folglich nicht überzeugen. Dass die Zahlung der Unterhaltsbeträge, zu denen ein Anderer verpflichtet ist, unter die fremde Geschäftsführung subsumiert wird und einen Anwendungsbereich der Geschäftsführung ohne Auftrag darstellen kann, belegt auch die 2. Alternative des § 679. Diese normiert die Unbeachtlichkeit des entgegenstehenden Willens des Geschäftsherrn, wenn es sich bei der Geschäftsführung um die Erfüllung der fälligen und einredefreien gesetzlichen Unterhaltspflicht handelt, die ohne Tätigwerden des Geschäftsführers nicht rechtzeitig erfüllt worden wäre.[827] Ein begrenzter Personenkreis, für den dies gilt, existiert nicht. Damit kann sich auf diese Alternative auch der betreuende Elternteil berufen. Es würde dem Sinn der Norm widersprechen, den entgegenstehenden Willen nur in limitierten Fällen für unbeachtlich zu halten. Denn mit § 679 2. Alt. soll sichergestellt werden, dass die gesetzlichen Unterhaltspflichten rechtzeitig erfüllt und der Bedarf des Berechtigten gedeckt wird.[828] Würden die Zahlungen von anderen Personen, die nicht zum Barunterhalt verpflichtet sind,[829] nicht als Geschäftsführung für einen Anderen angesehen werden, weil der Leistende dem Verpflichteten nichts zugutekommen lassen möchte, so hätte § 679 2. Alt. keinen Anwendungsbereich.[830] Abzulehnen ist § 679 2. Alt. nur bei überobligatorischen Leistungen. In diesem Fall würde aber auch der familienrechtliche Ausgleichsanspruch mangels Erfüllung einer dem Anderen obliegenden Pflicht versagen.

Sofern der Aufwendungsersatzanspruch überzeugend abgelehnt wird, gilt dies gleichsam für den familienrechtlichen Ausgleichsanspruch. Damit schafft die Geschäftsführung ohne Auftrag keinen weitergehenden Regressanspruch. Es

826 Dementsprechend müsste – entgegen der überwiegenden Ansicht – der familienrechtliche Ausgleichsanspruch auch nach § 256 S. 1 ab dem Zeitpunkt der Aufwendung verzinst werden, vgl. Kap. 2 IV. 3.

827 Staudinger/BGB/*Bergmann*, § 679, Rn. 26; MüKo/BGB/*Schäfer*, § 679, Rn. 15.

828 OLG Hamm, Urteil vom 23.6.1966 – 2 U 39/66, OLGZ 1966, 398 (399f.); BeckOGK/BGB/*Thole*, § 679, Rn. 29; *Benjamin Schmidt*, Die berechtigte Geschäftsführung ohne Auftrag – Eine Untersuchung der Voraussetzungen des gesetzlichen Schuldverhältnisses der §§ 677ff. BGB, 2008, S. 147.

829 Das ist vorliegend der Fall. Abzulehnen wäre dies nur, wenn man die Unterhaltspflicht als Gesamt- und nicht als Teilschuld begreifen würde.

830 So auch *Roland Wittmann*, Begriff und Funktionen der Geschäftsführung ohne Auftrag. Eine zivilistisch-dogmengeschichtliche Abhandlung, 1981, S. 114; *Wollschläger*, S. 129; *Gursky*, AcP 185, 13 (23f.).

zeigt sich aber wieder, dass der familienrechtliche Ausgleichsanspruch unnötig ist. Bejaht man diesen dennoch, ist der Aufwendungsersatzanspruch daneben anwendbar. Bei der Geltendmachung dessen muss der § 1613 berücksichtigt werden, um den Besonderheiten des Unterhaltsrechts gerecht zu werden und den Schutz des Unterhaltsschuldners aufrechtzuerhalten.[831]

2. Bereicherungsrecht

Darüber hinaus wird auch ein eventueller Anspruch aus dem Bereicherungsrecht[832] diskutiert. Im Folgenden sollen die umstrittenen Prüfungspunkte dargestellt werden.[833]

In Betracht kommt ein Anspruch gegen den Barunterhaltspflichtigen aus der Rückgriffskondiktion gemäß § 812 Abs. 1 S. 1 2. Alt., einem Unterfall der Nichtleistungskondiktion,[834] welche insbesondere bei der Tilgung fremder Schuld angewendet wird.[835] Eine Leistungskondiktion gegen den Barunterhaltspflichtigen ist nur anzunehmen, wenn der Leistende hierzu (scheinbar) verpflichtet war.[836] Im Verhältnis zum Kind besteht ebenfalls keine Leistung des ersatzweise Zahlenden, weil sich die Zahlungen auf die Barunterhaltspflicht des Unterhaltsschuldners beziehen.[837]

---

831 Ebenso BGH, Urteil vom 9.5.1984 – IVb ZR 84/82, FamRZ 1984, 775 (777); OLG Celle, Urteil vom 9.12.1993 – 10 U 29/93, NJW-RR 1995, 136 (137); Staudinger/BGB/*Klinkhammer*, § 1613, Rn. 17; *Hegmann*, FamRZ 1973, 435 (436f.); anders *Wollschläger*, S. 140, der in § 679 2. Alt. die ausdrückliche Privilegierung der Interessen des leistenden Geschäftsführers sieht und damit den Schuldnerschutz ablehnt.

832 Zu den einzelnen Tatbeständen siehe zusammenfassend *Dieter Giesen*, Grundsätze der Konfliktlösung im Besonderen Schuldrecht – Die ungerechtfertigte Bereicherung (Teil 1 – Leistungskondiktionen), Jura 1995, 169 (169–171).

833 Eine zu dezidierte Auseinandersetzung mit den einzelnen Voraussetzungen des Bereicherungsrechts erfolgt hier nicht, weil mit der Annahme eines Ausgleichsanspruchs aus der berechtigten Geschäftsführung die Redundanz des familienrechtlichen Ausgleichsanspruchs bereits dargelegt wurde.

834 HK-BGB/*Wiese*, § 812, Rn. 12.

835 MüKo/BGB/*Schwab*, Münchener Kommentar, BGB, Band 6, 7. Auflage, 2017, § 812, Rn. 374; *Ernst von Caemmerer*, Bereicherung und unerlaubte Handlung, in: H. Dölle, M. Rheinstein, K. Zweigert (Hrsg.), Rechtsvergleichung und internationales Privatrecht, Festschrift für Ernst Rabel, Band 1, 1954, S. 333 (360); *Hans-Georg Koppensteiner/Ernst A. Kramer*, Ungerechtfertigte Bereicherung, 2. Auflage, 1988, S. 102; *Giesen*, Jura, 1995, 234 (239f.); *Werner Lorenz*, Bereicherungsrechtliche Drittbeziehungen, JuS 1968, 441 (442f.).

836 MüKo/BGB/*Schwab*, § 812, Rn. 374.

837 Dauner-Lieb/*Langen*, § 812, Rn. 120; *Alexander Schall*, Leistungskondiktion und »Sonstige Kondiktion« auf der Grundlage des einheitlichen gesetzlichen Kondiktionsprinzips, 2003, S. 60; a. A. *Volker Beuthien*, Zuwendender und Leistender. Ein kritischer Beitrag zur neuen Terminologie bei Leistungen im bereicherungsrechtlichen Dreieck, JZ 1968, 323 (326).

Die bei den Voraussetzungen der berechtigten Geschäftsführung ohne Auftrag bereits erwähnte Tilgungsbestimmung[838] wird bei der ersten Voraussetzung »etwas erlangt«[839] der Rückgriffskondiktion relevant. Handelt es sich nicht um eine Tilgung und damit um die Erfüllung einer fremden Schuld,[840] so hat der Bereicherungsschuldner schon nichts erlangt.[841] Liegt hingegen eine Tilgung vor, wurde der Barunterhaltspflichtige von seiner Verbindlichkeit frei.[842] Hier könnte erneut mit der ersten Voraussetzung des familienrechtlichen Ausgleichsanspruchs argumentiert werden. Es leuchtet nicht ein, weshalb auf der einen Seite die Erfüllung einer dem Anderen obliegenden Pflicht angenommen, auf der anderen Seite aber die Tilgung einer fremden Schuld abgelehnt wird. Wie bereits erläutert hat der Leistende das Bewusstsein und den Willen, die Barunterhaltspflicht des Anderen zu übernehmen. Daran ändert auch die Absicht nichts, später für diese Leistungen Ersatz zu verlangen.[843] Bei lebensnaher Betrachtung wird auch das Kind davon ausgehen, dass die zur Verfügung gestellten finanziellen Mittel den Bedarf decken sollen. Es wird nicht davon ausgehen, dass die Zahlungen nur vorläufig sind und somit zurückgefordert werden könnten.[844] Denn liegt keine Tilgung vor, entfällt der Rechtsgrund für die Vermögensmeh-

---

838 Vgl. Kap. 6 I. b.

839 § 812 Abs. 1 S. 1 2. Alt.

840 Ob eine Tilgung Voraussetzung für die Erfüllung im Sinne des § 362 ist, wird unterschiedlich beurteilt. Die Theorie der finalen Leistungsbewirkung setzt eine Tilgung voraus, wohingegen die Theorie der realen Leistungsbewirkung auf die Herbeiführung des tatsächlichen Erfolges rekurriert, vgl. BeckOGK/BGB/*Looschelders*, § 362, Rn. 42 f. Auf eine Entscheidung kommt es vorliegend aber nicht an. Selbst wenn man der Theorie der realen Leistungsbewirkung folgt, wird aus Gründen des Minderjährigenschutzes § 107 analog angewendet, vgl. BeckOGK/BGB/*Duden*, § 107, Rn. 92, sodass sich auch hier das Problem, ob eine Tilgungsbestimmung gegenüber dem Minderjährigen erklärt werden kann, stellt.

841 So argumentierend Scholz/Kleffmann/Doering-Striening/*Kühner*, Teil K, Rn. 701; Weinreich/Klein/*Eder*, § 1607, Rn. 66; *Gießler*, FamRZ 1994, 800 (804).

842 Im Ergebnis *Roth*, FamRZ 1995, 793 (797); BGH, Urteil vom 21. 12. 1966 – IV ZR 224/65, NJW 1967, 559 (560).

843 So auch *Roth*, FamRZ 1995, 793 (797); *Dieter Büte*, Die Rückforderung überzahlten Unterhalts, FuR 2006, 193 (193 f.).

844 Einer Tilgungsbestimmung könnte der § 107, welcher unabhängig von der Rechtsnatur der Tilgungsbestimmung und unbeeinflusst von den Theorien der Leistungsbewirkung zumindest analog angewendet wird, entgegenstehen. Die Erklärung, eine fremde Schuld zu tilgen, ist aufgrund des Verlustes einer Forderung für den Minderjährigen nicht lediglich vorteilhaft, sodass es der Einwilligung des gesetzlichen Vertreters bedarf. Dieser erklärt aber selbst die Tilgungsbestimmung, weshalb diese an § 1795 bzw. an § 181 scheitern könnte, so *Armasow*, MDR 2004, 307 (309). Dieses Problem lässt sich durch die Bestellung eines Ergänzungspflegers lösen, vgl. Staudinger/BGB/*Veit*, Kommentar zum Bürgerlichen Gesetzbuch, Buch 4: Familienrecht, §§ 1626–1633 und RKEG (Elterliche Sorge 1 – Inhalt und Inhaberschaft), Neubearbeitung 2015, §§ 1773–1895 (Vormundschaft), Neubearbeitung 2014, § 1795, Rn. 72.

rung des Kindes und der Zahlende könnte mittels § 812 Abs. 1 S. 1 1. Alt das Geleistete vom Kind herausverlangen.[845]

Einen Ausweg bei Verneinung der Tilgung bildet eine mögliche[846] nachträgliche Tilgungsbestimmung.[847] Mit dieser könnte, sofern für die Leistung ursprünglich keine Bestimmung zur Tilgung fremder Schuld angenommen wurde, eine nachträgliche Tilgungsbestimmung dahin getroffen werden, dass nun die Tilgung der fremden Schuld bestimmt wird.[848]

Allerdings hat die Rückgriffskondiktion nur einen geringen Anwendungsbereich. Dies liegt vor allem daran, dass mit der Tilgung einer fremden Schuld auch

845 Vgl. OLG Naumburg, Beschluss vom 22.1.2007 – 8 W 14/07, FamRZ 2007, 1903 (1903); BeckOK/BGB/*Wendehorst*, § 812, Rn. 112 und Rn. 229.

846 Auch bezüglich der Tilgungsbestimmung der Leistung ist die Rechtsnatur umstritten, vgl. MüKo/BGB/*Schwab*, § 812, Rn. 55. Für die Möglichkeit einer nachträglichen Tilgungsbestimmung: BGH, Urteil vom 17.7.1964 – VI ZR 129/63, NJW 1964, 1898 (1899); BGS, Urteil vom 3.4.2014 – B 2 U 21/12 R, BeckRS 2014, 71128 (71128); OLG Hamm, Urteil vom 9.10.2001 – 21 U 6/01, WM 2002, 451 (455); Scholz/Kleffmann/Doering-Striening/*Kühner*, Teil K, Rn. 706; *Horst Ehmann*, Über den Begriff des rechtlichen Grundes im Sinne des § 812 BGB, NJW 1969, 398 (403); *Stolterfoht*, FamRZ 1971, 341 (347); *Wilhelm Stolte*, Das Wahlrecht bei irrtümlicher Zahlung fremder Schulden – BGH-Urteil vom 15.5.1986 – VII ZR 274/85 –, Jura 1988, 246 (249); dagegen: Prütting/Wegen/Weinreich/*Prütting*, § 812, Rn. 104; *Werner Lorenz*, Gläubiger, Schuldner, Dritte und Bereicherungsausgleich, AcP 168, 286 (312f.); *Roth*, FamRZ 1994, 793 (797); *Wendehorst*, Jura 2004, 505 (511); siehe vertiefend *Werner Lorenz*, Das »Wahlrecht« des Putativschuldners bei irrtümlicher Zahlung fremder Schulden, in: E. Wahl, R. Serick, H. Niederländer (Hrsg.), Rechtsvergleichung und Rechtsvereinheitlichung, Festschrift zum fünfzigjährigen Bestehen des Instituts für ausländisches und internationales Privat- und Wirtschaftsrecht der Universität Heidelberg, 1967, S. 267 (267–283).

847 Liegt ein Fall des Obhutswechsels vor, muss vor rechtskräftiger Scheidung ein Ergänzungspfleger bestellt werden, damit § 1795 Abs. 1 Nr. 1 keine Anwendung finden kann. Nach rechtskräftiger Scheidung oder Eintritt der Volljährigkeit des Kindes hingegen ist ein Ergänzungspfleger nicht mehr notwendig. Die Tilgungsbestimmung kann entweder dem anderen Elternteil als neuem Vertreter oder dem volljährigen Kind gegenüber erklärt werden.

848 Das Hauptargument gegen die Möglichkeit der nachträglichen Tilgungsbestimmung bildet der Bezug zum Insolvenzrecht. Bei der Insolvenz des Unterhaltsgläubigers hätte der Leistende einen ungerechtfertigten Vorteil. Dieser könnte mittels nachträglicher Tilgungsbestimmung den bis dahin bestehenden Unterhaltsanspruch des Unterhaltsberechtigten zum Erlöschen bringen und so die Insolvenzmasse verringern; zugleich würde der Leistende gegen den durch die Leistung bereicherten ursprünglichen Unterhaltsschuldner einen Rückgriffsanspruch erwerben, vgl. noch zur Konkursordnung: *Lorenz*, AcP 168, 286 (314); *Roth*, FamRZ 1994, 793 (794). Zweifelsohne greift dieses Argument nicht, sofern die Tilgung fremder Schuld von vornherein bejaht wird. Dann gehörte der Anspruch auf Unterhaltszahlungen gegen den Echtschuldner (den Unterhaltspflichtigen) nie zur Insolvenzmasse. Zweifelhaft bleibt darüber hinaus der Grund der Änderung. Ganz gleich, welcher Meinung hinsichtlich der Rechtsnatur der Tilgungsbestimmung gefolgt wird, die Vorschriften über Willenserklärungen sind (zumindest entsprechend) anwendbar. Eine Anfechtung kann häufig mangels Anfechtungsgrunds nicht vorgenommen werden. Auch ein Widerruf nach erfolgtem Zugang dürfte abzulehnen sein.

immer ein fremdes Geschäft im Sinne des § 677 geführt wird.[849] Liegen die Voraussetzungen des Aufwendungsersatzanspruchs aus Geschäftsführung ohne Auftrag vor, so wird vorrangig auf diesen Anspruch zurückgegriffen.[850] Wird im Bereicherungsrecht aber eine Möglichkeit gesehen, einen auf den Einzelfall bezogenen gerechten Ausgleich zu schaffen, kann auch die Anwendung dieser Anspruchsgrundlage bejaht werden. In diesem Fall müssen – wie bei der Geschäftsführung ohne Auftrag – aber die Voraussetzungen des § 1613 eingehalten werden.

3. Zwischenergebnis

Die Untersuchung der schuldrechtlichen Normen auf ihre Anwendbarkeit in dem Fall des familienrechtlichen Ausgleichsanspruchs zeigt erneut die fehlerhafte Konstruktion des familienrechtlichen Ausgleichsanspruchs. Dieser war nicht notwendig. Ein Ausgleich wäre auch unter Anwendung der Vorschriften über die Geschäftsführung ohne Auftrag möglich gewesen. Dies zu prüfen, hat der BGH in seiner Grundsatzentscheidung offensichtlich versäumt.[851] Damit kann auch ohne die Prüfung des § 1607 Abs. 2 analog die Schaffung des Rechtsinstituts »familienrechtlicher Ausgleichsanspruch« als obsolet bezeichnet werden.

II. Anwendbarkeit neben § 1607 Abs. 2 BGB analog

Die klassischen Fallkonstellationen des familienrechtlichen Ausgleichsanspruchs lassen sich durch die Ersatzhaftung und den Forderungsübergang analog § 1607 Abs. 2 lösen.[852] Damit besteht für den Leistenden eine Regressmöglichkeit. Schon der Gesetzgeber hat aber erläutert, dass sich ein solcher Regressanspruch

849 Vgl. MüKo/BGB/*Schwab*, § 812, Rn. 373; jurisPK-BGB/*Martinek*, juris PraxisKommentar Band 2 – Schuldrecht, Stand: 11.9.2018, 8. Auflage, 2017, § 812, Rn. 102; HK-BGB/*Wiese*, § 812, Rn. 18; *Dieter Giesen*, Grundsätze der Konfliktlösung im Besonderen Schuldrecht – Die ungerechtfertigte Bereicherung (Teil 2 – Nichtleistungskondiktionen), Jura 1995, 234 (239).

850 Vgl. BGH, Urteil vom 20.7.2011 – XII ZR 149/09, NJW 2012, 523 (526); HK-BGB/*Wiese/Schulze*, § 812, Rn. 18; jurisPK-BGB/*Martinek*, § 812, Rn. 102; *Koppensteiner/Kramer*, S. 103; *Claus-Wilhelm Canaris*, Der Bereicherungsausgleich im Dreipersonenverhältnis, in: G. Paulus, U. Diederichsen, Ders. (Hrsg.), Festschrift für Karl Larenz zum 70. Geburtstag, 1973, S. 799 (844); Prütting/Wegen/Weinreich/*Prütting*, § 812, Rn. 102.

851 Vgl. zu den fehlenden Ausführungen BGH, Urteil vom 9.12.1959 – IV ZR 178/59, FamRZ 1960, 194 (195f.).

852 Siehe dazu die Ausführungen in Kap. 5 II.

(auch) aus den Vorschriften über die Geschäftsführung ohne Auftrag beziehungsweise dem Bereicherungsrecht herleiten lässt.[853] Ob diese noch neben dem von der Zweiten Kommission normierten gesetzlichen Forderungsübergang bestehen, ist nun zu prüfen, um das Vorliegen einer Regelungslücke belegen zu können.[854]

1. Berechtigte Geschäftsführung ohne Auftrag

Der Aufwendungsersatzanspruch aus der berechtigten Geschäftsführung ohne Auftrag wird von einigen Stimmen in der Literatur neben der Legalzession angewendet.[855] Selbst in der Rechtsprechung wurde die Anwendbarkeit mit dem Hinweis bejaht, die Legalzession des § 1607 Abs. 2 sei als ein spezieller Fall der berechtigten Geschäftsführung ohne Auftrag gesondert in das Familienrecht aufgenommen worden.[856] Damit entspricht die Ansicht des LG Bielefeld dem Ergebnis der historisch/genetischen Analyse.[857] Das gleiche Argument wird aber auch gegen die Anwendbarkeit angeführt. Aufgrund der Klassifizierung des Forderungsübergangs als eine Sondervorschrift könne der Aufwendungsersatzanspruch gerade nicht angewendet werden.[858] Diese Meinung stellt das Argument der Erschaffung einer Sondervorschrift in den Vordergrund. Hingegen legt die Ansicht, die sich für die Anwendbarkeit des Aufwendungsersatzanspruchs neben dem übergegangenen Anspruch ausspricht, ihren Schwerpunkt

853 Vgl. Erläuterungen in Kap. 5 II. 1. d. (1)., (2), siehe insbesondere *Mugdan*, Bd. IV, Motive, S. 369 und Protokolle, S. 953.

854 Zum Aufbau der Arbeit siehe die Anmerkungen bei Kap. 5 II. 1.

855 Johannsen/Henrich/*Graba/Maier*, § 1607, Rn. 10; BeckOGK/BGB/*Thole*, § 677, Rn. 66; *Wollschläger*, S. 128f.; *Borzeskowski*, S. 80–82; *Stolterfoht*, FamRZ 1971, 341 (344); *Hegmann*, FamRZ 1973, 435 (438); für die Anwendbarkeit neben der Legalzession gemäß § 1607 III: *Forschner*, FamRZ 2013, 1700 (1701f.); für die Möglichkeit der Anwendung auch *Schims*, S. 103; ebenso *Wittko*, S. 100 (Fn. 482), der (wiederholt) auf die durch die Leistung erfolgte Bedarfsdeckung abstellt. Mit dem Übergang der Unterhaltsforderung auf einen neuen Gläubiger bliebe der Unterhaltsanspruch trotz Bedarfsdeckung bestehen. In der Versorgung des Kindes könne aber dennoch eine Geschäftsführung gesehen werden. Damit schließt er die Anwendbarkeit der Geschäftsfühung ohne Auftrag zwar nicht aus, zeigt aber auch nicht auf, in welchen Fällen er die Anwendbarkeit bejaht.

856 OLG Stuttgart, Urteil vom 15.5.1959 – 4 U 29/59, S. 6f.; vgl. auch LG Bielefeld, Urteil vom 14.6.1972 – 2 S 135/72, NJW 1972, 1864 (1864f.); für diese Sonderform auch *Hoppenz*, FamRZ 1985, 437 (439).

857 Wie bereits gezeigt, hat sich der Forderungsübergang aus der berechtigten Geschäftsführung ohne Auftrag entwickelt. Siehe zur Entwicklung Kap. 5 II. 1. d.

858 So Staudinger/BGB/*Klinkhammer*, § 1607, Rn. 42; Koch/*Wellenhofer*, § 6, Rn. 36.

auf den Umstand, dass es sich um einen Unterfall der Geschäftsführung ohne Auftrag handelt.[859]

Der § 1607 Abs. 2 S. 1 und S. 2 schließt den Aufwendungsersatzanspruch tatbestandlich nicht aus. Dass der Ersatzhaftende unter den Voraussetzungen des § 1607 Abs. 2 S. 1 Leistungen erbringt und hierfür der Anspruch des Unterhaltsberechtigten auf ihn übergeht, hat nicht die Negierung einer Voraussetzung der berechtigten Geschäftsführung ohne Auftrag zur Folge.

Entgegen der Ansicht, der Ersatzhaftende tätige ein eigenes Geschäft,[860] ist die Fremdheit des Geschäfts zu bejahen. Richtig ist, dass mit Vorliegen der Voraussetzungen in § 1607 Abs. 2 S. 1 eine Ersatzpflicht normiert ist. Der Ersatzhaftende leistet aufgrund dieser Pflicht. Daher handelt es sich auch um ein in seinen Pflichtenkreis fallendes Geschäft.

Bei einer Pflicht, aufgrund derer der Geschäftsführer tätig wurde (pflichtgebundener Geschäftsführer), wird die Annahme eines auch-fremden Geschäfts diskutiert.[861] Ein Ausschluss der Geschäftsführung ohne Auftrag findet nur statt, sofern es sich bei den Unterhaltszahlungen um eine vertragliche Pflicht handelt, die der Zahlende selbst eingegangen ist.[862] Von einer solchen Pflicht kann in der zu untersuchenden Fallkonstellation des familienrechtlichen Ausgleichsanspruchs aber nicht die Rede sein. Daher muss die vorliegende Situation von dem klassischen Fall des pflichtgebundenen Geschäftsführers unterschieden werden. Die Annahme des auch-fremden Geschäfts ist beim pflichtgebundenen Geschäftsführer deshalb so problematisch, weil sich dann bereits aus dem Vertrag oder Gesetz rechtliche Beziehungen und Schuldverhältnisse ergeben, die mit den Regelungen der Geschäftsführung ohne Auftrag kollidieren. In der Regel sind die sich daraus ergebenden Rechte und Pflichten schon derart konkret ausgestaltet, dass sich eine Anwendung der – eventuell entgegenstehenden – Regelungen der Geschäftsführung ohne Auftrag verbietet.[863] Einen weiteren, vorrangig Verpflichteten gib es in der klassischen Konstellation des pflichtgebundenen Geschäftsführers nicht.

---

859 Besonders deutlich bei LG Bielefeld, Urteil vom 14.6.1972 – 2 S 135/72, NJW 1972, 1864 (1864f.).

860 So Erman/*Hammermann*, § 1607, Rn. 19; MüKo/BGB/*Schäfer*, § 677, Rn. 61; *Schims*, S. 92; *Kropholler*, FamRZ 1965, 413 (418); *Roth*, FamRZ 1994, 793 (794).

861 MüKo/BGB/*Schäfer*, § 677, Rn. 92f.; BeckOK/BGB/*Gehrlein*, § 677, Rn. 16; kritisch hierzu *Christoph Thole*, Die Geschäftsführung ohne Auftrag auf dem Rückzug – Das Ende des »auch fremden« Geschäfts?, NJW 2010, 1243 (1244f.).

862 Vgl. BeckOGK/BGB/*Thole*, § 677, Rn. 117.

863 BGH, Urteil vom 23.9.1999 – III ZR 322/98, NJW 2000, 72 (73); BGH, Urteil vom 21.10.2003 – X ZR 66/01, NJW-RR 2004, 81 (83); BeckOGK/BGB/Thole, § 677, Rn. 113.

Im vorliegenden Fall jedoch besteht kein Vertrag,[864] sondern eine gesetzliche Pflicht gemäß § 1607 Abs. 2 S. 1, die aber lediglich eine Ersatzhaftung normiert. Der Barunterhaltspflichtige ist weiterhin vorrangig zum Unterhalt verpflichtet. Das bedeutet, dass die Zahlung der Unterhaltsschuld primär zum Pflichtenkreis des Unterhaltspflichtigen zählt. Über diesen Umstand darf bei der Beurteilung nicht hinweggegangen werden. Diese gestufte Verpflichtung wird auch bei der unechten Gesamtschuld berücksichtigt, bei der ein auch-fremdes Geschäft bejaht wird und ebenfalls der Fremdgeschäftsführungswille angenommen werden kann, wobei an diesen hohe Anforderungen – aufgrund der Pflichtgebundenheit – zu stellen sind.[865] Daher ist auch die vorrangige Verpflichtung im Fall des § 1607 Abs. 2 S. 1 in die Beurteilung der Fremdheit des Geschäfts einzubeziehen. Aufgrund der primären Unterhaltspflicht des anderen Elternteils muss die ersatzweise Unterhaltsleistung des Ersatzhaftenden überwiegend dem Pflichtenkreis des primär Verpflichteten zugeordnet werden. Die Unterhaltszahlungen stellen ein auch-fremdes Geschäft dar.

Bezüglich der Frage, ob die übrigen Voraussetzungen vorliegen, wird auf die Argumentation hinsichtlich der Herleitung neben dem familienrechtlichen Ausgleichsanspruch[866] verwiesen. Der Fremdgeschäftsführungswille ist an dieser Stelle ebenso zu bejahen, weil der Ersatzhaftende bewusst und gewollt die dem Anderen vorrangig obliegende Unterhaltspflicht erfüllt hat.

Dieses Ergebnis ist mit der rechtshistorischen Analyse vereinbar. Sowohl die Erste als auch die Zweite Kommission hielt die Vorschriften der Geschäftsführung ohne Auftrag grundsätzlich für anwendbar. Um den Ersatzhaftenden aber stärker zu schützen, schuf die Zweite Kommission den Forderungsübergang. Hätte dies die Nichtanwendbarkeit der Geschäftsführung ohne Auftrag zur Folge haben sollen, wäre der weitergehende Schutzgedanke nicht erreicht worden. Damit kann aus der Sicht des Gesetzgebers der Forderungsübergang nur als zusätzlicher Anspruch geschaffen worden sein.[867]

---

864 Auch aus § 1357 kann keine vertragliche Haftung gelesen werden. So für Ehegatten aber BeckOGK/BGB/*Thole*, § 677, Rn. 117. Zum einen ist die Anwendung nach rechtskräftiger Scheidung ausgeschlossen, zum anderen würde dies der gesamten bisherigen Anwendung der teilschuldnerischen Unterhaltsverpflichtung der Eltern widersprechen.

865 BeckOGK/BGB/*Thole*, § 677, Rn, 116.

866 Siehe Kap. 6 I. 1.

867 So auch OLG Köln, Beschluss vom 24.8.1937 – 4 W 203/37, JW 1937, 3160 (3160).

2. Bereicherungsrecht

Die Herleitung des Anspruchs aus Bereicherungsrecht wird überwiegend – im Ergebnis wohl zu Recht – abgelehnt.[868] Das Hauptargument gegen einen Rückgriffsanspruch bildet die fehlende Vermögensmehrung des vorrangig Unterhaltspflichtigen. Durch die Zahlungen geht der Unterhaltsanspruch auf den Leistenden über, sodass vertreten wird, der Anspruch bleibe erhalten, weshalb der vorrangig Unterhaltspflichtige nicht von seiner Verbindlichkeit befreit worden sei und damit nichts erlangt hätte.[869]

Richtig ist, dass sich der vorrangig Unterhaltspflichtige weiterhin einem Anspruch ausgesetzt sehen muss, welcher zwar nicht mehr vom Unterhaltsgläubiger, aber vom Ersatzhaftenden geltend gemacht werden kann. Insoweit erscheint es richtig, eine Vermögensmehrung abzulehnen. Diese Argumentation ist aber in Anbetracht der Umstände des § 1607 Abs. 2 S. 2 oberflächlich.

Zunächst einmal ist festzustellen, dass zu Lasten des Unterhaltspflichtigen eine Verbindlichkeit gegenüber dem Unterhaltsberechtigten in der Höhe des vom Ersatzhaftenden Geleisteten nicht mehr besteht. Allein deshalb von einer Befreiung von der Verbindlichkeit auszugehen, wäre aber zu ungenau. Dem Ersatzhaftenden steht aus übergegangenem Recht ein Anspruch gegen den vorrangig Verpflichteten zu. Würde es sich bei diesem Anspruch weiterhin um exakt denselben Anspruch handeln – wie es für eine cessio legis grundsätzlich typisch ist -, hat der vorrangig Verpflichtete nichts erlangt. Es würde sich lediglich um einen Austausch der Gläubiger handeln. Wie bereits erläutert, verliert der Anspruch durch den Übergang auf den Ersatzhaftenden seine Rechtsnatur.[870] Es handelt sich nicht mehr um einen Unterhaltsanspruch, sondern um einen Ersatzanspruch, auf den die speziellen Vorschriften nur teilweise anwendbar sind. § 412, der beim gesetzlichen Forderungsübergang zu beachten ist, gilt insoweit nur eingeschränkt.[871] Damit besteht der originäre Unterhaltsanspruch nicht mehr. Folglich fand nicht nur ein Gläubigerwechsel statt. Dementsprechend wurde der vorrangig Unterhaltspflichtige von seiner ursprünglichen Unterhaltspflicht befreit.

868 Büte/Poppen/Menne/*Menne*, §1607, Rn. 6a; MüKo/BGB/*Born*, § 1607, Rn. 24; Jauernig/*Budzikiewscz*, Anm. zu §§ 1606–1608, Rn. 12; Schims, S. 106; *Giesen*, Jura 1995, 234 (239); zur cessio legis allgemein jurisPK-BGB/*Martinek*, § 812, Rn. 102; bezogen auf § 1607 III: Staudinger/BGB/*Lorenz*, Kommentar zum Bürgerlichen Gesetzbuch, Buch 2: Recht der Schuldverhältnisse, §§ 812–822 (Ungerechtfertigte Bereicherung), Neubearbeitung 2007, § 812, Rn. 68.

869 RGRK/*Mutschler*, Bd. IV, 3. Teil, § 1607, Rn. 11; Erman/*Hammermann*, § 1607, Rn. 19; *Martiny*, Bd. 2, S. 1027; bezogen auf § 1607 III: Staudinger/BGB/*Lorenz*, § 812, Rn. 68.

870 Vgl. Kap. 4 III.

871 Siehe zur Anwendbarkeit dieser Vorschriften Kap. 4 III. 1.–6.

Der Anspruch ist aber mit dem gleichen Argument abzulehnen wie bei der Herleitung neben dem familienrechtlichen Ausgleichsanspruch: Die Rückgriffskondiktion wird durch das Vorliegen des Anspruchs aus der berechtigten Geschäftsführung ohne Auftrag verdrängt.[872]

3. Zwischenergebnis

Auch in der Situation des § 1607 Abs. 2 besteht ein Aufwendungsersatzanspruch aus der berechtigten Geschäftsführung ohne Auftrag. Dies hat grundsätzlich zur Folge, dass mit dieser Anwendbarkeit die Herleitung aus § 1607 Abs. 2 mittels einer Analogie nicht notwendig beziehungsweise sogar unmöglich wäre.

Es ist allerdings zu beachten, dass bei der Herleitung des Anspruchs bezüglich Unterhaltszahlungen aus schuldrechtlichen Normen die Grenzen des Unterhaltsrechts einzuhalten sind. Wie auch bei der Herleitung neben dem familienrechtlichen Ausgleichsanspruch ist auch hier ein Aufwendungsersatzanspruch nur unter Berücksichtigung des § 1613 möglich. Damit handelt es sich um einen Anspruch, der sich in dieser Form im geschriebenen Recht nicht wiederfindet. Vielmehr sind auch hier sich nicht unmittelbar aus dem Gesetz ergebende Modifikationen vorzunehmen, weshalb von einer Regelungslücke des Gesetzes gesprochen werden muss.

Des Weiteren handelt es sich bei der Ersatzhaftung nach § 1607 Abs. 2 S. 1 und beim familienrechtlichen Ausgleichsanspruch um derart vergleichbare Sachverhalte, dass sich eine Analogie geradezu aufdrängt. Es ist erheblich naheliegender, bei vergleichbaren Interessenlagen in Fällen desselben speziellen Rechtsgebiets dieselbe Rechtsfolge anzuordnen und damit gleich zu bewerten,[873] als in einer allgemeineren Norm einen Ausgleich zu suchen. Die Frage nach der Anwendbarkeit des § 1613 und anderer spezieller Normen des Unterhaltsrechts ergibt sich bei § 1607 Abs. 2 analog allein aus der Stellung der Norm im Unterhaltsrecht, wohingegen die berechtigte Geschäftsführung ohne Auftrag grundsätzlich keiner unterhaltsrechtlichen Einschränkungen unterliegt. Auch aus Gleichstellungsgesichtspunkten ist eine analoge Anwendung bei einer derartigen Ähnlichkeit der Fälle des § 1607 Abs. 2 und des familienrechtlichen Ausgleichsanspruchs zwingend.[874] Es erscheint nicht angemessen, bei gleichgelagerten Fällen unterschiedliche Rechtsfolgen – einmal cessio legis, einmal Aufwendungsersatz – anzunehmen.

872 Vgl. zur Argumentation Kap. 6 I. 2.
873 So auch *Rüthers/Fischer/Birk*, Rn. 889.
874 Vgl. hierzu auch *Rüthers/Fischer/Birk*, Rn. 889.

Damit muss eine Herleitung des Regressanspruchs aus der berechtigten Geschäftsführung ohne Auftrag verneint werden. Diese wäre höchstens in modifizierter, dem Unterhaltsrecht angepasster Weise möglich, weshalb stattdessen die analoge Anwendung des § 1607 Abs. 2 vorzugswürdig ist.

III. Sonderfall: Herleitung des Kindergeldausgleichs

Der Kindergeldausgleich als Unterfall des familienrechtlichen Ausgleichsanspruchs wurde bereits in seinen möglichen Fallkonstellationen dargestellt.[875] Bei der Überlegung, ob der familienrechtliche Ausgleichsanspruch redundant ist und ein Ausgleich mit Hilfe der vorhandenen Normen erreicht werden kann, muss auch der Kindergeldausgleich als Teil des familienrechtlichen Ausgleichsanspruchs berücksichtigt werden. Hierfür bieten sich die folgenden normierten Ausgleichsmöglichkeiten bezüglich des an einen Elternteil gezahlten Kindergeldes an:

Hinsichtlich des Residenzmodells kann hierzu auf den § 1612 b Abs. 1 S. 1 Nr. 1, S. 2 verwiesen werden. Das Kindergeld wirkt sich bei Auszahlung an den Betreuenden gemäß dem Obhutsprinzip bedarfsmindernd, bei Auszahlung an den barunterhaltspflichtigen Elternteil bedarfserhöhend aus. Insoweit findet ein Ausgleich über den Barunterhalt des Kindes statt. Sofern der Barunterhalt nicht oder nur teilweise gezahlt wird, kann der betreuende Elternteil den rückständigen Kindesunterhalt als Vertreter oder Verfahrensstandschafter geltend machen. Kommt es nun zum Obhutswechsel oder Eintritt der Volljährigkeit, findet ein Ausgleich analog § 1607 Abs. 2 insoweit statt, als dem bisher Betreuenden ein Ausgleichsanspruch gegen den anderen Elternteil in Höhe des rückständigen Kindesunterhalts – gemindert oder erhöht um die Hälfte des Kindergeldes aufgrund des angepassten Barbedarf des Kindes – zusteht. Eines familienrechtlichen Ausgleichsanspruchs bedarf es hier nicht.[876]

Liegt ein Wechselmodell vor, ist zunächst zu beachten, dass das Kindergeld nach § 1612 b Abs. 1 S. 1 Nr. 2, S. 2 in vollem Umfang auf den Barbedarf angerechnet wird. Entgegen dem BGH[877] ist § 1612 b Abs. 1 S. 1 Nr. 1 nicht einschlägig. Denn die Unterhaltspflicht wird nicht von einem Elternteil durch Betreuung und vom anderen Elternteil durch Barunterhalt erfüllt, wie es § 1612 b Abs. 1 S. 1 Nr. 1 vorsieht. § 1612 b Abs. 1 S. 1 Nr. 2 stellt ausdrücklich klar, dass in allen anderen Fällen der Barbedarf um die volle Höhe des Kindergeldes gemindert wird. Damit ergibt sich schon aus dem Wortlaut der Norm eine zwin-

875 Siehe hierzu die Ausführungen in Kap. 2 I. 2.
876 Ebenso *Ruetten*, NZFam 2016, 337 (341).
877 BGH, Beschluss vom 20.4.2016 – XII ZB 45/15, NJW 2016, 1956 (1958).

gende Anwendung des § 1612 b Abs. 1 S. 1 Nr. 2, S. 2. Vor der Unterhaltsrechtsreform und damit der Änderung des § 1612 b wurde bereits vielfach das Wechselmodell diskutiert[878] und war demnach allgemein bekannt. Dass der Gesetzgeber das Wechselmodell nicht kannte und daher bei der Änderung des § 1612 b Abs. 1 nicht regeln konnte, was eine analoge Anwendung des § 1612 b Abs. 1 S. 1 Nr. 1 zur Folge haben könnte, muss folglich verneint werden.[879] Somit muss das Wechselmodell unter § 1612 b Abs. 1 S. 1 Nr. 2 subsumiert werden mit der Folge, dass das gesamte Kindergeld gemäß § 1612 b Abs. 1 S. 2 auf den Barbedarf anzurechnen ist.[880] Die Verteilung erfolgt – wie auch in den übrigen Fällen der Nummer 2 – entsprechend den Quoten. Eine hälftige Teilung des Kindergeldes ohne Anknüpfungspunkt im Gesetz und ohne Berücksichtigung der jeweiligen Barunterhaltsleistungen ist abzulehnen, um die Wertung des § 1612 b Abs. 1 nicht zu umgehen und den besser verdienenden Elternteil nicht schlechter zu stellen. Dieser ist vielmehr entsprechend seinen höheren Barunterhaltsleistungen stärker durch das Kindergeld zu entlasten. Die Betreuung teilen sich die Eltern paritätisch, sodass diese – sich kongruent verhaltenden Leistung – bei der Aufteilung keine Berücksichtigung finden muss beziehungsweise findet.

Mit dem Ergebnis, dass das Kindergeld den Barbedarf mindert, kann der Ausgleich des Kindergeldes ebenso wie beim Residenzmodell ermittelt werden. Derjenige Elternteil, der aufgrund seines höheren Einkommens oder seines größeren Vermögens mehr Barunterhalt leisten muss, hat einen um die entsprechende Quote des Kindergeldes verringerten Betrag zu leisten, sofern der andere Elternteil das Kindergeld bezieht. Bezieht er selbst das Kindergeld, erhöht sich der Bedarf um seine anteilige Quote des Kindergeldes. Wird der Kindesunterhalt von dem anderen Elternteil, welcher eine geringere Barunterhaltspflicht erfüllen muss, geltend gemacht, wird dadurch auch das Kindergeld ausgeglichen.

Die Geltendmachung von Kindesunterhalt im Wechselmodell ist aufgrund des gemeinsamen Sorgerechts problematisch. Eine alleinige Vertretungsbefugnis

878 Vgl. insbesondere *Oelkers/Kasten*, FamRZ 1993, 18 (20); AG Hannover, Beschluss vom 13. 10. 2000 – 608 F 2223/99 SO, FamRZ 2001, 846 (846); OLG Brandenburg, Beschluss vom 11. 4. 2002 – 10 UF 13/02, juris, Rn. 13; OLG München, Beschluss vom 12. 8. 2002 – 26 UF 1103/02, FamRZ 2003, 248 (248 f.); *Harald Vogel*, Anm. zu OLG München, Beschluss vom 12. 8. 2002 – 26 UF 1103/02, FamRZ 2003, 1316 (1316); OLG Dresden, Beschluss vom 3. 6. 2004 – 21 UF 144/04, FamRZ 2005, 125 (125 f.); *Winfried Flemming*, Anm. zu OLG Dreden, Beschluss vom 3. 6. 2004 – 21 UF 144/04, Kind-Prax 2005, 96 (96 f.); AG Freiburg, Urteil vom 28. 10. 2005 – 43 F 217/03, FamRZ 2006, 567 (568).

879 *Jürgen Soyka*, Anm. zum BGH (XII ZB 54/15), FuR 2016, 465 (467); a. A. *Bausch/Gutdeutsch/Seiler*, FamRZ 2012, 258 (259).

880 A.A. *Norbert Maes*, Anm. zu BGH, Beschluss vom 11. 1. 2017 – XII ZB 565/15, jurisPR-FamR, 10/2017, Anm. 2.

oder die Verfahrensstandschaft nach § 1629 Abs. 2 S. 2 besteht mangels alleiniger Obhut nicht. Demnach muss ein Ergänzungspfleger bestellt oder die Befugnis, über unterhaltsrechtliche Fragen alleine zu entscheiden, nach § 1628 einem Elternteil übertragen werden.[881] Der rückständige Kindesunterhalt und damit der Kindergeldausgleich kann folglich auf der Grundlage von anderen Regelungen geltend gemacht werden, der Institution des familienrechtlichen Ausgleichsanspruchs bedarf es hierzu nicht.[882]

Anders verhält es sich bei einer Absprache der Eltern des Inhalts, dass keiner dem anderen Barunterhalt für das Kind zahlen muss. Beide betreuen das Kind und leisten nach ihren Möglichkeiten Barunterhalt, sodass die Unterhaltspflicht gegenüber dem Kind vollständig erfüllt ist. Somit finden keine Zahlungen an den anderen Elternteil statt, mit deren Hilfe – durch die Minderung oder Erhöhung des anteiligen Kindergeldes – ein Ausgleich stattfinden könnte.

In diesem Fall hat der BGH den familienrechtlichen Ausgleichsanspruch angewandt und den isolierten Ausgleich des Kindergeldes vorgenommen, um zu einem gerechten Ergebnis zu kommen.[883] Dass auch in diesem besonderen Fall ein Ausgleich des Kindergeldes stattfinden muss, steht außer Frage. Abzulehnen ist aber der Rückgriff auf den familienrechtlichen Ausgleichsanspruch, dessen Voraussetzungen im vorliegenden Fall nicht einmal geprüft wurden – ob sie erfüllt wären, ist zumindest zweifelhaft.

Ein Ausgleich kann vielmehr auch hier über den Kindesunterhalt erreicht werden. Beide Elternteile leisten an das Kind Barunterhalt, der jedoch um die entsprechende Quote gemindert wird. Damit zahlen beide einen geringeren Barunterhalt und müssen den restlichen Betrag mit dem Kindergeld leisten. Allerdings erhält nur ein Elternteil das Kindergeld. Zahlt dieser den entsprechenden Anteil nicht an den anderen Elternteil oder leistet er einen entsprechend höheren Betrag als im Rahmen seiner Barunterhaltspflicht geschuldet, muss der

881 Siehe zu dieser Problematik insbesondere *Martin Maaß*, FamRZ 2017, 673 (673f., 676); dieses Vorgehen ist derart umständlich, dass sich die Frage nach einer analogen Anwendung des § 1607 Abs. 2 stellt. Im Ergebnis ist dies aber zu verneinen, weil beide Möglichkeiten – Bestellung eines Ergänzungspflegers oder § 1628 – durchaus praktiziert werden (vgl. insbesondere BGH, Urteil vom 21.12.2005 – XII ZR 126/03, FamRZ 2006, 1015 (1016); BGH, Beschluss vom 12.3.2014 – XII ZB 234/13, NJW 2014, 1958 (1959); OLG Köln, Beschluss vom 21.3.2014 – II-4 UF 1/14, FamRZ 2015, 859 (860); OLG Frankfurt, Beschluss vom 17.10.2016 – 6 UF 242/16, FamRZ 2017, 289 (290)) und damit nicht mit einer erheblich erschwerten Rechtsverfolgung gleichzusetzen sind. Im Gegensatz zu der Fallgestaltung des familienrechtlichen Ausgleichsanspruchs dürften die Voraussetzungen für die Bestellung eines Ergänzungspflegers nach § 1909 regelmäßig vorliegen.

882 Zumindest kritisch dem Rückgriff auf den familienrechtlichen Ausgleichsanspruch gegenüber, *Christian Seiler*, Reformbedarf im Sorge-, Umgangs- und Unterhaltsrecht? – Ein Überblick zum unterhaltsrechtlichen Teil des DJT-Gutachtens 2018, FamRZ 2018, 1130 (1133).

883 Vgl. BGH, Beschluss vom 20.4.2016 – XII ZB 45/15, FamRZ 2016, 1053 (1054).

andere Elternteil einen um den Kindergeldanteil erhöhten Barunterhalt leisten, um seine Pflicht vollständig zu erfüllen.[884] Damit zahlt er einen höheren Unterhaltsbetrag an das Kind, als er verpflichtet wäre zu zahlen, während der andere Elternteil einen um das gesamte Kindergeld verringerten Betrag leistet und damit weniger zahlt. Es handelt sich letztendlich wieder um vorgestreckten Kindesunterhalt. Dieser Anspruch kann, wie der übliche rückständige Kindesunterhalt im Wechselmodell, ausgeglichen werden und muss nicht isoliert als familienrechtlicher Ausgleichsanspruch geltend gemacht werden. Möchte der Ausgleichsberechtigte nur einen Ausgleich in Höhe des ihm zustehenden Kindergeldanteils, kann er den Anspruch nur in dieser Höhe geltend machen. Die vorzunehmenden Berechnungen unter Einbeziehung der Einkommens- und Vermögensverhältnisse müssen in jedem Fall – sei es beim familienrechtlichen Ausgleichsanspruch[885] oder beim hier vertretenen Unterhaltsanspruch – erfolgen. Damit ist auch eine »isolierte« Geltendmachung, also lediglich in Höhe des anteiligen Kindergeldes, möglich.

Es handelt sich – gleich bei welcher Fallkonstellation – aufgrund der Bedarfsminderung oder -erhöhung entsprechend dem auszugleichenden Kindergeldanteil immer um die Geltendmachung von Kindesunterhalt.[886] Dieser kann stets geltend gemacht werden, sodass es der Konstruktion des Unterfalls des familienrechtlichen Ausgleichsanspruchs nicht bedarf.

---

884 Angenommen das Kind hat einen Gesamtbedarf von 700 Euro. Abzüglich der Kindergeldes in Höhe von 200 Euro, besteht eine Unterhaltspflicht in Höhe von 500 Euro. Bei einer Quote von 50 % müssten M und F jeweils 250 Euro zuzüglich 100 Euro zahlen. Erhält M das Kindergeld und leitet die Hälfte nicht an F weiter, muss F, um den Gesamtbedarf zu 50 % zu decken, 350 zahlen, sofern M nicht 450 Euro (250 Euro plus das gesamte Kindergeld) zahlt. F leistet daher 100 Euro zu viel.

885 Der BGH konnte den Anteil des Kindergeldes bezüglich der Barunterhaltsleistung mangels genauer Angaben hinsichtlich der Einkommensverhältnisse nicht berechnen und verweist daher selbst auf die wenig praktikable Möglichkeit des isolierten Kindergeldausgleichs, BGH, Beschluss vom 20.4.2016 – XII ZB 45/15, FamRZ 2016, 1053 (1056).

886 Damit ist auch der Sinn und Zweck der Neuregelung im Wege der Unterhaltsrechtsreform, nämlich die Vereinfachung des Kindergeldausgleichs durch den Ausgleich über die Unterhaltsbeträge, erfüllt, vgl. BT-Drs. 16/1830, S. 29. Ebenso OLG Stuttgart, Urteil vom 28.6. 1983 – 17 UF 43/82, FamRZ 1984, 86 (86); *Galinsky*, FPR 2013, 529 (529); *Graba*, Anm. zu BGH, Beschluss vom 20.4.2016 – XII ZB 45/15, NZFam 2016, 842 (843), der sich für diese Lösung ausspricht; im Ergebnis ebenso Schnitzler/*Friederici*, Münchener Anwaltshandbuch Familienrecht, 4. Auflage, 2014, Teil B, § 5, Rn. 70.

IV. Zusammenfassung

Es hat sich gezeigt, dass die Ausgleichsansprüche auch aus anderen Normen hergeleitet werden können. Die Fallgestaltungen, bei denen bisher der familienrechtliche Ausgleichsanspruch angewandt wurde, können – ohne Berücksichtigung des § 1607 Abs. 2 – über die berechtigte Geschäftsführung ohne Auftrag gelöst werden, womit sich die Entbehrlichkeit des Rechtsinstituts offenbart hat. Aber auch bei der analogen Anwendung des § 1607 Abs. 2 ist der Aufwendungsersatzanspruch tatbestandlich gegeben, tritt aber hinter den Forderungsübergang nach § 1607 Abs. 2 S. 2 aufgrund der Spezialität und der größeren Nähe von § 1607 Abs. 2 zur Fallgestaltung des familienrechtlichen Ausgleichsanspruchs zurück. Eines Rückgriffs auf den familienrechtlichen Ausgleichsanspruch bedarf es daher nicht.

Des Weiteren hat sich ebenso der Kindergeldausgleich als Sonderfall des familienrechtlichen Ausgleichsanspruchs als lösbares Problem erwiesen. Das Kindergeld wird stets durch die Verrechnung mit dem Kindesunterhalt, dessen Rückstände der jeweilige Elternteil – gleich welches Betreuungsmodell angewendet wird – geltend machen kann, ausgeglichen.

Damit ist nachgewiesen, dass die für die dargestellten Fallgruppen zum Ausgleich geschaffene Rechtsfigur des »familienrechtlichen Ausgleichsanspruchs« unnötig ist, weil bereits bei sachgerechter Anwendung des geschriebenen Rechts ein Ausgleich möglich ist.

7. Kapitel: Rechtliche Bewertung – kritische Abwägung der verschiedenen Lösungsansätze

Die bisherigen Ausführungen haben die Entstehung und die heutige Ausgestaltung des familienrechtlichen Ausgleichsanspruchs beleuchtet. Darüber hinaus wurde mit Bezug zur historischen Entwicklung die Herleitung des Anspruchs analog § 1607 Abs. 2 ebenso wie aus Geschäftsführung ohne Auftrag und Bereicherungsrecht erläutert. Außerdem wurde der Kindergeldausgleich als Sonderfall des familienrechtlichen Ausgleichsanspruchs durch die Geltendmachung des Kindesunterhalts dargestellt. Damit hat sich die Redundanz des vom BGH geschaffenen Rechtsinstituts »familienrechtlicher Ausgleichsanspruch« offenbart.

Bereits die aufgezeigte fehlende Notwendigkeit eines Rückgriffs auf den familienrechtlichen Ausgleichsanspruch ist Argument genug, die Anwendbarkeit dieser Rechtsfigur abzulehnen. Es ergeben sich allerdings noch weitere Gründe, weshalb die Fälle mit den beleuchteten Konstellationen nicht mehr mit Hilfe des durch Richterrecht geschaffenen Rechtsinstituts des familienrechtlichen Ausgleichsanspruchs, sondern analog § 1607 Abs. 2 gelöst werden sollten. Im Folgenden werden zunächst die Kritikpunkte am familienrechtlichen Ausgleichsanspruch erläutert, sodass im Anschluss daran eine Abwägung der Vor- und Nachteile der hier vertretenen Lösung vorgenommen werden kann.

I. Kritik am familienrechtlichen Ausgleichsanspruch

Dass es sich bei dem familienrechtlichen Ausgleichsanspruchs um ein überflüssiges Rechtsinstitut handelt, wurde umfassend dargestellt.[887] Inwiefern diese Konstruktion des BGH aber darüber hinaus kritisiert und im Ergebnis als fehlerhaft bezeichnet werden muss, klang bisher nur an einigen Stellen an, indem auf Unstimmigkeiten hingewiesen wurde.[888] Nach eingehender Betrachtung

887 Vgl. Kap. 6.
888 Vgl. Kap. 1 II. 2. g., 3., Kap. 3 IV.

muss dieses Institut – abgesehen von der Frage der Notwendigkeit – ausführlich kritisch hinterfragt werden.

1. Kritik an der Entstehung des Anspruchs

Der BGH hatte über einen Ausgleich für Unterhaltszahlungen der Mutter an die Kinder, zu denen der Vater verpflichtet gewesen wäre, zu entscheiden. Weshalb es sich bei dieser Fallkonstellation um einen erstmals zu entscheidenden Tatbestand handelte und damit die bisherige Praxis hinsichtlich eines Regresses für ersatzweise geleisteten Unterhalt nicht weitergeführt werden konnte,[889] legte der BGH nicht dar. Im Urteil wurde lediglich auf die nun geltende Gleichrangigkeit der Unterhaltsverpflichtungen der Eltern aufgrund des Gleichberechtigungsgrundsatzes Bezug genommen. Wieso dies eine Änderung der Praxis zur Folge haben müsse, wurde nicht dargelegt. Allein die Gleichrangigkeit der Unterhaltspflichten kann indes kein Grund für eine Nichtanwendung des § 1607 Abs. 2 beziehungsweise der Geschäftsführung ohne Auftrag sein.

Zum einen spiegelt sich diese Gleichrangigkeit nicht in den Voraussetzungen wider, sondern höchstens in der Begründung, es bedürfe eines gerechten Ausgleichs. Dass dieser Ausgleich durch die bisherige Praxis nicht erreicht werden kann, führte der BGH ebenfalls nicht aus. Die Tatsache an sich – namentlich die Gleichrangigkeit der Unterhaltspflichten von Anspruchsteller und -gegner – wurde nicht für den familienrechtlichen Ausgleichsanspruch vorausgesetzt.

Zum anderen lehnte der BGH die Ansprüche aus Geschäftsführung ohne Auftrag und aus § 1607 Abs. 2 nicht deswegen ab, weil Normen aufgrund des nun geltenden Gleichberechtigungsgrundsatzes nicht anwendbar wären. Die bis dahin gängige Praxis wurde also ohne stichhaltige Begründung aufgegeben und ein neues Rechtsinstitut geschaffen.

Augenscheinlich hat der BGH sich nur oberflächlich und unvollständig mit Anspruchsgrundlagen aus dem Gesetz auseinandergesetzt. Obwohl das OLG Stuttgart in der Vorinstanz noch den Anspruch aus übergegangenem Recht gemäß § 1607 Abs. 2 S. 2 bejaht – aufgrund der Verjährung im Ergebnis aber verneint – hatte und das LG Ulm die Ersatzhaftung ebenfalls angesprochen hatte, erwähnte der BGH diese Voraussetzungen und Rechtsfolgen des § 1607 Abs. 2 mit keinem Wort.[890] Da die Parteien für einen gewissen Zeitraum keine Kenntnis von der Anschrift des Anderen hatten und die Klägerin (auch) für diesen Zeitraum Ausgleich hinsichtlich des ersatzweise geleisteten Unterhalts verlangte, hätten sich eine Prüfung und die Anwendung des § 1607 Abs. 2 geradezu auf-

889 Zu der bisherigen Praxis siehe Kap. 5 II. 1. d. (5)., (6).
890 Vgl. BGH, Urteil vom 9. 12. 1959 – IV ZR 178/59, FamRZ 1960, 194 (195f.).

gedrängt. Ob es sich hierbei um ein Versehen handelte oder der BGH den Anspruch als derart abwegig und damit nicht erwähnenswert hielt, kann heute nicht mehr nachvollzogen werden.[891]

Aber auch die Ansprüche aus den ansonsten in Betracht kommenden Normen aus Geschäftsführung ohne Auftrag und Bereicherungsrecht wurden nicht geprüft. Der bereicherungsrechtliche Anspruch wurde gänzlich ausgelassen, wohingegen der Aufwendungsersatzanspruch zumindest als fraglich bezeichnet wurde.[892]

Es zeigt sich aber noch ein weiterer, eklatanter Mangel bei der Entstehung des familienrechtlichen Ausgleichsanspruchs: Aus dem Grundsatzurteil lassen sich weder konkret definierte Voraussetzungen noch eine präzise formulierte Rechtsfolge herauslesen. Die Aussage, die Erfüllung einer dem Anderen obliegenden Pflicht sei offensichtlich gegeben, wird zwar in späteren Urteilen zu einer Voraussetzung des familienrechtlichen Ausgleichsanspruchs.[893] Allerdings ergibt sich dies nicht eindeutig aus dem Grundsatzurteil. Bezüglich der Rechtsfolge wird nur der gerechte Ausgleich erwähnt, der hinsichtlich der ersetzbaren Unterhaltsarten und der Höhe des Anspruchs jedoch vage ist.[894] Ein allgemeingültiger Ausgleichsanspruch, dessen Voraussetzungen und Rechtsfolge sich für jeden ergeben, wurde demnach nicht geschaffen. Dies mutet eher wie eine Einzelfallrechtsprechung an, deren Grundidee – der Ausgleich für ersatzweise geleistete Unterhaltszahlungen – durchaus angemessen ist, deren Umsetzung durch das Grundsatzurteil aber fehl geht.

Auch an dem bei der Entstehung entstandenen Namen muss Kritik geübt werden. Mit der Bezeichnung »familienrechtlicher Ausgleichsanspruch« werden auch andere Ansprüche, die sich nicht auf Kindesunterhalt oder Kindergeld beziehen, beschrieben.[895] Warum eine derartige begriffliche Überschneidung, trotz der inhaltlichen Divergenz, nicht vermieden werden konnte, ist unverständlich. Mithin ist allein die Entstehung des familienrechtlichen Ausgleichsanspruchs nur schwer nachzuvollziehen.

---

891 Zumindest später zog der BGH den Anspruch aus § 1607 Abs. 2 für einen Regress hinsichtlich rückständigen Unterhalts in Betracht, vgl. BGH, Urteil vom 26.6.1968 – IV ZR 601/68, NJW 1968, 1780 (1781).

892 BGH, Urteil vom 9.12.1959 – IV ZR 178/59, FamRZ 1960, 194 (195).

893 BGH, Urteil vom 20.5.1981 – IVb ZR 558/80, NJW 1981, 2348 (2349); BGH, Urteil vom 9.5.1984 – IVb ZR 84/82, FamRZ 1984, 775 (776); BGH, Urteil vom 25.5.1994 – XII ZR 78/93, NJW 1994, 2234 (2234).

894 BGH, Urteil vom 9.12.1959 – IV ZR 178/59, FamRZ 1960, 194 (195).

895 Siehe zu den anderen, gleichnamigen Ansprüchen Kap. 2 V.

2. Kritik an der aktuellen Ausgestaltung

Auch bei der heutigen Ausgestaltung des familienrechtlichen Ausgleichsanspruchs ist in Bezug auf die Voraussetzungen und die Rechtsfolge Einiges zu beanstanden.

Zunächst ist die Voraussetzung dieses Ausgleichsanspruchs, dass der Antragssteller bei der Leistung die Absicht gehabt haben muss, vom Anderen Ersatz zu verlangen,[896] kritisch. Sinn und Zweck dieser Voraussetzung ist, dass freiwillige, überobligatorische Leistungen nicht mit Hilfe des Ausgleichsanspruchs ersetzt verlangt werden können. Dem ist dem Grunde nach auch zuzustimmen. Denn der familienrechtliche Ausgleichsanspruch soll nicht dazu missbraucht werden, getätigte Schenkungen zurückverlangen zu können. Allerdings stellt der BGH noch höhere Anforderungen an diese Voraussetzung, indem er die Vermutung des § 1360 b heranzieht, dass diese Absicht nicht vorlag. Damit wurde eine weitere Hürde für die Geltendmachung des familienrechtlichen Ausgleichsanspruchs geschaffen. Der Anspruchsteller muss folglich diese Vermutung widerlegen. Selbst dem BGH scheint die Größe dieses Erschwernisses bewusst zu sein, wenn er an die Widerlegung der Vermutung keine hohen Anforderungen stellt. Damit revidiert er im Prinzip die vorgenommene Beschränkung und belässt es bei dem ursprünglichen Sinn, überobligatorische Leistungen auszuschließen. Die Anwendung des § 1360 b lässt sich allenfalls damit rechtfertigen, dass die Vermutung in den allgemeinen Wirkungen der Ehe normiert ist und damit für die Dauer der Ehe Geltung hat. Ab der Rechtskraft der Scheidung ist §1360 b jedoch nicht mehr anzuwenden, sodass der Anwendungsbereich dieser Voraussetzung gering ist. Im Übrigen handelt es sich bei dieser Voraussetzung um eine intrinsische Motivation des Antragstellers. Für diesen ist es schwer darzulegen und zu beweisen, ob und inwieweit er bei der Leistung die Absicht hatte, Ersatz zu verlangen. Gerade wenn bei getrennt lebenden Elternteilen – ob geschieden oder nicht –, einer seiner Unterhaltspflicht dem gemeinsamen Kind gegenüber nicht nachkommt, ist es aus allgemeiner Lebenserfahrung nachvollziehbar, dass für diese ersatzweisen Unterhaltsleistungen Ersatz verlangt werden sollte. Demnach scheint die Voraussetzung für den familienrechtlichen Ausgleichsanspruch fehlkonstruiert zu sein. Ein »einfacher« Ausschluss überobligatorischer Leistungen wäre sinnvoller gewesen.

Auch die Voraussetzung, es müsse sich bei der Leistung des Antragstellers um eine dem Anderen obliegenden Pflicht handeln, wirft Fragen auf. Dem ist insoweit zuzustimmen, als dass eine auf eine eigene Verpflichtung bezogene Leistung nicht ersetzt werden kann. Unverständlich ist aber die häufig vertretene Auffassung, es müsse zwar eine dem Anderen obliegende Pflicht übernommen

896 Zu dieser Voraussetzung siehe die Ausführungen Kap. 2 II. 2.

worden sein, eine Erfüllung dieser Pflicht sei aber zu verneinen.[897] Damit ist dem Grunde nach der Voraussetzung zuzustimmen. Der Inhalt hingegen ist nicht genau geklärt, was erneut auf die Oberflächlichkeit des Grundsatzurteils hindeutet.

Drüber hinaus muss die Rechtsfolge, die sich im Laufe der Jahre herausgebildet hat, in zweierlei Hinsicht kritisiert werden:

Erstens besteht seit dem Urteil vor rund 60 Jahren noch immer kein Konsens bezüglich der Höhe des Ausgleichsanspruchs.[898] Ob bei der Berechnung für die Höhe des Anspruchs das Einkommen des Antragstellers oder -gegners maßgeblich ist, wird uneinheitlich beurteilt.[899] Dies ist ein unhaltbarer Zustand. Aus Gründen der Rechtssicherheit und -einheit darf es keinen Unterschied machen, in welchem Oberlandesgerichtsbezirk der familienrechtliche Ausgleichsanspruch geltend gemacht wird. Für beide Ansichten – die einschränkenden Untermeinungen außer Acht gelassen – können überzeugende Gründe angeführt werden. Eine einheitliche Rechtsprechung ist diesbezüglich wünschenswert. Die unterschiedlichen Meinungen resultieren aus der insoweit unzureichenden Begründung des Grundsatzurteils, in welchem sich der BGH hinsichtlich der Höhe des Ausgleichsanspruchs nicht geäußert hatte.

Zweitens ist die Ansicht des BGH, Betreuungsleistungen nicht mittels des familienrechtlichen Ausgleichsanspruchs zu ersetzen, nur schwer nachvollziehbar.[900] Bei der Entwicklung dieses Anspruchs betonte der BGH die Notwendigkeit, die Unterhaltslast der Eltern gerecht zu verteilen.[901] Dennoch versäumte es der BGH, einen Ausgleichsanspruch zu entwickeln, der die Gleichwertigkeit von Bar- und Betreuungsleistungen – die auch gesetzlich in § 1606 Abs. 3 S. 2 verankert ist – berücksichtigt. Mit der Schaffung eines Ausgleichs lediglich für Barunterhalt verfehlte der BGH sein selbst gestecktes Ziel, einen gerechten Ausgleich im Innenverhältnis zu schaffen. Weshalb soll die Pflege und Erziehung des Kindes der Zahlung von Barunterhalt gleichwertig gegenüberstehen, ein Ausgleich für die ersatzweise Betreuung aber nicht zugesprochen werden? Der Hinweis auf § 1612 Abs. 2 S. 1, der die Entrichtung des Unterhalts auf eine Geldrente beschränkt, ist auf minderjährige Kinder nur bedingt anwendbar, vgl.

897 Mit dieser Argumentation wird (unter anderem) die Fremdheit des Geschäfts und damit der Aufwendungsersatzanspruch aus der berechtigten Geschäftsführung ohne Auftrag, ebenso wie das Freiwerden einer Verbindlichkeit und folglich der Anspruch aus der Rückgriffskondiktion abgelehnt. Siehe dazu Kap. 6 I. 1. und 2.

898 Zu den dezidierten Meinungen siehe Kap. 2 IV. 2.

899 Vgl. zu den verschiedenen Ansätzen Kap. 2 IV. 2.

900 Vergleiche hierzu die Ausführungen in Kap. 2 IV. 1., bei denen auch andere Meinungen in Literatur und Rechtsprechung erläutert wurden.

901 BGH, Urteil vom 9.12.1959 – IV ZR 178/59, FamRZ 1960, 194 (195); so auch BGH, Urteil vom 9.12.1987 – IVb ZR 5/87, FamRZ 1988, 268 (269).

§ 1612 Abs. 2 S. 1, sodass auch Betreuungsleistungen erbracht werden können.[902] Die ersatzweise Betreuung sollte in gleichem Umfang wie die Zahlung einer Geldrente gewürdigt und dementsprechend ausgeglichen werden, zumal die Monetarisierung von Betreuungsleistungen dem BGH nicht grundsätzlich fremd ist.

Außerdem wurde eine weiterer Fall, der Kindergeldausgleich, mit Hilfe des familienrechtlichen Ausgleichsanspruchs gelöst, der keine großen Schnittstellen zu dem eigentlichen Anspruch hat. Auch hier verfolgt der BGH den Zweck, einen angemessenen Ausgleich im Innenverhältnis zu schaffen. Damit zeigt sich durchaus ein Bezug zum Ausgleichsanspruch. Allerdings werden bei diesem Sonderfall die beiden zum familienrechtlichen Ausgleichsanspruch entwickelten Voraussetzungen nicht geprüft, sodass von einem Unterfall des Ausgleichsanspruchs im Grunde nicht gesprochen werden kann. Auch die Einschränkung des § 1613 Abs. 1, der der heutige familienrechtliche Ausgleichsanspruch stets unterliegt, passt nicht, weil es sich nicht um Unterhalt für die Vergangenheit handelt, sondern um eine vorweggenommene Steuervergütung, die im Rahmen des § 1612 b auf den Barbedarf des Kindes angerechnet wird. Dennoch wird bei Geltendmachung des Kindergeldausgleichs im Wege des familienrechtlichen Ausgleichsanspruchs das Vorliegen einer Mahnung oder einer Inverzugsetzung nach § 1613 Abs. 1 geprüft.[903] Aber auch die Rechtsfolge scheint nicht zu passen, weil ersatzweise Leistungen in diesem besonderen Fall nicht ausgeglichen werden. Ebenso wird nicht an das Einkommen des Anspruchstellers oder -gegners angeknüpft, sondern ein anteiliger Ausgleich vorgenommen. Dass diese Konstruktion nicht mit der Situation der Hauptanwendungsfälle des familienrechtlichen Ausgleichsanspruchs vergleichbar, sondern auch überflüssig ist, wurde bereits erörtert.[904]

Somit zeigen sich auch in der heutigen Ausgestaltung des familienrechtlichen Ausgleichsanspruchs Kritikpunkte, die zum Teil durch die fehlerhafte Konstruktion des Rechtsinstituts entstehen konnten beziehungsweise entstanden sind.

902 Vgl. hierzu auch Johannsen/Henrich/*Graba/Maier*, § 1612, Rn. 3.
903 Vgl. BGH, Beschluss vom 20.4.2016 – XII ZB 45/15, FamRZ 2016, 1053 (1056f.).
904 Siehe zur Ausgleichsmöglichkeit Kap. 6 III.; zu den allgemeinen Ausführungen zum Kindergeldausgleich Kap. 2 I. 2.

3. Kritik an der Durchsetzbarkeit des Anspruchs

Auf der Ebene der Durchsetzbarkeit führt der familienrechtliche Ausgleichsanspruch ebenfalls zu Problemen. Zunächst ist hierbei auf die Schwierigkeit hinsichtlich der Konkurrenz zum Kindesunterhalt hinzuweisen. Der familienrechtliche Ausgleichsanspruch ist zwar ein eigenständiger Ersatzanspruch, nach wirtschaftlicher Betrachtungsweise beinhaltet er aber den rückständigen Kindesunterhaltsanspruch. Dieser kann unter gewissen Umständen weiterhin geltend gemacht werden. Dass der Unterhaltspflichtige nicht mehrmals leisten muss, ist unumstritten. Gleichwohl werden für die Lösung dieses Konkurrenzproblems verschiedene Möglichkeiten vorgeschlagen.[905] Eine einheitliche Rechtsprechung existiert auch hier nicht.

Ein weiterer Kritikpunkt bezieht sich auf das Verhältnis zu den schuldrechtlichen Anspruchsgrundlagen aus Geschäftsführung ohne Auftrag und Bereicherungsrecht. Insbesondere der Aufwendungsersatzanspruch kann neben dem familienrechtlichen Ausgleichsanspruch bestehen. Dass sich hieraus die mangelnde Notwendigkeit des familienrechtlichen Ausgleichsanspruchs ergibt, wurde schon erläutert.[906] Darüber hinaus offenbart sich mit diesem Punkt noch eine weitere Schwachstelle des Rechtsinstituts: die langjährige diesbezügliche Diskussion. Der BGH hat in seinem Grundsatzurteil nicht ausdrückliche Stellung bezogen, sondern das Vorliegen des Aufwendungsersatzanspruchs aus der Geschäftsführung ohne Auftrag lediglich als fraglich bezeichnet.[907] Im weiteren Verlauf der Entwicklung des Anspruchs wurde die Frage nach der Anwendbarkeit schuldrechtlicher Ansprüche neben dem familienrechtlichen Ausgleichsanspruch wiederholt aufgegriffen und mehrheitlich abgelehnt.[908] Die Ablehnung erfolgte häufig mit dem Argument, dass bei der Annahme der Voraussetzungen – sei es aus der berechtigten Geschäftsführung ohne Auftrag, sei es aus der Rückgriffskondiktion – die Voraussetzungen des familienrechtlichen Ausgleichsanspruchs nicht mehr vorliegen würden. Weiter wird angeführt, dass die Voraussetzungen des familienrechtlichen Ausgleichsanspruchs jedoch vorliegen müssten, um einen gerechten Ausgleich zu schaffen. Diese Argumentation ist ein Zirkelschluss. Würden die Voraussetzungen der Geschäftsführung bejaht und somit – zumindest auf der Grundlage dieser Argumentation – der familienrechtliche Ausgleich verneint, könnte mit dem Aufwendungsersatzanspruch ebenso ein gerechter Ausgleich erfolgen.[909] Das Rechtsinstitut des familienrechtlichen Ausgleichsanspruchs hat aufgrund der unzureichenden Stellung-

905 Zu diesem Problem und den verschiedenen Lösungsansätzen siehe Kap. 3 I. 1.–4.
906 Siehe zusammenfassend Kap. 6 I. 3.
907 Vgl. BGH, Urteil vom 9.12.1959 – IV ZR 178/59, FamRZ 1960, 194 (195).
908 Siehe zu den einzelnen Ansichten Kap. 6 I. 1.
909 Siehe ebenfalls zu diesem Kritikpunkt die Ausführungen entgegen Born Kap 4 I. 1.

nahme des BGH zu den schuldrechtlichen Ansprüchen einen weiteren Anlass zur Diskussion gegeben, welche nicht nur hätte vermieden werden können, sondern auch inhaltlich angreifbar ist.

Aber dies sind nicht die einzigen problematischen Punkte, die sich bei der Durchsetzbarkeit des Anspruchs stellen. Gerade in Hinblick auf die verfahrensrechtlichen Möglichkeiten des Antragstellers werden vielfältige Meinungen vertreten. Insbesondere bezüglich der Geltendmachung während des laufenden Unterhaltsprozesses werden unterschiedlichste Ansichten vertreten.[910] Erneut offenbart sich, dass hinsichtlich des familienrechtlichen Ausgleichsanspruchs keine einheitliche Rechtsprechung[911] und somit auch keine Rechtssicherheit existiert. Ebenso wie bei der Berechnung der Höhe des Anspruchs sind auch hier oberlandesgerichtliche Unterschiede auszumachen, die Rückschlüsse auf die fehlerhafte Konstruktion des Ausgleichsanspruchs zulassen.

Ein weiteres Problem wird bei einem bestehenden Titel gegen den Barunterhaltspflichtigen deutlich. Wechselt das Kind in die Obhut des Barunterhaltspflichtigen, besteht der Titel weiter. Damit leistet der Barunterhaltspflichtige Betreuungsunterhalt und ist aufgrund des gegen ihn bestehenden Titels auch weiterhin zu Barunterhaltsleistungen verpflichtet. In diesem Fall zeigt sich einmal mehr, dass die Ansicht des BGH, der Ersatz von Betreuungsleistungen mit Hilfe des familienrechtlichen Ausgleichsanspruchs sei ausgeschlossen, nicht nachvollziehbar ist. Könnten Betreuungsleistungen ausgeglichen werden, so könnte der Barunterhaltspflichtige, der das Kind nun pflegt und erzieht, hierfür einen Ausgleich gegen den anderen Elternteil geltend machen. Dies lehnt der BGH jedoch ab.[912] Dem Ausgleich der Barleistungen steht nach dieser Auffassung grundsätzlich der Titel entgegen, was zur Folge hat, dass es sich insoweit nicht um eine dem Anderen obliegende Pflicht handelt. Damit fehlt nach dieser Ansicht eine Voraussetzung des familienrechtlichen Ausgleichsanspruchs, sodass eine Abänderungsklage notwendig wird. Der Zweck des familienrechtlichen Ausgleichsanspruchs, einen gerechten Ausgleich zu schaffen, wird verfehlt, weshalb der Kunstgriff, die Rechtskraft des Titels durch Änderung der Umstände entfallen zu lassen, Abhilfe schafft.[913] Dies mag im Ergebnis einen gerechteren

910 Zu den Ansichten, ob eine Erledigungserklärung, die Bereitstellung eines Ergänzungspflegers oder die Geltendmachung des familienrechtlichen Ausgleichsanspruchs möglich ist, siehe Kap. 3 II. 2.

911 Vgl. als Beispiel die entgegengesetzte Rechtsprechung des OLG Frankfurt, Urteil vom 6.2. 2007 – 3 UF 67/05, FamRZ 2007, 909 (909) und des OLG Koblenz, Urteil vom 3.7.1997 – 11 UF 1266/94, FamRZ 1998, 173 (173) zu der Rechtsprechung des OLG Rostock, Urteil vom 26.11. 2002 – 10 UF 301/01, FamRZ 2003, 933 (933).

912 Vgl. hierzu die detaillierteren Ausführungen in Kap. 2 IV. 1. und Kap. 3 III. 2.

913 Siehe Kap. 3 III. 2.

Ausgleich schaffen, wäre aber nicht notwendig, hätte der BGH den Ausgleichsanspruch dogmatisch besser durchdacht.

4. Zwischenergebnis

Der vom BGH geschaffene familienrechtliche Ausgleichsanspruch ist damit nicht nur überflüssig, sondern gibt Anlass zu mehreren Kritikpunkten, die ihren Ausgangspunkt in dem nur oberflächlich und unzureichend begründeten Grundsatzurteil haben. Insbesondere die unterschiedlichen rechtlichen Bewertungen der einzelnen Oberlandesgerichte und die damit fehlende Einheit der Rechtsprechung zeugen von einer unzulänglichen Konstruktion.

Trotz der Kritik muss dem familienrechtlichen Ausgleichsanspruch zugutegehalten werden, dass das Ziel, einen gerechten Ausgleich bei ersatzweise geleistetem Unterhalt zu finden, wünschenswert ist.

Die Herleitung eines solchen Anspruchs aus der analogen Anwendung des § 1607 Abs. 2 wurde zwar bereits erläutert, jedoch könnte dieser Anspruch ebenfalls zu kritisieren sein. Im Folgenden werden die Vor- und Nachteile der aufgezeigten Lösungsansätze dargestellt, um feststellen zu können, ob die Ansätze praktikabel sind und im Vergleich zum familienrechtlichen Ausgleichsanspruch den angemesseneren Ausgleich bieten.

II. Nach- und Vorteile der aufgezeigten Lösungsansätze

Folglich müssen nun die Nach- und Vorteile des Ausgleichs analog § 1607 Abs. 2 als grundsätzlicher Lösungsansatz für die Fallkonstellation des familienrechtlichen Ausgleichsanspruchs und hinsichtlich des Kindergeldausgleichs als Sonderfall der Ausgleich über den Kindesunterhalt beleuchtet werden.

1. Nachteile der analogen Anwendung des § 1607 Abs. 2 BGB

Ebenso wie der familienrechtliche Ausgleichsanspruch birgt die Herleitung des Anspruchs analog § 1607 Abs. 2 Nachteile, die nun genauer zu untersuchen sind. Darüber hinaus werden auch mögliche Kritikpunkte an der Lösungsmöglichkeit hinsichtlich des Kindergeldausgleichs dargestellt.

a. Vermutung des § 1360 b BGB

Zunächst ist bei dem analog § 1607 Abs. 2 S. 2 übergegangenen Anspruch für die Zeit vor einer rechtskräftigen Scheidung die Vermutung des § 1360 b zu widerlegen. Aufgrund der Wirkung der Norm für die Ehe im Allgemeinen muss die Vermutung bei dem während der bestehenden Ehe ersatzweise geleisteten Unterhalt widerlegt werden.[914] Diese Anforderung wurde ebenso beim familienrechtlichen Ausgleichsanspruch kritisiert. Damit zeigt sich bei dem vorgeschlagenen Lösungsweg über § 1607 Abs. 2 ein Nachteil, dem sich der Antragsteller aber auch beim familienrechtlichen Ausgleichsanspruch ausgesetzt sieht. Insoweit handelt es sich bei der Anwendung des § 1360 b zwar um einen Kritikpunkt, der jedoch keine Verschlechterung für den Antragsteller und keine unangemessene Besserstellung des Antragsgegners mit sich bringt. Außerdem ist für die Dauer der Ehe eine solche Vermutung nicht gänzlich fernliegend, sodass für diesen Zeitraum eine Widerlegung der Vermutung durchaus angemessen scheint.

b. Problem bei bestehendem Unterhaltstitel

Als weiterer Nachteil bei der Herleitung des Anspruchs aus der analogen Anwendung des § 1607 Abs. 2 muss die Situation im Fall einer bereits titulierten Unterhaltspflicht bewertet werden. Grundsätzlich macht es für die Anwendung des § 1607 Abs. 2 keinen Unterschied, ob gegen den Barunterhaltspflichtigen, der seiner Pflicht nicht nachkommt, bereits eine Barunterhaltspflicht tituliert wurde oder nicht. Sofern eine Barunterhaltspflicht besteht, der betroffene Elternteil dieser aber nicht nachkommt, ein Hindernis bei der Durchsetzbarkeit des Kindesunterhalts bestand und der andere Elternteil ersatzweise geleistet hat, liegen die Voraussetzungen des § 1607 Abs. 2 S. 1 vor, und der Anspruch geht auf den Ersatzhaftenden gemäß – beziehungsweise für die Fallkonstellation des familienrechtlichen Ausgleichsanspruchs analog – § 1607 Abs. 2 S. 2 über. Wechselt das Kind im Fall einer titulierten Barunterhaltspflicht in die Obhut des Titelschuldners, so trägt dieser Elternteil nicht nur die Pflege- und Erziehungsleistung, sondern muss – wegen des gegen ihn bestehenden Titels – zusätzlich den Barunterhalt leisten. Insoweit kann also die gleiche nachteilige Situation wie beim Rückgriff auf die Rechtsfigur des familienrechtlichen Ausgleichsanspruchs entstehen. Um hier die Möglichkeit eines Regressanspruchs in Bezug auf den geleisteten Barunterhalt gegen den anderen Elternteil zu eröffnen, muss daher auch in diesem Fall entweder eine Abänderungsklage angestrengt werden oder – wie dies der BGH in Bezug auf den familienrechtlichen Ausgleichsanspruch

914 Zu der umfassenden Erläuterung siehe Kap. 4 III. 1.

annimmt – dem Titel auf Grund der geänderten Umstände die Rechtskraft abgesprochen werden. Wird die Ansicht vertreten, dass die veränderten tatsächlichen Umstände zu einem Verlust der Rechtskraft des Titels führen, muss dementsprechend bei der (analogen) Anwendung des § 1607 Abs. 2 ein solcher Verlust ebenso angenommen werden. Daher wäre auch bei § 1607 Abs. 2 auf diesen Kunstgriff zurückzukommen, um zu vermeiden, dass eine Abänderungsklage abgewartet werden muss, bis Ersatz für geleisteten Barunterhalt verlangt werden kann.[915]

c. Beschränkter Anwendungsbereich des § 1613 Abs. 1 BGB

Für den Schuldner ergibt sich bei dem Lösungsansatz über § 1607 Abs. 2 ein weiterer erheblicher Nachteil. Die in § 1613 Abs.1 vorgesehenen Beschränkungen für die Geltendmachung von Unterhalt für die Vergangenheit finden nur eingeschränkt Anwendung. Lediglich für den Fall, dass der Schuldner sich nicht bewusst der Unterhaltsverpflichtung entzogen hat, müssen die Voraussetzungen des § 1613 Abs. 1 vorliegen. Darüber hinaus ist bei einem derartigen Hindernis hinsichtlich der Durchsetzbarkeit des Anspruchs auch an die Ausnahmen des § 1613 Abs. 2 Nr. 2 zu denken.[916] Dies stellt einen Einschnitt in den Schuldnerschutz dar. Im Gegensatz zum familienrechtlichen Ausgleichsanspruch, bei dem der § 1613 Abs. 1 stets zu beachten ist, wird der Schuldner durch den hier vertretenen Lösungsansatz weniger geschützt.

d. Durchsetzbarkeit während des laufenden Unterhaltsprozesses

Wird der rückständige Kindesunterhalt gerade geltend gemacht und wechselt dann das Kind in die Obhut des anderen Elternteils oder wird es volljährig, stellt dies ein prozessuales Hindernis dar, welches die Annahme einer analogen Anwendung des § 1607 Abs. 2 rechtfertigt. In diesem Fall stellen sich die gleichen verfahrensrechtlichen Fragen wie beim familienrechtlichen Ausgleichsanspruch. Dem bisher als Vertreter oder Verfahrensstandschafter auftretenden Elternteil fehlt nun die Befugnis zu weiteren Verfahrenshandlungen. Ob er die Klage trotzdem für erledigt erklären oder zurücknehmen kann, ist fraglich.[917] Wirtschaftlich gesehen handelt es sich zwar auch im Fall des § 1607 Abs. 2 um

915 Diese Situation kann bei § 1607 Abs. 2 auch auf andere Weise gelöst werden. Inwieweit sich dies vom familienrechtlichen Ausgleichsanspruch unterscheidet und weshalb die Lösung analog § 1607 Abs. 2 einen erheblichen Vorteil birgt, wird später eingehend erläutert, vgl. Kap. 7 II. 2.

916 Zu den verschiedenen Meinungen hinsichtlich der Anwendbarkeit des § 1613 im Rahmen des § 1607 Abs. 2 siehe Kap. 4 III. 2.

917 Zu den einzelnen Möglichkeiten prozessualer Handlungen siehe Kap. 3 II. 2.

rückständigen Kindesunterhalt, der Anspruch verliert jedoch seine Rechtsnatur als Unterhaltsanspruch und wird – ebenso wie der familienrechtliche Ausgleichsanspruch – zu einem eigenständigen Ersatzanspruch. Ob eine Klageänderung dahin möglich ist, dass nun dieser Ersatzanspruch geltend gemacht wird, ist umstritten. Diese verfahrensrechtlichen Schwierigkeiten ergeben sich ebenso bei der analogen Anwendung des § 1607 Abs. 2.

e. Anspruchskonkurrenz

Außerdem stellt sich – wie beim familienrechtlichen Ausgleichsanspruch – die Frage hinsichtlich der Anwendbarkeit schuldrechtlicher Normen. Erfolgt ein Forderungsübergang nach § 1607 Abs. 2 S. 2, ist ebenfalls umstritten, ob die Ansprüche aus Geschäftsführung ohne Auftrag und Bereicherungsrecht anwendbar sind.[918] Bei dem aufgezeigten Lösungsansatz ist daher grundsätzlich der Streit bezüglich der Herleitung des Ausgleichs aus schuldrechtlichen Ansprüchen ebenso als nachteilig anzusehen. Allerdings hat dieser Streit in den untersuchten Fallkonstellationen kaum Relevanz, weil hier die analoge Anwendung vorzugswürdig ist und die schuldrechtlichen Ansprüche den speziellen Umständen – zumindest ohne gewisse Modifizierungen – nicht gerecht werden.[919]

f. Zwischenergebnis

Damit zeigen sich mehrere Nachteile, die sich bei der analogen Anwendung des § 1607 Abs. 2 ergeben. Sowohl die Widerlegung der Vermutung nach § 1360 b, als auch die Problematik, die sich bei einer bereits titulierten Barunterhaltsverpflichtung ergeben kann, sowie die verfahrensrechtlichen Fragen während des laufenden Unterhaltsverfahrens sind ebenfalls bei der Anwendung des familienrechtlichen Ausgleichsanspruchs zu beachten. Der Nachteil bei dem Lösungsansatz für den Kindergeldausgleich besteht in gleicher Weise bei dem vom BGH entwickelten Rechtsinstitut. Die Entwicklung dieses Rechtsinstituts kann folglich auch nicht dadurch gerechtfertigt werden, dass der Anspruch zwar grundsätzlich überflüssig ist, gleichwohl aber für die Vermeidung sich bei Anwendung des geschriebenen Rechts ergebender erheblicher Nachteile unverzichtbar war.

Im Übrigen ist – bezogen auf den Lösungsansatz hinsichtlich des Kindergeldausgleichs – auf das Erfordernis hinzuweisen, dass die Einkommens- und Vermögensverhältnisse darlegt werden müssen. Wird das anteilige Kindergeld über die Geltendmachung des Kinderunterhalts ausgeglichen, müssen die Haf-

918 Siehe dazu Kap. 6 II.
919 Die umfassende Argumentation hinsichtlich dieses Problems wird in Kap. 6 II. 3. dargestellt.

tungsanteile berechnet werden können, um die jeweilige Quote gemäß § 1606 Abs. 2 S. 1 ermitteln zu können. Für einen umfassenden Ausgleich des Kindergeldes mit Hilfe des familienrechtlichen Ausgleichsanspruchs bedarf es aber ebenfalls einer solchen Darlegung.[920]

2. Vorteile der analogen Anwendung des § 1607 Abs. 2 BGB

Die aufgezeigten Lösungsansätze bieten eine Fülle an Vorteilen, die im Ergebnis für die zwingende Anwendung dieser Lösungen sprechen.

a. Beschränkter Anwenungsbereich des § 1613 Abs. 1 BGB

Ein Vorteil für den Ersatzhaftenden ergibt sich aus der eingeschränkten Anwendung des § 1613 Abs. 1[921], denn er muss, sofern der Unterhaltsberechtigte noch nicht entsprechend tätig wurde, nur dann mahnen beziehungsweise in Verzug setzen, wenn sich der Unterhaltsschuldner seiner Pflicht nicht bewusst entzogen hat. Entzieht sich dieser bewusst der Barunterhaltspflicht, ist er nicht schützenswert. Dies folgt schon daraus, dass bei einer bewussten Entziehung der Leistungspflicht Kenntnis von dieser Pflicht besteht. Dementsprechend ist die Einschränkung des § 1613 Abs. 1, der den Schutz vor einer plötzlichen Inanspruchnahme bezweckt, nicht notwendig. Darüber hinaus ist dem Telos der Ersatzhaftung nach § 1607 Abs. 2, die Bereitschaft zur ersatzweisen Unterhaltsleistung, nicht Genüge getan, wenn der Ersatzhaftende noch weitere, unter Umständen schwer zu erfüllende Voraussetzungen herbeiführen müsste. Bei einer vorbehaltlosen Anwendung wie beim familienrechtlichen Ausgleichsanspruch wird der Unterhaltsschuldner, der seiner Pflicht zur Bedarfsdeckung seines Kindes nicht nachkommt, ungleich bevorzugt. Die eingeschränkte Anwendbarkeit des § 1613 Abs. 1 ist daher angemessener und interessengerechter.

b. Ersatz für Betreuungsleistungen

Hinsichtlich der Problematik eines Obhutswechsels zu demjenigen Elternteil, dessen Barunterhaltspflicht bereits tituliert wurde, ergeben sich beim familienrechtlichen Ausgleichsanspruch zwei Möglichkeiten: die Abänderungsklage oder die Annahme des Verlustes der Rechtskraft des Titels infolge veränderter Tatsachen. Nur so kann der jetzige Obhutsinhaber das Kind betreuen und gleichzeitig vom anderen Elternteil, der keine Barunterhaltszahlungen für den Le-

920 Vgl. BGH, Beschluss vom 20.4.2016 – XII ZB 45/15, FamRZ 2016, 1053 (1056).
921 Was sich für den Unterhaltsschuldner als nachteilig darstellt, vgl. Kap. 7 II. 1. c.

bensbedarf des Kindes leistet, Ausgleich für die ersatzweise geleisteten Zahlungen verlangen. Der aufgezeigte Lösungsweg über die Analogie des § 1607 Abs. 2 bietet in dieser komplizierten Frage einen Ausweg. Im Unterschied zum familienrechtlichen Ausgleichsanspruch werden nicht nur Barunterhaltsleistungen ausgeglichen. Vielmehr kann es sich bei dem Anspruch des Bedürftigen auch um eine Pflicht zur Betreuung handeln, die vom Pflichtigen nicht erfüllt wird. Der jetzige Obhutsinhaber ist aufgrund des Titels weiterhin zu Barunterhalt verpflichtet. Die Betreuung, die er nun ebenfalls übernommen hat, ist aber auch jetzt noch Pflicht des bisherigen Obhutsinhabers. Zwar wird grundsätzlich angenommen, dass die Aufnahme in den Haushalt eine konkludente Bestimmung im Sinne des § 1612 Abs. 2 – bei gemeinsamer Sorge nach § 1612 Abs. 2 S. 1 und im Falle der alleinigen Sorgebefugnis des anderen Elternteils nach § 1612 Abs. 2 S. 2[922] – beinhaltet, dass dieser von nun an keinen Barunterhalt mehr leisten möchte.[923] Diese Bestimmung dürfte aber nicht getroffen werden, sofern der jetzige Obhutsinhaber die gesamte Unterhaltslast allein tragen müsste, ohne Anspruch auf Ersatz zu haben. Auch erscheint eine solche Bestimmung fragwürdig, weil mit ihr die titulierte Barunterhaltspflicht geändert werden würde.[924] Es ist vielmehr anzunehmen, dass in einem solchen Fall keine Bestimmung entsprechenden Inhalts getroffen worden ist. Dementsprechend leistet der jetzige Obhutsinhaber bis zur Abänderung des Titels weiter seine Barunterhaltspflicht und kann vom anderen Elternteil Regress für die Betreuungsleistungen ersetzt verlangen. So kann ein gerechter Ausgleich der Unterhaltslast erreicht werden, was einen erheblichen Vorteil gegenüber dem familienrechtlichen Ausgleichsanspruch darstellt.

c. Evidenz der Anspruchshöhe

Ein weiterer Vorteil ist darin zu sehen, dass die Höhe des Anspruchs bei der analogen Anwendung des § 1607 Abs. 2 eindeutig ist. Der Forderungsübergang nach § 1607 Abs. 2 S. 2 findet nur insoweit statt, als der Ersatzhaftende den Unterhalt vorgestreckt hat. Daher ist der Anspruch in Höhe des tatsächlich geleisteten Unterhalts zweifelsfrei festgelegt. Ein Streit – wie beim familienrechtlichen Ausgleichsanspruch – darüber, ob für die Berechnung der Barunterhaltspflicht an das Einkommen des Antragstellers oder des Antragsgegners angeknüpft wird, kann bei analogen Anwendung des § 1607 Abs. 2 nicht entstehen. Im Gegensatz zum familienrechtlichen Ausgleichsanspruch, dessen Höhe eine

922 Johannsen/Henrich/*Graba/Maier*, § 1612, Rn. 12; BeckOGK/BGB/*Ebert*, § 1612, Rn. 71 f.; MüKo/BGB/*Born*, § 1612, Rn. 32.
923 Vgl. BeckOGK/BGB/*Ebert*, § 1612, Rn. 72.
924 So auch MüKo/BGB/*Born*, § 1612, Rn. 33.

Folge der unterschiedlichen Rechtsauffassungen der verschiedenen Oberlandesgerichtsbezirke erheblichen Schwankungen unterliegt[925], kann bei einer analogen Anwendung des § 1607 Abs. 2 einheitlich ein der Höhe nach feststehender Anspruch geltend gemacht werden.

d. Fehlende Konkurrenz zum Kindesunterhalt

Überdies löst die Herleitung des Regressanspruchs analog § 1607 Abs. 2 eine weitere, bei der Anwendung des familienrechtlichen Ausgleichsanspruch bestehende Schwierigkeit. Aufgrund der cessio legis geht der Anspruch in Höhe des vom Ersatzhaftenden geleisteten Unterhalts auf diesen über. Der Kindesunterhaltsanspruch besteht folglich nur noch in Höhe der eventuell bestehenden Differenz fort. Daher stellt sich die Frage, wie das Konkurrenzverhältnis zwischen Ersatzanspruch und Kindesunterhalt zu lösen ist[926], im Fall des § 1607 Abs. 2 nicht. Der Anspruch des Kindes ist in Höhe des Geleisteten auf den neuen Gläubiger übergegangen und kann somit nicht mehr vom Kind geltend gemacht werden. Es bedarf im Gegensatz zum familienrechtlichen Ausgleichsanspruch keiner Abtretung, Gesamtgläubigerschaft oder nachträglichen Tilgungsbestimmung. Dies hat erstens den Vorteil, dass die den beteiligten Personen zustehenden Ansprüche eindeutig feststehen. Zweitens sieht sich der Barunterhaltspflichtige keiner doppelten Inanspruchnahme ausgesetzt. Und drittens entstehen diesbezüglich keine Konflikte innerhalb der Familie, die bei einer nicht geklärten Konkurrenzfrage durchaus aufkommen würden. Damit handelt es sich nicht nur um einen rechtlichen Vorteil, sondern auch um Vorteile für die Beziehungen der beteiligten Personen zueinander, was vor dem Hintergrund der hier in Rede stehenden besonderen familienrechtlichen Verbundenheit von Schuldner und Gläubiger sowohl des Unterhalts- als auch des Ausgleichsanspruchs ein weiteres gewichtiges Argument für die analoge Anwendung des § 1607 Abs. 2 liefert.

Zudem sieht sich der bisher betreuende Elternteil keinen prozessualen Schwierigkeiten ausgesetzt. Der Kindesunterhaltsanspruch geht in Höhe der Leistungen auf ihn über, sodass eine Situation, in der die Vertretungsbefugnis während des laufenden Kindesunterhaltsverfahrens erlischt, nicht entstehen kann. Der Elternteil wird daher nicht vor das verfahrensrechtliche Problem – ob der Antrag zurückgenommen, für erledigt erklärt oder in einen anderen geändert werden kann – gestellt.[927]

925 Vgl. Kap. 2 IV. 2.

926 Siehe zu der Problematik und den verschiedenen Lösungsan-sätzen Kap. 3 I.

927 So aber beim familienrechtlichen Ausgleichsanspruchs. Siehe zu dieser Problematik Kap. 3 II. 2.

e. Bildung zusätzlicher Voraussetzungen obsolet

Des Weiteren sind bei dem Anspruch analog § 1607 Abs. 2 überobligatorische Leistungen von vornherein ausgeschlossen. Handelt es sich bei den Leistungen um überobligatorische, freiwillige Leistungen, so kommt allenfalls ein Anspruch nach § 1607 Abs. 3 in Betracht. Ein Anspruch aus § 1607 Abs. 2 hingegen besteht nicht. Es wird dem Umstand Rechnung getragen, dass der Anspruch aus der Geschäftsführung ohne Auftrag entwickelt wurde. Der Aufwendungsersatzanspruch, mit Hilfe dessen ein solcher Regress im 19. Jahrhundert überwiegend gelöst wurde,[928] wurde bei Leistungen mit Schenkungsabsicht grundsätzlich abgelehnt. Es sollten stets nur solche Leistungen ersetzt werden, die aufgrund einer ersatzweisen Pflicht vorgestreckt wurden. Aus dieser Entwicklung ergibt sich, dass überobligatorische Leistungen nicht mit Hilfe des § 1607 Abs. 2 ersetzt werden können. Anders ist die Situation beim familienrechtlichen Ausgleichsanspruch, denn für dieses Rechtsinstitut musste eine solche Voraussetzung erst geschaffen werden. Die Entwicklung des familienrechtlichen Ausgleichsanspruchs stellt mithin keine Vereinfachung dar.

f. Anwendung des Gesetzes

Außerdem ist als Vorteil der analogen Anwendung des § 1607 Abs. 2 zu betonen, dass mit diesem Lösungsansatz geschriebenes Recht (entsprechend) angewendet wird. Es bedarf hierfür keiner neuen Konstruktion. Vielmehr hat die Analyse der historischen Entwicklung des § 1607 Abs. 2 eindeutig gezeigt, dass die Anwendung geschriebenen Rechts zuvor gängige Praxis war.[929]

Ein Vorteil der analogen Anwendung ist die Gleichbehandlung vergleichbarer Fälle. Es wird demnach die Wertung des Gesetzgebers auch auf vergleichbare Fallgestaltungen erstreckt. Folglich wird das neue rechtliche Problem mit Hilfe eines bestehenden Rechtssatzes gelöst. Das Recht ergänzt sich »aus sich selbst«[930] heraus. Damit kommt es nicht zu einer Ungleichbehandlung, die die Anwendung eines anderen (neu entwickelten) Anspruchs trotz vergleichbarer Interessenlagen zur Folge haben könnte.

Ein weiterer Vorteil in der Anwendung des Gesetzes liegt in der Vorhersehbarkeit der Entscheidungen und der hiermit verbundenen Rechtssicherheit. Mit der analogen Anwendung ist der Anspruch hinsichtlich seiner Voraussetzungen und Rechtsfolgen klar umrissen. Freilich müssen die für eine Analogie erforderlichen Voraussetzungen im Einzelfall ebenfalls vorliegen, aber auch diese sind bekannt. Bei einem ungeschriebenen Rechtsinstitut, dessen Voraussetzungen

928 Siehe hierzu die Ausführungen in Kap. 5 II. 1. d. (5).
929 Zu der bisherigen Praxis siehe Kap. 5 II. 1. d. (5).
930 *Savigny*, System, Bd. 1, S. 290.

und Rechtsfolgen nicht eindeutig festgelegt wurden, ist diese Klarheit nicht vorhanden.

3. Vorteil des Kindergeldausgleichs durch die Geltendmachung von Kindesunterhalt

Weiterhin ist die Lösung hinsichtlich des Kindergeldes, das mit Hilfe des rückständigen Kindesunterhalts – gleich welches Betreuungsmodell Anwendung findet – einen gerechten Ausgleich schafft,[931] vorteilhaft. Zum einen bedarf es somit keines zusätzlichen Anspruchs, sondern der Ausgleich kann bei der Geltendmachung des Kindesunterhalts berücksichtigt werden. Zum anderen wird mit diesem Lösungsansatz der Sinn und Zweck der durch die Unterhaltsrechtsreform 2008 entstandene Neuregelung des Kindergeldausgleichs erreicht. Denn die mit der Reform bezweckte Vereinfachung kann nicht erreicht werden, wenn ein in seinen Voraussetzungen nicht eindeutiger[932] zusätzlicher Anspruch zur Geltendmachung des Ausgleichs verfolgt werden muss. Außerdem orientiert sich die hier vertretene Lösung im Fall des Wechselmodells deutlich näher am Wortlaut des § 1612 b, weil das Kindergeld insgesamt auf den Barbedarf des Kindes anzurechnen ist und so eine anteilige Partizipation entsprechend den Barunterhaltsleistungen stattfindet. Die aufgezeigte Lösung ist daher aufgrund des mit ihr verbundenen angemessenen Ausgleichs vorzugswürdig.

III. Zusammenfassung

Insgesamt zeigt die rechtliche Bewertung die erheblichen Kritikpunkte an dem familienrechtlichen Ausgleichsanspruch des BGH. Dieser ist allein schon bezüglich seiner Entstehung kritisch zu hinterfragen. Nicht nur die unzureichende Auseinandersetzung mit den schuldrechtlichen Anspruchsgrundlagen, auch der mangelnde Diskurs über die Ersatzhaftung und der damit einhergehende Forderungsübergang nach § 1607 Abs. 2 BGB zeugen von einem unzureichend dogmatisch begründeten Urteil. Auch die fehlende Festlegung der Voraussetzungen und eine lediglich vage formulierte Rechtsfolge sind zu kritisieren. Aus diesem ungenügenden Grundsatzurteil entwickelte sich in den folgenden Jahren

931 Vgl. zu der vorgeschlagenen Lösungsmöglichkeit Kap. 6 III.

932 Die Voraussetzungen des Kindergeldausgleichs als Unterfall des familienrechtlichen Ausgleichsanspruchs sind deshalb nicht eindeutig, weil der BGH diese bei der isolierten Geltendmachung nicht prüft. Ob im Lauf der nächsten Jahre das Rechtsinstitut weiterentwickelt und genauere Voraussetzungen für die isolierte Geltendmachung des Kindergeldes festgelegt werden, bleibt abzuwarten.

ein gleichermaßen zu kritisierendes Konstrukt. Der Inhalt der Voraussetzungen des heutigen familienrechtlichen Ausgleichsanspruchs ist in Teilen nicht klar bestimmt. So stellt sich die Frage nach der Erfüllung ebenso wie nach der Geltung der Vermutung des § 1360 b auch nach der Scheidung. Auch die Rechtsfolge ist aufgrund der vielfältigen Meinungen in Bezug auf die Berechnung der Höhe ungewiss. Darüber hinaus muss die Haltung des BGH, den Ausgleichsanspruch nur für Barunterhaltsleistungen zuzulassen, kritisiert werden. Gerade in der Durchsetzbarkeit des familienrechtlichen Ausgleichsanspruchs, insbesondere hinsichtlich der Konkurrenz zum Kindesunterhalt, ergeben sich bei der Lösung des BGH weitere Ansatzpunkte für Kritik.

Die hier aufgezeigten Lösungsansätze, die Hauptanwendungsfälle des familienrechtlichen Ausgleichsanspruchs stattdessen analog § 1607 Abs. 2 zu lösen und das Kindergeld stets über den Kindesunterhalt auszugleichen, weisen mehrere, entscheidende Vorteile auf. Die durchaus auch vorhandenen Nachteile – nämlich die verfahrensrechtlichen Möglichkeiten während eines laufenden Unterhaltsverfahrens sowie die Offenlegungspflicht bezüglich der Einkommens- und Vermögensverhältnisse beim Kindergeldausgleich – fallen dagegen kaum ins Gewicht, zumal sie beim Rückgriff auf den familienrechtlichen Ausgleichsanspruch in gleicher Weise vorhanden sind.

Allerdings überwiegen bei den aufgezeigten Lösungsmöglichkeiten die Vorteile. Nicht nur die eingeschränkte Anwendung des § 1613, sondern auch die Regressmöglichkeit für geleisteten Betreuungsunterhalt sprechen für den in dieser Arbeit aufgezeigten Lösungsansatz. Auch die exakt definierte Höhe des Anspruchs ist von Vorteil und führt zur Rechtseinheit und -sicherheit. Bei der analogen Anwendung des § 1607 Abs. 2 entfällt – durch den hiermit verbundenen Forderungsübergang – zudem das beim Rückgriff auf den familienrechtlichen Ausgleichsanspruch bestehende Konkurrenzproblem. Des Weiteren wird mit dem Ausgleich des Kindergeldes über den Kindesunterhalt der Sinn und Zweck der Unterhaltsrechtsreform und damit der Reformierung des § 1612 b erreicht. Im Gegensatz zur Anwendung des familienrechtlichen Ausgleichsanspruchs wird bei dem hier aufgezeigten Lösungsansatz der Ausgleich erheblich erleichtert.

Schlussbetrachtung

Der familienrechtliche Ausgleichsanspruch ist ein selbstständiger Ersatzanspruch und betrifft hauptsächlich die Fälle des Obhutswechsels oder des Eintritts der Volljährigkeit des Kindes, weshalb der Geltendmachung des rückständigen Kindesunterhalts ein prozessuales Hindernis entgegensteht. Voraussetzung für diesen Ausgleich ist die Erfüllung einer dem anderen Elternteil obliegenden Pflicht bei gleichzeitiger Regressabsicht. Er unterliegt auch den Einschränkungen des § 1613 Abs. 1.

Allein die Entstehung des Anspruchs hat mehr Fragen aufgeworfen als sie beantwortet. Mangels genauer Voraussetzungen und Rechtsfolgen muss die Urteilsbegründung des BGH als unzureichend erachtet werden. Wie sich herausstellte, hätte ein solch vager und unbestimmter Anspruch nicht entstehen müssen. Eine (analoge) Anwendung des § 1607 Abs. 2 S. 1 hätte sich aufgrund des vorinstanzlichen Urteils bereits aufdrängen müssen. Überdies verwendet der BGH den Ausdruck »familienrechtlicher Ausgleichsanspruch« nicht ausschließlich für die hier untersuchten Fallkonstellationen.

Aber auch die spätere Entwicklung hin zu einem Anspruch, dessen Voraussetzungen, Rechtsfolgen und Durchsetzbarkeit vor Gericht umstritten sind, trägt dem Wunsch, einen angemessenen Ausgleich zu schaffen, nicht Rechnung. So kann die Vermutung, dass keine Ersatzabsicht vorlag, nach rechtskräftiger Scheidung unmöglich aufrechterhalten werden.

Die Tatsache, dass die Höhe des Anspruchs aufgrund der unterschiedlichen oberlandesgerichtlichen Ansichten hinsichtlich des anzuknüpfenden Einkommens derart variieren kann, ist ein weiterer Grund, den Anspruch in Frage zu stellen. Lediglich der Mindestunterhalt wird in jedem Fall bei Vorliegen der Voraussetzungen ausgeglichen. Insbesondere die Weigerung des BGH, mit Hilfe des Anspruchs auch Betreuungsleistungen auszugleichen, zeigt die Fehlerhaftigkeit dieser Konstruktion. Damit verfehlt der BGH sein selbst gestecktes Ziel, einen gerechten Ausgleich zwischen den Elternteilen zu ermöglichen.

Ebenso weist die Schwierigkeit bezüglich der Konkurrenz zum Kindesunterhalt, sofern eine Tilgungsbestimmung verneint wird, auf eine unzulängliche

Konzeption hin. Vor allem während des laufenden Unterhaltsverfahrens zeigen sich verfahrensrechtliche Probleme, die am einfachsten mit einer Antragsänderung dahin, dass nun der familienrechtliche Ausgleichsanspruch geltend gemacht wird, zu lösen sind, was freilich ebenfalls umstritten ist. Aufgezeigt wurde außerdem, dass neben dem familienrechtlichen Ausgleichsanspruch noch ein Anspruch aus der Geschäftsführung ohne Auftrag besteht, wodurch der Ausgleichsanspruch des BGH obsolet wird.

Darüber hinaus offenbart sich die ungenaue Umsetzung auch darin, dass der Anspruch für den Ausgleich des Kindergeldes genutzt wird, ohne hierbei die eventuellen Probleme hinsichtlich der eigentlichen Voraussetzungen und Rechtsfolgen zu berücksichtigen.

Die Ersatzhaftung des § 1607 Abs. 2 S. 1 kommt bei Unmöglichkeit oder erheblicher Erschwerung der Rechtsverfolgung zum Tragen und gilt analog für gleichrangige Verpflichtete. Die nach § 1607 Abs. 2 S. 2 durch cessio legis übergegangene Forderung verliert ihre Rechtsnatur als Unterhaltsanspruch. Als selbstständiger Ersatzanspruch gilt das Pfändungsverbot nicht, sodass eine Abtretung oder Aufrechnung gegen diesen Anspruch möglich ist. Hat sich der primär Unterhaltsverpflichtete seiner Pflicht bewusst entzogen, kommt das Pfändungsvorrecht nicht und die Einschränkung des § 1613 Abs. 1 nur bedingt zur Anwendung, wohingegen die Hemmung nach § 207 Abs. 1 S. 2 Nr. 2 a in diesem Fall zu bejahen ist. Eine direkte Anwendung auf die Fallkonstellation scheidet aus, weil die Fälle nicht unter die Rechtsverfolgung gefasst werden können, eine andere Person von diesem prozessualen Hindernis betroffen und die zeitliche Abfolge der Ereignisse eine andere ist.

Es hat sich jedoch herausgestellt, dass ein Regress durch die analoge Anwendung des § 1607 Abs. 2 S. 1 erreicht werden kann. Dies ermöglicht zum einen eine ebenso genaue Prüfung des prozessualen Hindernisses. Zum anderen bildet auch die Rechtsfolge nach § 1607 Abs. 2 S. 2 einen angemessenen Ausgleich. Denn es wird stets – unabhängig davon, in welchem Oberlandesgerichtsbezirk der Anspruch geltend gemacht wird – nur ein Ausgleich in der Höhe gewährt, in der die Leistungen erfolgten. Des Weiteren besteht die Möglichkeit, andere Unterhaltsleistungen als nur Barunterhalt, auszugleichen, sodass auf diesem Weg der vom BGH intendierte angemessene Ausgleich im Innenverhältnis der Eltern – im Gegensatz zum familienrechtlichen Ausgleichsanspruch – auch erreicht wird.

Eine analoge Anwendung der Ersatzhaftung steht im Einklang mit der historischen Entwicklung des Regressanspruchs. Denn diese war ausschlaggebend für die Annahme einer planwidrigen Regelungslücke. Auch die Interessenlagen der beteiligten Personen sind vergleichbar. Eine Herleitung aus der berechtigten Geschäftsführung ohne Auftrag ist aufgrund der speziellen Regelung im Familienrecht abzulehnen.

Als Sonderfall ist der Kindergeldausgleich anzusehen. Auch wenn dieser Ausgleich nicht zu den Voraussetzungen des familienrechtlichen Ausgleichsanspruchs passt, wendet der BGH das Rechtsinstitut auch in diesem Fall an. Eine Herleitung des Kindergeldausgleichs ist aber – unabhängig vom gewählten Betreuungsmodell – über den Kindesunterhalt möglich, was zudem dem Sinn und Zweck der Unterhaltsrechtsreform entspricht.

Der Konstruktion des BGH fehlt jegliche Existenzberechtigung. Der Regress kann analog § 1607 Abs. 2 erfolgen. Somit hat diese Untersuchung die Fehlerhaftigkeit des familienrechtlichen Ausgleichsanspruchs offengelegt.

Literaturverzeichnis

I) Unveröffentlichte Quellen

Entscheidung des LG Ulm, Urteil vom 23.1.1959 – 2 O 113/58 –, S. 1–13.
Revisionsbegründung vom 14.9.1959, S. 1–5.
Revisionsbeantwortung vom 2.12.1959, S. 1–6.
Entscheidung des OLG Stuttgart, Urteil vom 15.5.1959 – 4 U 29/59 –, S. 1–12.
Entscheidung des OLG Oldenburg, Urteil vom 19.4.1988, – 12 UF 163/87, S. 1–6.

II) Literatur

Armasow, Martin: Rückständiger Kindesunterhalt – Familienrechtlicher Ausgleichs- und familienrechtlicher Erstattungsanspruch, MDR 2004, S. 307–311.

Bamberger, Georg/Roth, Herbert/Hau, Wolfgang/Poseck, Roman (Hrsg.): Beck'scher Online-Kommentar, BGB, 49. Edition, Stand: 1.2.2019, München 2019 (zit.: BeckOK/BGB/*Bearbeiter*).

Baumgärtel, Gottfried/Laumen, Hans-Willi/Prütting, Hanns (Hrsg.): Handbuch der Beweislast, Band 8, BGB Familienrecht, 3. Auflage, Köln 2011.

Bausch, Eva Maria/Gutdeutsch, Werner/Seiler, Christian: Die unterhaltsrechtliche Abrechnung des Wechselmodells, FamRZ 2012, S. 258–261.

Beitzke, Günther: Die Neugestaltung der elterlichen Unterhaltspflicht, in: Lehmann, Heinrich/Nipperdey, Hans Carl (Hrsg.), Recht und Wirtschaft. Festschrift für Justus Wilhelm Hedemann zu seinem 80. Geburtstag, Berlin 1958, S. 1–23.

Berg, Hans: Hauptprobleme der Geschäftsführung ohne Auftrag, JuS 1975, S. 681–689.

Bergmann, Andreas: Die Geschäftsführung ohne Auftrag als Subordinationsverhältnis. Die Rechtsinstitute der negotiorum gestio in subordinationsrechtlicher Betrachtungsweise, Tübingen 2010.

Bertram, Philipp: Das nassauische Privatrecht, Wiesbaden 1873.

Ders.: Das nassauische Familien- und Vormundschaftsrecht, Wiesbaden 1876.

Betti, Emilio: Zur Grundlegung einer allgemeinen Auslegungslehre, in: Kunkel, Wolfgang/Wolff, Hans Julius (Hrsg.), Geschichte der antiken Rechte und allgemeine Rechtslehre, Festschrift für Ernst Rabel, Band 2, Tübingen 1954, S. 79–168.

Beuthien, Volker: Zuwendender und Leistender. Ein kritischer Beitrag zur neuen Terminologie bei Leistungen im bereicherungsrechtlichen Dreieck, JZ 1968, S. 323–327.

Bömelburg, Regina: Voraussetzungen des familienrechtlichen Ausgleichsanspruchs, Anmerkung zur Entscheidung des OLG Koblenz, 1. Senat für Familiensachen, Beschluss vom 27.7.2018, Az.: 13 WF 541/18, FamRB 2019, 95–96.

Borzeszkowski, Volker von: Der Rückgriff im Unterhaltsrecht, Neuwied, Kriftel, Berlin 1994.

Brüggemann, Dieter: Rechtsnachfolge in Unterhaltsansprüche. Überleitung – gesetzlicher Übergang – Pfändung, DAVorm 1993, S. 217–231.

Brodhun, Stephan: Der familienrechtliche Ausgleichsanspruch, Mainz 2000.

Buchholz, Stephan: Zum Unterhaltsbestimmungsrecht der Eltern gegenüber volljährigen Kindern nach § 1612 Abs. 2 BGB, FamRZ 1995, S. 705–713.

Buengner, Robert: Zur Theorie und Praxis der Alimentationspflicht mit Berücksichtigung particulärer Rechte, Leipzig 1879.

Bund, Elmar: Juristische Logik und Argumentation, Freiburg im Breisgau 1983.

Bundesministerium der Justiz und für Verbraucherschutz (Hrsg.): Bundesgesetzblatt 1957, Teil 1, Nr. 26, abrufbar unter: https://www.bgbl.de/xaver/bgbl/start.xav?start=//*%5B@attr_id=%27bgbl157i0609.pdf%27%5D#__bgbl__%2F%2F*%5B%40attr_id%3D%27bgbl157i0609.pdf%27%5D__1550737046758, zuletzt abgerufen am 21.2.2019 um 9:23 Uhr.

Bundesministerium für Familie, Senioren, Frauen und Jugend: Wenn aus Liebe rote Zahlen werden – über die wirtschaftlichen Folgen von Trennung und Scheidung, abrufbar unter: https://www.bmfsfj.de/blob/100940/9f71853c9e223e9c7dda9096ccf33702/wenn-aus-liebe-rote-zahlen-werden-data.pdf, zuletzt abgerufen am 12.02.2019 um 10:09 Uhr.

Bundesregierung: Bericht über die Wirkungen der Reform des Unterhaltsvorschussgesetzes ein Jahr nach Inkrafttreten zum 1. Juli 2017, abrufbar unter: https://www.bmfsfj.de/blob/127808/30e83e5ad2a87405b48a7eb6d95b2b58/bericht-uvg-data.pdf, zuletzt abgerufen am 12.01.2019 um 14:12 Uhr.

Büte, Dieter: Die Ersatzhaftung der Großeltern, FuR 2005, S. 433–436.

Ders.: Die Rückforderung überzahlten Unterhalts, FuR 2006, S. 193–200.

Ders./Poppen, Enno/Menne, Martin/Botur, André/Volker, Mathias: Unterhaltsrecht, Kommentar, Ehegatten-, Kindes- und Verwandtenunterhalt, Prozessrecht und einschlägige Nebenbestimmungen, 3. Auflage, München 2015 (zit.: Büte/Poppen/Menne/*Bearbeiter*).

Büttner, Helmut: Unterhalt und Zwangsvollstreckung, FamRZ 1994, S. 1433–1441.

Bydlinski, Franz: Grundzüge der juristischen Methodenlehre, Wien 2005.

Caemmerer, Ernst von: Bereicherung und unerlaubte Handlung, in: Dölle, Hans/Rheinstein, Max/Zweigert, Konrad (Hrsg.), Rechtsvergleichung und internationales Privatrecht, Festschrift für Ernst Rabel, Band 1, Tübingen 1954.

Ders.: Schadensersatz für Rentenleistungen an Angehörige nicht verschollener Kriegsteilnehmer, Anmerkung zur Entscheidung des BGH, 6. Zivilsenat, Urteil vom 8.1.1963, Az.: VI ZR 87/62, NJW 1963, S. 1402–1404.

Campbell, Claudia: Familienrechtlicher Ausgleichsanspruch beim Kindesunterhalt, NJW-Spezial 2013, S. 196–197.

Canaris, Claus-Wilhelm: Der Bereicherungsausgleich im Dreipersonenverhältnis, in: Paulus, Gotthard/Diederichsen, Uwe/Ders. (Hrsg.), Festschrift für Karl Larenz zum 70. Geburtstag, München 1973, S. 799–865.

Ders.: Die Feststellung von Lücken im Gesetz: Eine methodologische Studie über Voraussetzungen und Grenzen der richterlichen Rechtsfortbildung praeter legem, 2. Auflage, Berlin 1983.

Coester, Michael: Gottlieb Planck (1824–1910). Ein Vater des neuen bürgerlichen Rechts, in: Loos, Fritz (Hrsg.), Rechtswissenschaft in Göttingen: Göttinger Juristen aus 250 Jahren, Göttingen 1987, S. 299–315.

Coester-Waltjen, Dagmar: Der gesetzliche Forderungsübergang, Jura 1997, S. 609–611.

Coing, Helmut: Juristische Methodenlehre, Berlin, New York 1972.

Derleder, Annegret/Derleder, Peter: Persönliche Betreuung und Barunterhaltspflicht gegenüber Kindern, NJW 1978, S. 1129–1134.

Dernburg, Heinrich: Pandekten, Band 2, 1. Auflage, Berlin 1886; Band 2, 6. Auflage, Berlin 1900; Band 3, 1. Auflage, Berlin 1887; Band 3, 6. Auflage, Berlin 1901.

Ders.: Deutsches Familienrecht, 4. Auflage, Halle 1908.

Dethloff, Nina: Familienrecht: Ein Studienbuch, 32. Auflage, München 2018.

Deutsches Institut für Vormundschaftswesen: Geltendmachung des Kindesunterhalts nach Rechtsübergang, Abänderungsmöglichkeit nach Beurkundung, Verjährung – § 7 UVG, § 323 ZPO – DIV-Gutachten vom 29. 10. 1982, DAVorm 1983, S. 22–23.

Dölle, Hans: Familienrecht. Darstellung des deutschen Familienrechts mit rechtsvergleichenden Hinweisen, Band 2, Karlsruhe 1965.

Ebert, Johannes: Mehrbedarf und Sonderbedarf in der Unterhaltsberechnung, NZFam 2016, S. 438–444.

Eck, Ernst: Vorträge über das Recht des Bürgerlichen Gesetzbuchs, Band 2, 1. und 2. Auflage, Berlin 1904.

Ehinger, Uta/Rasch, Ingeborg/Schwonberg, Alexander/Siede, Walther: Handbuch Unterhaltsrecht. Ansprüche – Berechnung – Strategien – Verfahren, 8. Auflage, Bielefeld, Köln 2018 (zit.: Ehinger/Rasch/Schwonberg/Siede/*Bearbeiter*).

Ehmann, Frank/Karmanski, Carsten/Kuhn-Zuber, Gabriele (Hrsg.): Gesamtkommentar Sozialrechtsberatung, 2. Auflage, Baden-Baden 2018 (zit.: Ehmann/Karmanski/Kuhn-Zuber/*Bearbeiter*).

Ehmann, Horst: Über den Begriff des rechtlichen Grundes im Sinne des § 812 BGB, NJW 1969, S. 398–404.

Engisch, Karl: Einführung in das juristische Denken, 12. Auflage, Stuttgart 2018.

Enneccerus, Ludwig/Kipp, Theodor/Wolff, Martin: Lehrbuch des Bürgerlichen Rechts, Band 2, 2. Abteilung: Das Familienrecht, 4. Bearbeitung, Marburg 1923.

Faber, Eric: Das Wechselmodell im Kindschaftsrecht (Sorge/Umgang), jM 2014, S. 8–12.

Fikentscher, Wolfgang: Methoden des Rechts in vergleichender Darstellung, Band 4: Dogmatischer Teil, Anhang, Tübingen 1977.

Finger, Peter: § 1612 Abs. 2 BGB – Fremdbestimmung durch die Eltern und Selbstbestimmung des Kindes, ZBlJR 1984, S. 454–462.

Flemming, Winfried: Das Wechselmodell nach Trennung und Scheidung, Anmerkung zur Entscheidung des OLG Dresden, Senat für Familiensachen, Beschluss vom 3. 6. 2004, Az.: 21 UF 144/04, Kind-Prax 2005, S. 96–97.

Forschner, Benedikt: Zum Regress des »überobligatorisch« leistenden Scheinvaters, FamRZ 2013, S. 1700–1703.

Frey, Stefanie Carmen: Unterhalt im Kindesinteresse. Auf das Kindesinteresse ausgerichtete Unterhaltsansprüche unter Einbeziehung der Reformüberlegungen des Gesetzgebers im Jahre 2007 mit abschließendem eigenen Reformvorschlag, Hamburg 2008.

Frisinger, Jürgen: Anmerkung zu der Entscheidung des BAG, 5. Senat, Urteil vom 18.2. 1971, Az.: 5 AZR 296/70, NJW 1972, S. 75–76.

Fritz, Dieter: Unterhaltsrechtliche Ausgleichsverhältnisse zwischen Eltern im Anwendungsbereich des familienrechtlichen Ausgleichsanspruchs, Frankfurt 1998.

Funk, Nicolai: Rechtsfigur des familienrechtlichen Ausgleichsanspruches, Anmerkung zur Entscheidung des OLG Jena, 4. Zivilsenat, Beschluss vom 23.4.2009, Az.: 4 W 117/09, jurisPR-FamR 22/2009, Anm. 3.

Galinsky, Thorsten: Familienlastenausgleich zwischen Eltern und der gesetzliche Übergang von Unterhaltsansprüchen bei Gewährung öffentlicher Leistungen, FPR 2013, S. 529–532.

Gerhardt, Peter/Heintschel-Heinegg, Bernd von/Klein, Michael (Hrsg.): Handbuch des Fachanwalts Familienrecht, 11. Auflage, Köln 2018.

Gernhuber, Joachim/Coester-Waltjen, Dagmar: Familienrecht, 6. Auflage, München 2010.

Giesen, Dieter: Das Recht der fremdnützigen Geschäftsbesorgung. Teil 1 – Geschäftsbesorgung aufgrund eines Vertrages, Jura 1994, S. 352–361.

Ders.: Grundsätze der Konfliktlösung im Besonderen Schuldrecht – Die ungerechtfertigte Bereicherung (Teil 1 – Leistungskondiktionen), Jura 1995, S. 169–182.

Ders.: Grundsätze der Konfliktlösung im Besonderen Schuldrecht – Die ungerechtfertigte Bereicherung (Teil 2 – Nichtleistungskondiktionen), Jura 1995, S. 234–245.

Ders.: Grundsätze der Konfliktlösung im Besonderen Schuldrecht. Das Recht der fremdnützigen Geschäftsbesorgung (Teil 2a – Geschäftsführung ohne Auftrag – Die echte berechtigte GoA), Jura 1996, S. 225–235.

Gießler, Hans: Erlöschen der elterlichen Prozessführungsbefugnis und Übergang zum familienrechtlichen Ausgleichsanspruch, FamRZ 1994, S. 800–808.

Glück, Christian Friedrich: Ausführliche Erläuterungen der Pandecten nach Hellfeld, 28. Theil, 2. Abtheilung, Erlangen 1827.

Goldmann, Eduard/Lilienthal, Leo/Sternberg, Leo: Das Bürgerliche Gesetzbuch systematisch dargestellt, 3. Band: Familienrecht, Berlin 1921.

Götsche, Frank: Zulässigkeit des vereinfachten Unterhaltsverfahrens auch bei Obhutswechsel, Anmerkung zur Entscheidung des BGH, 12. Zivilsenat, Beschluss vom 01.03. 2017, Az.:XII ZB 2/16, jurisPR-FamR 16/2017, Anm. 5.

Gottwald, Peter (Hrsg.): Münchener Prozessformularbuch, Band 3: Familienrecht, 5. Auflage, München 2017.

Götz, Isabell: Der familienrechtliche Ausgleichsanspruch – Ein häufig vernachlässigter »Notnagel«, FF 2013, S. 225–233.

Dies./Schramm, Barbara: Ausgleich für Unterhalt nach Obhutswechsel oder Volljährigkeit, NJW-Spezial 2015, S. 132–133.

Graba, Hans-Ulrich: Kindesbetreuung und Kindesunterhalt, FamRZ 1990, S. 454–459.

Ders.: Betreuungsunterhalt aufgrund des erweiterten Unterhaltsbegriffs, NJW 2016, S. 833–838.

Ders.: Kindergeldausgleich beim Wechselmodell, Anmerkung zur Entscheidung des BGH, 12. Zivilsenat, Beschluss vom 20.4.2016, Az.: XII ZB 45/15, NZFam 2016, S. 842–843.

Ders.: Die Bedeutung der Trennung für den Unterhalt, NZFam 2018, S. 1112–1118.

Grethlein, Gerhard Ludwig: Übergang von Unterhaltsforderungen: Ein Beitrag zur Lehre vom Forderungsübergang kraft Gesetzes, Regensburg 1955.

Grunewald, Barbara/Maier-Reimer, Georg/Westermann, Harm Peter (Hrsg.): Erman BGB, Kommentar, 15. Auflage, Köln 2017 (zit.: Erman/*Bearbeiter*).

Gursky, Karl-Heinz: Der Tatbestand der Geschäftsführung ohne Auftrag, AcP 185, S. 13–45.

Hager, Johannes (Hrsg.): Kommentierung des Paragraphen § 107, Stand 1.4.2019, in: Gsell, Beate/Krüger, Wolfgang/Lorenz, Stephan/Reyman, Christoph (Gesamthrsg.), Beck'-scher Online-Großkommentar, BGB, München 2019 (zit.: BeckOGK/BGB/*Bearbeiter*).

Hahne, Meo-Micaela/Schlögel, Jürgen/Schlünder, Rolf (Hrsg.): Beck'scher Online-Kommentar, FamFG, 30. Edition, Stand: 1.4.2019, München 2019 (zit.: BeckOK/FamFG/*Bearbeiter*).

Hattenhauer, Christian/Schäfer, Frank L. (Hrsg.): Materialien zum Bürgerlichen Gesetzbuch für das Königreich Sachsen, abrufbar unter: http://www.saechsisches-bgb.de/jportal/portal/t/cod/bs/22/page/sammlung.psml?doc.hl=1&doc.id=CUST000008712&documentnumber=7&numberofresults=17&doctyp=%3AEDP-SaechBGB&showdoccase=1&doc.part=S&paramfromHL=true#focuspoint, zuletzt abgerufen am 21.2.2019 um 10:04 Uhr.

Harke, Jan Dirk (Hrsg.): Kommentierung des Paragraphen § 670, Stand: 1.4.2019, in: Gsell, Beate/Krüger, Wolfgang/Lorenz, Stephan/Reyman, Christoph (Gesamthrsg.), Beck'-scher Online-Großkommentar, BGB, München 2019 (zit.: BeckOGK/BGB/*Bearbeiter*).

Haußleiter, Martin (Hrsg.): FamFG, Kommentar, 2. Auflage, München 2017 (zit.: Haußleuter/*Bearbeiter*, FamFG).

Hegmann, Jürgen: Die Beschränkung der Ersatzansprüche Dritter durch § 1613, FamRZ 1973, S. 435–438.

Heiß, Beate/Born, Winfried (Hrsg.): Unterhaltsrecht. Ein Handbuch für die Praxis, 55. Auflage, Stand: 1.1.2019, München 2019.

Herpers, Hans Heinz: Über den Nachteil des Gläubigers bei der Legalzession, AcP 166 (1966), S. 454–461.

Herzog, Benjamin: Anwendung und Auslegung von Recht in Portugal und Brasilien. Eine rechtsvergleichende Untersuchung aus genetischer, funktionaler und postmoderner Perspektive. Zugleich ein Plädoyer für mehr Savigny und weniger Jhering, Tübingen 2014.

Holzhauer, Heinz: Der Unterhaltsregreß, in: Bickel, Dietrich/Hadding, Walther/Jahnke, Volker/Lüke, Gerhard (Hrsg.), Recht und Rechtserkenntnis, Festschrift für Ernst Wolf zum 70. Geburtstag, Köln (u.a.) 1985, S. 223–250.

Hoppenz, Rainer: Kindesunterhalt als verdeckter familienrechtlicher Ausgleich, FamRZ 1985, S. 437–440.

Ders.: Fiktive Einkommensverhältnisse im Unterhaltsrecht, NJW 1984, S. 2327–2328.

Jakobs, Horst Heinrich/Schubert, Werner: Die Beratung des Bürgerlichen Gesetzbuches. In systematischer Zusammenstellung der unveröffentlichten Quellen, Familienrecht II, Berlin 1989.

Jhering, Rudolf von: Die Reflexwirkung oder die Rückwirkung rechtlicher Thatsachen auf dritte Personen, Jahrbücher für die Dogmatik des heutigen römischen und deutschen Privatrechts, Band 10, Jena 1871, S. 245–354.

Ders.: Der Zweck im Recht, Band 1, Leipzig 1884.

Johannsen, Kurt H./Henrich, Dieter (Hrsg.): Familienrecht. Scheidung, Unterhalt, Verfahren, 6. Auflage, München 2015.

Junker, Markus/Beckmann, Roland Michael/Rüßmann, Helmut (Hrsg.): juris Praxis-Kommentar Band 2 – Schuldrecht, Kommentierung zu § 812, Stand: 11.9.2018, 8. Auflage, Saarbrücken 2017, in: Herberger, Maximilian/Martinek, Michael/Rüßmann, Helmut/Weth, Stephan/Würdinger, Markus (Gesamthrsg.), juris PraxisKommentar, BGB, Saarbrücken 2017 (zit.: jurisPK-BGB/*Bearbeiter*).

Keidel, Theodor (Begr.): FamFG, Kommentar, 19. Auflage, München 2017 (zit.: Keidel/*Bearbeiter*, FamFG).

Kieninger, Jörg: Familienrechtlicher Ausgleichsanspruch auch auf Grund von Barunterhaltsansprüchen eines nicht in der Ehe geborenen Kindes, Anmerkung zur Entscheidung des AG Montabaur, Urteil vom 5.11.2007, Az.: 3 F 237/07, jurisPR-FamR 1/2008, Anm. 5.

Kleffmann, Norbert/Klein, Michael (Hrsg.): Unterhaltsrecht, Kommentar, 2. Auflage, Köln 2014 (zit.: Kleffmann/Klein/*Bearbeiter*).

Ders./Soyka, Jürgen (Hrsg.): Praxishandbuch Unterhaltsrecht: Systematische Darstellung anhand der aktuellen Rechtsprechung, 3. Auflage, Köln 2017 (zit.: Kleffmann/Soyka/*Bearbeiter*).

Ders./Kleffmann, Carsten: Die Entwicklung des Unterhaltsrechts im Jahr 2016 – Teil 2, FuR 2017 Heft 2, 56–63.

Ders./Doering-Striening, Gudrun (Hrsg.): Praxishandbuch Familienrecht, 35. Ergänzungslieferung, München 2018 (zit.: Scholz/Kleffmann/Doering-Striening/*Bearbeiter*).

Knittel, Bernhard: Berücksichtigung des Kindergeldes im Wechselmodell, Anmerkung zur Entscheidung des OLG Düsseldorf, 7. Senat für Familiensachen, Beschluss vom 20.6.2013, Az.: II-7 UF 45/13, JAmt 2014, S. 289–290.

Knöpfel, Gottfried: Beistand und Rücksicht zwischen Eltern und Kindern (§ 1618 a BGB), FamRZ 1985, S. 554–565.

Koch, Elisabeth (Hrsg.): Handbuch des Unterhaltsrechts, 13. Auflage, München 2017.

Kogel, Walter: Familienrechtliche Ausgleichsansprüche und Teilversteigerung – eine juristische Schlangengrube, NZFam 2018, S. 788–794.

Koppensteiner, Hans-Georg/Kramer, Ernst A.: Ungerechtfertigte Bereicherung, 2. Auflage, Berlin (u.a.) 1988.

Kramer, Ernst A.: Juristische Methodenlehre, 5. Auflage, Bern 2016.

Kropholler, Jan: Die Stellung des Unterhaltszweitschuldners, FamRZ 1965, S. 413–419.

Kuhn, Thomas: Argumentation bei Analogie und teleologische Reduktion in der zivilrechtlichen Klausurpraxis, JuS 2016, S. 104–109.

Kunz, Achim: Haben Schenkungen keinen Einfluß auf die Bedürftigkeit des Beschenkten? Zur Frage der Anrechenbarkeit von Schenkungen im Verwandtenunterhaltsrecht, FamRZ 1977, S. 692–696.

Langheim, Tanja: Der familienrechtliche Ausgleichsanspruch, FamRZ 2013, S. 1529–1535.

Langhein, A. W. Heinrich: Das Prinzip der Analogie als juristische Methode: ein Beitrag zur Geschichte der methodologischen Grundlagenforschung vom ausgehenden 18. bis zum 20. Jahrhundert, Berlin 1992.

Larenz, Karl/Canaris, Claus-Wilhelm: Methodenlehre der Rechtswissenschaft, 3. Auflage, Berlin (u.a.) 1995.

Liceni-Kierstein, Dagny: Der Anspruch auf familienrechtlichen Ausgleich – eine Rückgriffsmöglichkeit für ausgebliebene Barunterhaltszahlungen, FamRB 2016, S. 197–203.

Dies.: Familienrechtlicher Ausgleichsanspruch bei vorangegangener Unterhaltsverpflichtung durch gerichtlichen Vergleich, Anmerkung zur Entscheidung des BGH, 12. Zivilsenat, Beschluss vom 8.2.2017, Az.: XII ZB 116/16, FamRB 2017, S. 168–169.

Lipp, Martin: Das elterliche Unterhaltsbestimmungsrecht (§ 1612 Abs. 2 S. 1 BGB) bei getrennt und geschiedenen Eltern, ZBlJR 1984, S. 309–320.

Lobinger, Thomas (Hrsg.): Kommentierung der §§ 677 und 679, Stand: 1.5.2019, in: Gsell, Beate/Krüger, Wolfgang/Lorenz, Stephan/Reyman, Christoph (Gesamthrsg.), Beck'scher Online-Großkommentar, BGB, München 2019 (zit.: BeckOGK/BGB/*Bearbeiter*).

Löhnig, Martin: Aufrechnung gegen Unterhaltsforderungen, JA 2013, S. 707–708.

Looschelders, Dirk (Hrsg.): Kommentierung des § 362, Stand: 1.3.2019, in: Gsell, Beate/Krüger, Wolfgang/Lorenz, Stephan/Reyman, Christoph (Gesamthrsg.), Beck'scher Online-Großkommentar, BGB, München 2019 (zit.: BeckOGK/BGB/*Bearbeiter*).

Lorenz, Werner: Das »Wahlrecht« des Putativschuldners bei irrtümlicher Zahlung fremder Schulden, in: Wahl, Eduard/Serick, Rolf/Niederländer, Hubert (Hrsg.), Rechtsvergleichung und Rechtsvereinheitlichung, Festschrift zum fünfzigjährigen Bestehen des Instituts für ausländisches und internationales Privat- und Wirtschaftsrecht der Universität Heidelberg, Heidelberg 1967, S. 267–288.

Ders.: Gläubiger, Schuldner, Dritte und Bereicherungsausgleich, AcP 168 (1968), S. 286–317.

Ders.: Bereicherungsrechtliche Drittbeziehungen, JuS 1968, S. 441–448.

Luther, Christoph: Die juristische Analogie, Jura 2013, S. 449–453.

Maaß, Martin: Die Unterhaltsrente im Wechselmodell – ein systemwidriges Danaergeschenk?, Besprechung von BGH, 12. Zivilsenat, Beschluss vom 11.1.2017, Az.: XII ZB 565/15, FamRZ 2017, S. 673–676.

Maes, Norbert: Kindesunterhalt im Wechselmodell (Doppelresidenzmodell), Anmerkung zur Entscheidung des BGH, 12. Zivilsenat, Beschluss vom 11.1.2017, Az.: XII ZB 565/15, jurisPR-FamR 10/2017, Anm. 2.

Mandry, Gustav von: Das gemeine Familiengüterrecht – mit Ausschluss des ehelichen Güterrechtes, Band 1, Tübingen 1871.

Martinek, Michael/Theobald, Uwe: Grundfälle zum Recht der Geschäftsführung ohne Auftrag, JuS 1997, S. 612–619.

Maurer, Hans-Ulrich (Hrsg.): Kommentierungen der §§ 1602, 1612 b und 1613, Stand: 1.2.2019, in: Gsell, Beate/Krüger, Wolfgang/Lorenz, Stephan/Reyman, Christoph (Gesamthrsg.), Beck'scher Online-Großkommentar, BGB, München 2019 (zit.: BeckOGK/BGB/*Bearbeiter*).

Ders. (Hrsg.): Kommentierungen der Paragraphen §§ 1606f., Stand: 1.3.2019, in: Gsell, Beate/Krüger, Wolfgang/Lorenz, Stephan/Reyman, Christoph (Gesamthrsg.), Beck'scher Online-Großkommentar, BGB, München 2019 (zit.: BeckOGK/BGB/*Bearbeiter*).

Ders. (Hrsg.): Kommentierung des Paragraphen §§ 1360b, 1603, 1610, 1612, Stand: 1.5.2019, in: Gsell, Beate/Krüger, Wolfgang/Lorenz, Stephan/Reyman, Christoph (Gesamthrsg.), Beck'scher Online-Großkommentar, BGB, München 2019 (zit.: BeckOGK/BGB/*Bearbeiter*).

Mayer, Claudia: Haftung und Paarbeziehung, Tübingen 2017.

Mayer-Maly, Theo: Über die der Rechtswissenschaft und der richterlichen Rechtsfortbildung gezogenen Grenzen, JZ 1986, S. 557–563.

Mecke, Christoph-Eric: »Regeln werden nur den Schwachköpfen dienen, um sie des eigenen Denkens zu überheben« – Puchtas und Savignys juristische Hermeneutik im Vergleich, in: Meder, Stephan/Carlizzi, Gaetano/Mecke, Christoph-Eric/Sorge, Christoph (Hrsg.), Juristische Hermeneutik zwischen Vergangenheit und Zukunft, Baden-Baden 2013, S. 37–58.

Meder, Stephan: Der Streit um die Kodifikation von Recht und Schreibung. Seine Konsequenzen für die geplante Reform der Rechtschreibung, JZ 1997, S. 190–193.

Ders.: Mißverstehen und Verstehen. Savignys Grundlegung der juristischen Hermeneutik, Tübingen 2004.

Ders.: Ius non scriptum – Traditionen privater Rechtsetzung, 2. Auflage, Tübingen 2009.

Ders.: Gottlieb Planck und die Kunst der Gesetzgebung, Baden-Baden 2010.

Ders.: Rechtsgeschichte. Eine Einführung, 6. Auflage, Köln (u. a.) 2017.

Meier, Patrick/Jocham, Felix: Wie man Argumente gewinnt. Die Kunst, dogmatisch und überzeugend zu begründen, JuS 2015, S. 490–496.

Mitglieder des Bundesgerichtshofes (Hrsg.): Das Bürgerliche Gesetzbuch mit besonderer Berücksichtigung der Rechtsprechung des Reichsgerichts und des Bundesgerichtshofes (RGRK), Band IV, 3. Teil, 12. Auflage, Berlin 1999 (zit.: RGRK/*Bearbeiter*).

Möllers, Thomas M. J.; Juristische Methodenlehre, München 2017.

Mugdan, Benno (Hrsg.): Die gesamten Materialien zum Bürgerlichen Gesetzbuch für das Deutsche Reich, Band II, Recht der Schuldverhältnisse, Aalen 1979 (ND der Ausgabe Berlin 1899); Band IV, Familienrecht, Aalen 1979 (ND der Ausgabe Berlin 1899).

Münder, Johannes/Ernst, Rüdiger/Behlert, Wolfgang: Familienrecht. Eine sozialwissenschaftlich orientierte Darstellung, 7. Auflage, Baden-Baden 2013.

Muscheler, Karlheinz: Familienrecht, 4. Auflage, München 2017 (zit.: Muscheler, §).

Musielak, Hans-Joachim/Voit, Wolfgang (Hrsg.): Zivilprozessordnung, Kommentar, 16. Auflage, München 2019.

Norpoth, Johannes: Der Obhutswechsel während des laufenden Kindesunterhaltsprozesses – ein gelöstes Problem?, FamRZ 2007, S. 514–518.

OLG Hamm: Leitlinien des Oberlandesgerichts Hamm zum Unterhaltsrecht, Stand: 1. 1. 2019, abrufbar unter: http://www.olg-hamm.nrw.de/infos/Hammer_Leitlinie/HLL_2019.pdf, zuletzt abgerufen am 14. 2. 2019 um 12:12 Uhr.

Pachtenfels, Jürgen: Die »besonderen Gründe« gegen das elterliche Bestimmungsrecht, MDR 1993, S. 1029–1033.

Palandt, Otto (Begr.): Bürgerliches Gesetzbuch mit Nebengesetzen, 78. Auflage, München 2019.

Pawlowski, Hans-Martin: Methodenlehre für Juristen. Theorie der Norm und des Gesetzes. Ein Lehrbuch, 3. Auflage, Heidelberg 1999.

Planck, Gottlieb: Bürgerliches Gesetzbuch nebst Einführungsgesetz, Band 2: Recht der Schuldverhältnisse, 1. und 2. Auflage, Berlin 1900; Band 4: Familienrecht, 1. und 2. Auflage, Berlin 1901.

Plascher, Hermann: Zur Zulässigkeit der Aufrechnung mit, auf den Sozialhilfeträger übergegangenen Unterhaltsforderungen, Anmerkung zur Entscheidung des AG Gummersbach, Urteil vom 12. 11. 1996, Az.: 13 F 330/95, FamRZ 1998, S. 178.

Prütting, Hanns/Gehrlein, Markus (Hrsg.): Zivilprozessordnung, Kommentar, 10. Auflage, Köln 2018.

Ders./Wegen, Gerhard/Weinreich, Gerd (Hrsg.): Bürgerliches Gesetzbuch, Kommentar, 13. Auflage, Köln 2018.

Puppe, Ingeborg: Kleine Schule des juristischen Denkens, 3. Auflage, Göttingen u. a. 2014.

Ramm, Robert: Zwangsvollstreckung von Unterhaltsforderungen in der anwaltlichen Praxis, FuR 2005, S. 355–359.

Rauscher, Thomas: Familienrecht, 2. Auflage, Heidelberg (u. a.) 2008.

Ders./Krüger, Wolfgang (Hrsg.): Münchener Kommentar zur Zivilprozessordnung mit Gerichtsverfassungsgesetz und Nebengesetz, Band 1: §§ 1–354, 5. Auflage, München 2016; Band 2: §§ 355–945b, 5. Auflage, München 2016 (zit.: MüKo/ZPO/*Bearbeiter*).

Ders./Krüger, Wolfgang (Hrsg.): Münchener Kommentar zum Gesetz über das Verfahren in Familiensachen und in den Angelegenheiten der freiwilligen Gerichtsbarkeit, Band 1: §§ 1–270, 3. Auflage, München 2018 (zit.: MüKo/FamFG/*Bearbeiter*).

Regelsberger, Ferdinand: Zwei Beiträge zur Lehre von der Cession, AcP 63 (1880), S. 157–207.

Reimer, Franz: Juristische Methodenlehre, Baden-Baden 2016.

Roßmann, Franz-Thomas: Auswirkungen eines Obhutswechsels auf Verfahren bzw. Titel zum Kindesunterhalt, jM 2015, S. 55–61.

Roth, Andreas: Der familienrechtliche Ausgleichsanspruch, FamRZ 1994, S. 793–800.

Rückert, Joachim: Kodifikationsstreit, in: Cordes, Albrecht/Lück, Heiner/Werkmüller, Dieter/Bertelsmeier-Kierst, Christa (Hrsg.), Handwörterbuch der deutschen Rechtsgeschichte, Band 2: Geistliche Gerichtsbarkeit - Konfiskation, 2. Auflage, Berlin 2012 (zit.: *Bearbeiter*, HRG).

Rüthers, Bernd/Fischer, Christian/Birk, Alex: Rechtstheorie – mit Juristischer Methodenlehre, 10. Auflage, München 2018.

Ruetten, Beatrix: Das paritätische Wechselmodell und Streitfragen des Kindergeldes sowie anderer kindbezogener Leistungen, NZFam 2016, S. 337–341.

Säcker, Franz Jürgen/Rixecker, Roland/Oetker, Hartmut/Limperg, Bettina (Hrsg.): Münchener Kommentar, BGB, Band 2, 8. Auflage, München 2019; Band 3, 7. Auflage, München 2016; Band 3a, 7. Auflage, München 2017; Band 5–2, 7. Auflage, München 2017; Band 6. 7. Auflage, München 2017; Band 9, 7. Auflage, München 2017 (zit.: MüKo/BGB/*Bearbeiter*).

Saenger, Ingo (Hrsg.): Zivilprozessordnung, Handkommentar, 8. Auflage, Baden-Baden 2019 (zit.: Saenger/*Bearbeiter*).

Savigny, Friedrich Carl von: Methodologie (1809), in: Aldo Mazzacane (Hrsg.), Vorlesungen über juristische Methodologie 1802–1842, neue, erweiterte Auflage, Frankfurt 2004.

Ders.: System des heutigen römischen Rechts, Band 1, Berlin 1840.

Schall, Alexander: Leistungskondiktion und »Sonstige Kondiktion« auf der Grundlage des einheitlichen gesetzlichen Kondiktionsprinzips, München 2003.

Schims, Simone: Der gesetzliche Forderungsübergang. Wirkweise und Funktion für den Regress bei drittseitiger Schuldsicherung, Berlin 2006.

Schlüter, Wilfried: BGB – Familienrecht, 14. Auflage, Heidelberg (u. a.) 2012.

Schmidt, Benjamin: Die berechtigte Geschäftsführung ohne Auftrag – Eine Untersuchung der Voraussetzungen des gesetzlichen Schuldverhältnisses der §§ 677ff. BGB, Berlin 2008.

Schnitzler, Klaus (Hrsg.): Münchener Anwaltshandbuch Familienrecht, 4. Auflage, München 2014.

Scholz, Harald: Zum familienrechtlichen Ausgleichsanspruch, Anmerkung zur Entscheidung des BGH, 12. Zivilsenat, Urteil vom 25.5.1994, Az.: XII ZR 78/93, FamRZ 1994, S. 1314–1316.

Schrade, W.: Die Grundzüge des Verwandten-Unterhalts nach dem Inkrafttreten des Gleichberechtigungsgesetzes, FamRZ 1957, S. 342–349.

Schröder, Jan: Zur Aequitas/Billigkeit in der Rechtstheorie des 19. Jahrhunderts, in: Haferkamp, Hans-Peter/Repgen, Tilman (Hrsg.), Wie pandektistisch war die Pandektistik? Symposium aus Anlass des 80. Geburtstags von Klaus Luig am 11. Spetember 2015, Tübingen 2007.

Schubert, Werner (Hrsg.): Die Vorlagen der Redaktoren für die erste Kommission zur Ausarbeitung des Entwurfs eines Bürgerlichen Gesetzbuches – Familienrecht: Teil 1: Eingehung und Wirkung der Ehe, Eheverträge; Teil 2: Beendigung der Ehe, Recht der Abkömmlinge, Vormundschaftsrecht; Teil 3: Anlagen und Abänderungsanträge zum Familienrechtsentwurf. Freiwillige Gerichtsbarkeit. Familienrechtliche Vorlage 1875–1877, Berlin 1983.

Schulz, Werner/Hauß, Jörn (Hrsg.): Familienrecht, Handkommentar, 3. Auflage, Baden-Baden 2018 (zit.: Schulz/Hauß/*Bearbeiter*).

Schulze, Prof. Reiner (Schriftleitung): BGB, Handkommentar, 10. Auflage, Baden-Baden 2019 (zit.: HK-BGB/*Bearbeiter*).

Schürmann, Heinrich: Anmerkung zur Entscheidung des BGH, 12. Zivilsenat, Beschluss vom 11.01.2017, Az.: XII ZB 565/15, FamRZ 2017, S. 442–444.

Schwab, Dieter: Familienrecht, 26. Auflage, München 2018.

Schwab, Martin: Unterlassungsansprüche zwischen mehreren Unterhaltsverpflichteten, FamRZ 2010, S. 689–696.

Schwacke, Peter: Juristische Methodik, mit Technik der Fallbearbeitung, 5. Auflage, Stuttgart 2011.

Seiler, Christian: Reformbedarf im Sorge-, Umgangs- und Unterhaltsrecht? – Ein Überblick zum unterhaltsrechtlichen Teil des DJT-Gutachtens 2018, FamRZ 2018, S. 1130–1134.

Selb, Walter: Mehrheit von Gläubigern und Schuldnern, in: Gernhuber, Joachim (Hrsg.), Handbuch des Schuldrechts, Band 5, Tübingen 1984.

Seuffert, Johann Adam (Hrsg.): Archiv für Entscheidungen der obersten Gerichte in den deutschen Staaten, Band III, München 1815; Band XIV, München 1861; Band XVII, München 1864; Band XXVIII, München 1873.

Soergel, Theodor (Begr.): Bürgerliches Gesetzbuch mit Einführungsgesetz und Nebengesetz, Band 19/1: Familienrecht 3, 13. Auflage, Stuttgart 2012 (zit.: Soergel/*Bearbeiter*).

Soyka, Jürgen: Verteilung der Haftung unter mehreren Unterhaltspflichtigen, Zuständigkeitsprobleme bei Inanspruchnahme mehrerer Kinder auf Elternunterhalt und Verwirkung von Unterhaltsansprüchen, FPR 2003, S. 631–635.

Ders.: Volljährigenunterhalt/Auskunftsanspruch eines Elternteils, Anmerkung zur Entscheidung des BGH, 12. Zivilsenat, Beschluss vom 17.4.2013, Az.: XII ZB 329/12, FuR 2013, S. 451–453.

Ders.: Zum isolierten Kinderausgleich beim Wechselmodell, Anmerkung zur Entscheidung des BGH, 12. Zivilsenat, Beschluss vom 20.4.2016, Az.: XII ZB 45/15, FuR 2016, S. 465–467.

Ders.: Kindesunterhalt/Familienrechtlicher Ausgleichsanspruch/Unterhaltsverpflichtung aus einem gerichtlichen Vergleich, Anmerkung zur Entscheidung des BGH, 12. Zivilsenat, Beschluss vom 8.2.2017, Az.: XII ZB 116/16, FuR 2017, S. 327–238.

Spangenberg, Ernst: Zur Systematik des Kindesunterhalts, NZFam 2017, S. 45–48.

Staake, Marco: Das Ziel der Auslegung, Jura 2011, S. 177–184.

Stammberger, Wolfgang: Schriftlicher Bericht des Rechtsausschusses über den von der Bundesregierung eingebrachten Entwurf eines Gesetzes über die rechtliche Stellung der unehelichen Kinder – zur Drucks. V/4179 – , abrufbar unter: http://dipbt.bundestag.de/doc/btd/05/041/0504179zu.pdf, zuletzt abgerufen am 2.2.2019, S. 1–10.

Staudinger, Julius von (Begr.): Kommentar zum Bürgerlichen Gesetzbuch, Buch 2: Recht der Schuldverhältnisse, §§ 255–304 (Leistungsstörungsrecht 1), Neubearbeitung 2014; §§ 662–675b (Auftrag und Geschäftsbesorgung), Neubearbeitung 2017; §§ 812–822 (Ungerechtfertigte Bereicherung), Neubearbeitung 2007; Buch 4: Familienrecht, §§ 1353–1362 (Wirkung der Ehe im Allgemeinen), und §§ 1601–1615n (Unterhaltspflicht), Neubearbeitung 2018; §§ 1626–1633 und RKEG (Elterliche Sorge 1 – Inhalt und Inhaberschaft), Neubearbeitung 2015; §§ 1773–1895 (Vormundschaft), Neubearbeitung 2014 (zit.: Staudinger/BGB/*Bearbeiter*).

Stolte, Wilhelm: Das Wahlrecht bei irrtümlicher Zahlung fremder Schulden – BGH-Urteil vom 15.5.1986 – VII ZR 274/85 –, Jura 1988, S. 246–251.

Stolterfoht, Joachim N.: Der Scheinvater-Regress. »Institutionelle Unverträglichkeit« von cessio legis und condictio indebiti im Rahmen des neuen § 1615 b BGB?, FamRZ 1971, S. 341–351.

Strohal, Friedrich: Unterhaltsrechtliche Fragen bei Wechsel des Kindes, DAVorm 1997, S. 251–256.

Stürner, Rolf (Hrsg.): Jauernig, BGB Kommentar, 17. Auflage, München 2018 (zit.: Jauernig/*Bearbeiter*).

Suffrian, Friedrich: Die Korrealobligation nach den Grundsätzen des heutigen römischen Rechts, Brandenburg 1876.

Thole, Christoph: Die Geschäftsführung ohne Auftrag auf dem Rückzug – Das Ende des »auch fremden« Geschäfts?, NJW 2010, S. 1243–1248.

Viefhues, Wolfram: Unzulässigkeit des Kindesunterhaltsverfahrens nach Wechsel des Kindes zum anderen Elternteil, Anmerkung zur Entscheidung des OLG Hamm, 6. Senat für Familiensachen, Beschluss vom 14.4.2016, Az.: II-6 UF 54/15, jurisPR-FamR 15/2016, Anm. 5.

Ders. (Hrsg.): juris PraxisKommentar Band 4 – Familienrecht, Kommentierungen zu: § 1589, Stand: 16.8.2017; § 1606, Stand: 19.2.2019; § 1607, Stand: 20.11.2018; § 1610, Stand: 17.4.2019; § 1629, Stand: 6.12.2016, 8. Auflage, Saarbrücken 2017, in: Herberger, Maximilian/Martinek, Michael/Rüßmann, Helmut/Weth, Stephan/Würdinger, Markus (Gesamthrsg.), juris PraxisKommentar, BGB, Saarbrücken 2017 (zit.: jurisPK-BGB/*Bearbeiter*).

Ders.: Anteilige Haftung im Unterhaltsrecht – Anwendungsfälle und (ungelöste) Probleme in der Praxis – Teil 2, FuR 2017, S. 410–417.

Ders.: Das Unterhaltsbestimmungsrecht des § 1612 BGB – Die leider oft unbeachtete Möglichkeit zur Abwehr von Kindesunterhaltsansprüchen, FuR 2018, S. 222–231.

Vogel, Harald: Zur Frage der Alleinvertretungsbefugnis eines Elternteils im Rahmen eines so genannten Wechselmodells, Anmerkung zur Entscheidung des OLG Münchens, Senat für Familiensachen, Beschluss vom 12. 8. 2002, Az.: 26 UF 1103/02, FamRZ 2003, S. 1316.

Volker, Mathias: Der familienrechtliche Ausgleichsanspruch. Rechtsprechung des Bundesgerichtshofs und der Oberlandesgerichte, FuR 2013, S. 550–557.

Ders.: (Keine) Haftung des betreuenden Elternteils nach § 1603 Abs. 2 Satz 3 BGB?, FuR 2015, S. 136–139.

Vorwerk, Volkert/Wolf, Christian (Hrsg.): Beck'scher Online-Kommentar, ZPO, 32. Edition, Stand: 1. 3. 2019, München 2019 (zit.: BeckOK/ZPO/*Bearbeiter*).

Weinreich, Gerd: Probleme des Obhutswechsels, FuR 2013, S. 615–618.

Weinreich, Gerd/Klein, Michael (Hrsg.): Familienrecht, Kommentar, 6. Auflage, Köln 2019.

Wellenhofer, Marina: Familienrecht, 4. Auflage, München 2017.

Wendehorst, Christiane: Der Rückgriff, Jura 2004, S. 505–513.

Wendl, Philipp/Dose, Hans-Joachim (Hrsg.): Das Unterhaltsrecht in der familienrichterlichen Praxis, 9. Auflage, München 2015.

Wever, Reinhardt: Vermögensauseinandersetzung der Ehegatten außerhalb des Güterrechts, 7. Auflage, Bielefeld 2018.

Windscheid, Bernhard: Lehrbuch des Pandektenrechts, Band 2, 5. Auflage, Stuttgart 1879.

Wittko, Thomas: Der familienrechtliche Ausgleichsanspruch, Göttingen 1993.

Wittmann, Roland: Begriff und Funktionen der Geschäftsführung ohne Auftrag. Eine zivilistisch-dogmengeschichtliche Abhandlung, München 1981.

Wohlfahrt, Peter: Aufrechnung gegen Unterhaltsansprüche mit Rückzahlungsansprüchen aus Unterhaltsüberzahlungen, FamRZ 2001, S. 1185–1191.

Wohlgemuth, Gisela: Unterhalt und familienrechtlicher Ausgleichsanspruch beim Wechsel des Kindes zum barunterhaltspflichtigen Elternteil, FamRZ 2009, S. 1873–1879.

Dies.: Die Berechnung des Kindesunterhalts beim Wechselmodell bei Barunterhaltspflicht beider Eltern, FPR 2013, S. 157–159.

Dies: Aufteilung des Kindergeldes beim Wechselmodell, FamRZ 2015, S. 808–809.

Wolf, Hans-Joachim/Lecking, Claudia: Geltendmachung von Kindesunterhalt durch einen Elternteil gegen den anderen in gesetzlicher Prozessstandschaft, MDR 2010, S. 1299–1303.

Ders./Dies.: Auswirkungen der Beendigung der gesetzlichen Prozessstandschaft auf die Zwangsvollstreckung, MDR 2011, S. 1–5.

Wollschläger, Christian: Die Geschäftsführung ohne Auftrag. Theorie und Rechtsprechung, Berlin 1976.

Würdinger, Markus: Die Analogiefähigkeit von Normen. Eine methodologische Untersuchung über Ausnahmevorschriften und deklaratorische Normen, AcP 206, S. 946–979.

Zippelius, Reinhold: Juristische Methodenlehre, 11. Auflage, München 2012.

Zöller, Richard (Begr.): Zivilprozessordnung, 32. Auflage, Köln 2018.

Zwirlein, Susanne: Der familienrechtliche Ausgleichsanspruch – eine überschießende Rechtsschöpfung, FamRZ 2015, S. 896–901.

Beiträge zu Grundfragen des Rechts

Herausgegeben von Stephan Meder

Die drei Grundfragen des Rechts, die vor gut zweihundert Jahren der Rechtsgelehrte Gustav Hugo formulierte – »Was ist Rechtens?«, »Wie ist es Rechtens geworden?« und »Ist es vernünftig, daß es so sey?« – stellen sich bis heute. Die Frage nach dem geltenden Recht zielt heute nicht nur auf dessen Prinzipien und Regeln, sondern auch auf das Verhältnis von Gesetz und Recht, juristischer Geltung und sozialer Wirklichkeit. Die Frage nach der Geschichte des Rechts betrifft auch das sich wandelnde Verhältnis zwischen den Rechtsquellen sowie das Verhältnis von Tradition und Gegenwartsbezug der Rechtsinhalte. Die Frage nach den richtigen Inhalten des Rechts bezieht sich heute vor allem auf das rechtliche Verhältnis zwischen der größtmöglichen Freiheit des Einzelnen und dem notwendigen Mindestmaß sozialer Gleichheit und Gemeinwohlbindung des Rechts. So sind die Grundfragen des Rechts niemals von lediglich theoretischer Bedeutung, sondern haben einen unmittelbar praktischen Bezug zur Rechtsentstehung, Rechtsauslegung und Rechtsanwendung. Antworten auf diese Fragen versuchen aus unterschiedlichen Perspektiven die Beiträge dieser Reihe zu geben.

Weitere Bände dieser Reihe:

Band 36: Christoph Sorge
Abhängige Autoren
Rechtsdiskurse um angestellte und arbeitnehmerähnliche Urheber in der Weimarer Republik – ein Blick zurück nach vorn
2020, 161 Seiten, gebunden, ISBN 978-3-8471-1213-6

Band 34: Stephan Meder (Hg.)
Geschichte und Zukunft des Urheberrechts II
2020, 262 Seiten, gebunden, ISBN 978-3-8471-1176-4

Band 33: Alexander Ihlefeldt
Carl Bulling (1822–1909)
Pandektist und Vordenker der Gleichberechtigung
2020, 319 Seiten, gebunden, ISBN 978-3-8471-1100-9

Band 31: Wolfgang Hummes
Freier Beruf oder Gewerbe?
Über die Sinnhaftigkeit einer traditionellen Unterscheidung im Recht
2019, 254 Seiten, gebunden, ISBN 978-3-8471-0964-8

Band 30: Albert Janssen
Der Staat als Garant der Menschenwürde
Zur verfassungsrechtlichen Bedeutung des Artikels 79 Abs. 3 GG für die Identität des Grundgesetzes
2018, 85 Seiten, gebunden, ISBN 978-3-8471-0961-7

Band 29: Marko Oldenburger
Kindeswohl im Recht
Begründung, Ausgestaltung und Verlust der elterlichen Sorge
2018, 223 Seiten, gebunden, ISBN 978-3-8471-0922-8

Bei Fragen zur Produktsicherheit wenden Sie sich bitte an:
If you have any questions regarding product safety, please contact:

Brill Deutschland GmbH
Robert-Bosch-Breite 10
37079 Göttingen
info@v-r.de